# 地域統合とグローバル秩序

# 地域統合とグローバル秩序

―― ヨーロッパと日本・アジア ――

森井 裕一 編

総合叢書 10

信山社

## はじめに

　長年議論されてきた欧州連合（EU）の機構改革を実現するリスボン条約が2009年12月1日に発効した。1989年秋の「ベルリンの壁崩壊」に象徴されるヨーロッパ秩序と国際関係秩序の大きな変動が始まってから20年以上を経て、EUはリスボン条約によって新たな段階に入ったと言うこともできよう。
　「新たな段階に入る」というと、一つの方向へ向けたベクトル上で、さらに制度や組織が大きく、強く発展していくというイメージを持たれるかもしれないが、リスボン条約後のEUは必ずしもそのような意味での新たな段階に移行したわけではなく、リスボン条約はより複雑な新たな段階の状況を象徴しているように思われる。そのことはリスボン条約が発効するまでの紆余曲折を振り返り、本書の中でも議論されているようなEUの現状と今後の展望を考えてみれば多くの読者にも共感してもらえるのではないだろうか。
　冷戦後の状況に対応すべく欧州経済統合を大きく発展させ、外交安全保障政策分野での協力の深化を目指したEUは、1999年に発効したアムステルダム条約、2003年に発効したニース条約によって制度改革を続け、構成国数を1993年の12カ国から2007年に27カ国へと大きく拡大させてきた。大きく拡大したEUは、ポスト冷戦期の新たな国際状況と、グローバル化が進展する国際経済、欧州内の市民の要請に対応すべく、2001年のラーケン欧州理事会宣言を受けて2002年2月から開催された「ヨーロッパの将来に関する諮問会議」の議論を受け、2004年10月には欧州憲法条約が採択された。しかし、この憲法条約がフランスとオランダの批准のための国民投票で否決されたことを受けて、長期にわたる議論の末、欧州憲法条約の改革内容の実質的な部分を残しつつ、政治的に憲法を想起させる

要素や、国家建設を象徴させるようなレトリックを取り去った上で、従来のEUの条約改正の形を踏襲したリスボン条約が2007年12月に署名された。それでもこのリスボン条約は2008年6月のアイルランドにおける国民投票で批准が否決されてしまい、さらにチェコやポーランドの政治指導者たちが同条約に対して否定的な発言を行うなど発効が危ぶまれた。2009年10月のアイルランドでの2度目の国民投票によって批准が承認され、この間に憲法裁判が争われていたドイツやチェコでもリスボン条約の批准が認められたため、同条約は2009年12月1日に発効したのであった。

2000年12月にニース条約が合意されてからリスボン条約が発効するまでのほぼ10年の間に国際政治情勢も国際経済の状況も、欧州の状況も大きく変化した。リスボン条約はEUが一体として経済のみならず外交・安全保障の分野でもより実効的に迅速に行動できるようにするためのさまざまな制度改正が盛り込まれたが、そのことによって欧州の政治面でも統合が次々と進んでいくことになるとは考えにくい。リスボン条約発効以前とは確かにいくつもの点で新たな展開が見られるが、EUを構成する国家の役割もなお重要であり続けているし、リスボン条約は構成国の国内議会にも重要な役割を与えるようになっている。

本書は、このような新しい状況を迎えて複雑化したEUをどのように理解したらよいのか、そのようなEUと世界との関わり方はどう変容してきたのか、EUの発展と時に対照的に取り上げられるアジアにおける地域協力はどのような関係性があり得るのか、どのような理解の視点があるかをさまざまな切り口から議論しようとするものである。同時に本書は、日本学術振興会科学研究費補助金の共同研究プロジェクト「変容するEUの対外政策基盤とその対日政策をめぐる総合的研究」（基盤研究A：課題番号18252004）の研究分担者がそれぞれの専門分野からEUと地域統合のインプリケーションに関して行った総合的な研究の成果の一部をまとめたものでもある。この共同研究は2006年度に植田隆子国際基督教大学教授（現外務省欧州連合〔EU〕日本政府代表部大使）を代表者として採択されたものである

が、大使転出にともなって 2008 年度から森井が代表者を引き継いだ。植田大使には、第 1 章「米欧関係の変容」を寄稿いただいた。

本書は EU・欧州とアジアの地域統合とその間の関係をさまざまな手法で扱う研究者の手によるものであるので、用語の統一などは行っていない。これは初学者にとってはやや不親切であるかもしれないが、それぞれの訳語や概念について注意深く読み進め、対象の複雑性から生じる訳語の違いなどについても考えていただければと思う。

最後に、共同研究の成果を出版することをお引き受け下さった信山社の皆様、とりわけ本書の編集を担当して下さった今井守氏に、記して深くお礼申し上げたい。

　　2010 年 8 月 6 日

　　　　　　　　　　　　　　　　　　　　編者　森井裕一

# 目　次

はじめに

◆ 第1章 ◆ ─────────────────────

米欧関係の変容と日本
　　──政治・安全保障協力の視点から

　　　　……………………………………… 植田隆子 3

　はじめに (4)
　Ⅰ　大西洋関係の変容 (5)
　Ⅱ　オバマ政権の対欧態度 (13)
　Ⅲ　リスボン条約体制下でのEUの対外関係 (17)
　Ⅳ　米欧関係の変容と日本 (20)


◆ 第2章 ◆ ─────────────────────

リスボン条約によるEU対外関係の法と制度の改革

　　　　……………………………………… 中村民雄 27

　はじめに (27)
　Ⅰ　EU法制度改革 (30)
　Ⅱ　EU対外権限の存在範囲と排他性 (41)
　Ⅲ　EU対外権限の行使 (59)
　むすび (65)

目　次

◆ 第3章 ◆

「規範的パワー」としてのEUをめぐる研究動向に
　ついての一考察

　　　　　　　……………………………………… 東 野 篤 子 69

はじめに （69）
Ⅰ　マナーズの「規範的パワー論」（71）
Ⅱ　「規範的パワー論」の反響 （75）
Ⅲ　マナーズの規範的パワー論の新展開 （84）
Ⅳ　「規範的パワー」研究の広がりとその課題 （89）
むすびにかえて （92）


◆ 第4章 ◆

2005年ブリュッセル・コンセンサスへの道程
　──EU開発協力政策の再構築

　　　　　　　……………………………………… 大 隈　　宏 99

はじめに （100）
Ⅰ　バイ＋1──EU開発協力の半世紀 （104）
Ⅱ　コンセンサス・ビルディングの模索 （111）
Ⅲ　2005年ブリュッセル・コンセンサス
　　　── *European Consensus on Development* （117）
むすびにかえて （123）

x

## 第5章

日本・EU 経済統合協定(EIA)
——新たなパートナーシップの可能性

　　　　　　　　　　　　　　　　　　　　　　渡邊 頼純　133

はじめに——「経済統合協定」(EIA)の位置付け　(133)
Ⅰ　EIA を巡る議論　(135)
Ⅱ　日本の FTA/EPA 政策　(140)
Ⅲ　EU の FTA 政策　(143)
Ⅳ　日 EU 関係、今後の展望　(145)


## 第6章

第5次拡大実現以降の EU 拡大プロセス(2007-2009 年)

　　　　　　　　　　　　　　　　　　　　　　東野 篤子　147

はじめに　(147)
Ⅰ　EU 拡大をめぐる状況　(148)
Ⅱ　トルコの加盟プロセス　(151)
Ⅲ　西バルカン諸国の加盟プロセス　(157)
むすびにかえて　(177)

目　次

◆ 第 7 章 ◆

共通安全保障・防衛政策と EU 構成国の外交政策
　　──ドイツの事例を中心として
　　　　　………………………………………… 森 井 裕 一　182
　はじめに　(182)
　Ⅰ　ドイツ外交と EU の共通外交・安全保障政策　(184)
　Ⅱ　政策の発展と制度の整備　(188)
　Ⅲ　ESDP の展開とドイツ国内の議論　(196)
　おわりに　(202)


◆ 第 8 章 ◆

日本の移民統合政策
　　──福祉国家と労働市場の視角から
　　　　　………………………………………… 木 部 尚 志　206
　はじめに　(206)
　Ⅰ　移民統合政策の 2 つのアプローチ　(210)
　Ⅱ　日本型福祉レジームの転換　(214)
　Ⅲ　統合政策と福祉レジーム　(218)
　むすびにかえて　(225)

◆ 第9章 ◆

地域制度とグローバル・ガバナンス
　──アジア太平洋の地域制度と国際制度
　　　　　……………………………………………菊池　努 232

はじめに （232）
Ⅰ　APEC と GATT/WTO ──貿易自由化・開発技術協力 （235）
Ⅱ　アジアの金融協力
　　　──チェンマイ・イニシアティブ(CMI)と IMF （241）
Ⅲ　核不拡散問題への地域的対応──米朝枠組み合意、KEDO(朝鮮半島エネルギー開発機構)、六者協議 （250）
むすび （261）

〈執筆者紹介〉（執筆順）

**森井　裕一**（もりい　ゆういち）〈編者〉……………第 7 章
東京大学大学院総合文化研究科准教授

**植田　隆子**（うえた　たかこ）……………………第 1 章
外務省欧州連合(EU)日本政府代表部大使

**中村　民雄**（なかむら　たみお）……………………第 2 章
早稲田大学法学学術院教授

**東野　篤子**（ひがしの　あつこ）……………第 3 章、第 6 章
筑波大学大学院人文科学研究科准教授

**大隈　宏**（おおくま　ひろし）……………………第 4 章
成城大学社会イノベーション学部教授

**渡邊　頼純**（わたなべ　よりずみ）……………………第 5 章
慶應義塾大学総合政策学部教授

**木部　尚志**（きべ　たかし）……………………第 8 章
国際基督教大学教養学部教授

**菊池　努**（きくち　つとむ）……………………第 9 章
青山学院大学国際政治経済学部教授

地域統合とグローバル秩序

## 第1章
## 米欧関係の変容と日本
### ――政治・安全保障協力の視点から

植田 隆子

はじめに
I 大西洋関係の変容
II オバマ政権の対欧態度
III リスボン条約体制下でのEUの対外関係
IV 米欧関係の変容と日本

　我々は今や、「米国後の世界」に入りつつある。冷戦は歴史の中に消え去りつつあり、グローバライゼーションは南方および東方に権力を益々、再配分しつつある。米国はこれを理解しており、米国が短期間占めていたグローバルな支配をパートナーシップのネットワークに置き換えつつある。このネットワークは米国が「絶対的に必要とされるindispensable国家」であり続けることを確保するものである。ここで、大西洋関係は何処に位置するのだろうか。その重要性が減退するのは不可避であろうか。もし、そうであるとすれば、それ自体が重要なことであろうか。そして、欧州人はそれにいかに対処すべきであろうか(1)。

---

(1) Jeremy Shapiro and Nick Witney, *Towards a Post-American Europe: A Power Audit of EU-US Relations*, European Council on Foreign Relations, November 2009, p.7. 米国のシンクタンク、ブルッキングズ・インスティチュートの米欧センター長のシャピロ氏および、英国国防省出身で欧州防衛能力整備庁(European Defence Agency)の初代のNo.2 (Chief Executive, 当時の長官はソラナ J.Solana　EU外交安全保障上級代表)を勤めたウィットニー氏という、アングロサクソン系(一般に、米欧関係におけるNATO重視の立場)によって米EU関係についての報告書がまとめられたこと自体が注目された。

第1章　米欧関係の変容と日本

## ◆はじめに

　上記の引用は、シンクタンク（European Council on Foreign Relations, ECFR）が2009年秋に発表した政策提言（"Towards a Post-American Europe: A Power Audit of EU-US Relations"）の冒頭部分である。同報告書は、欧州連合（EU）の本部組織が置かれているブリュッセルの外交界でも反響を呼んだ。この報告書に先立って、EUの安全保障研究所（EUISS）も2009年に欧州と米国の関係を様々な分野から検討した *Obama Moment, European and American Perspectives* を著した[2]。

　欧州側から対米関係の見直しに関する提言が出る背景としては、米国のオバマ（B.Obama）政権の発足により、米国の欧州に対する政策に変化が期待されたこと、2008年後半の経済・金融危機に端を発する、米・欧の経済力の相対的低下およびそのコインのもう一つの面になる中国やインドなど新興経済国の台頭による国際秩序の再編、換言すればパワー・シフトの顕在化などが挙げられよう。

　本章では、欧州側を主軸として米欧関係の変容を検討するとともに、それが日本の外交にどのような影響を与えるのかについて、思考実験を試みることとする。現段階においては、日米欧それぞれが、移行期にあるからである。日本は2009年9月および2010年6月の新政権の発足、米国は2009年1月のオバマ（B.Obama）政権の誕生、EUは対外政策の収斂を機構の新設によって進める画期的なリスボン条約の2009年12月の発効および2010年2月の新欧州委員会発足がこれにあたる。EU側では、EUに親和的なオバマ政権の発足を「オバマ・モーメント」としてとらえた。

　（なお、本章は筆者の個人的な見解であることをお断りしておく。）

---

[2]　Albaro de Vasconcelos and Marcin Zaborowski, *The Obama Moment, European and American Perspectives*, Institute for Security Studies, European Union, 2009.

# I 大西洋関係の変容

　ここで、EU に関して議論する上で、多義的に用いられてきた概念、あるいは、日本語への翻訳によって生じる問題などについて整理しておきたい。
　一般に、英語では、米欧関係を指して、大西洋関係（Transatlantic relations）という言葉が用いられ、米国と北大西洋条約機構（NATO、別称は大西洋同盟）内の欧州の国々との関係、米国と EU との関係、米国と欧州諸国との関係、あるいは総体的な米欧関係全般を指す。大西洋関係は、米国との関係のみならず、カナダを含む関係を指すこともある。
　「欧州」が意味する概念についても、日本語では「欧州」は通常、地理的な空間を指し、厳密には EU を意味して「欧州」という言葉が使われることはない。他方、英語や欧州で用いられている言語では、EU あるいは欧州統合を指して「ヨーロッパ」という言葉をあてることが可能である。
　欧州統合の進展によって、EU 加盟国は経済・通貨など、重要な国家主権を EU という超国家的国際組織にプールしているために、EU が欧州地域における支配的な統治構造になっている。
　他方、加盟国に全部の権限が残っている外交・安全保障の分野においても、EU 内の大国ですら自国の外交目的を国際社会の中で単独で達成することは、使えるリソースの縮小とともに困難になってきていると認識しており、EU のアジェンダに上げて達成しようとする傾向が増大してきている。タイム・スパンを 10 年単位に取って巨視的な視点に立てば、国際社会におけるアクター（行為主体）としての EU 諸国のまとまりは進んできている。
　しかしながら、メディアは EU 内の意見の違いのみを増幅して報じる傾向があり、EU の域外国からは EU 対外政策の収斂傾向は極めて掴みにくい。

第1章　米欧関係の変容と日本

## 1　NATOの変容

本項では、米欧関係の変容という側面からのみ、NATOの変容をまとめるが、西側にとって存亡がかかっていた東側との軍事対立の消滅、ソ連自体の瓦解によって、NATOは任務および存在意義を模索することになった。NATOは冷戦期にはソ連の軍事的脅威に備える、米欧間の集団防衛を約する軍事同盟であり、米欧関係の礎石であった。

米国の欧州の同盟国による安全保障上のリスク・アセスメント[3]では、特定の国家からの組織的な軍事侵攻は想定されておらず、大量破壊兵器の拡散やテロリズム、エネルギーの供給や気候変動、サイバー攻撃などが脅威となっており、これらの多くはNATOの持つ軍事的手段によって対抗できる種類の脅威とは異なる。したがって、欧州地域の安全保障情勢の特色からは、NATOが提供している軍事的安全保障の価値が相対的に低下してきている。

NATOは冷戦終結後、2回ほど軍事ドクトリン（NATO用語では戦略概念 Strategic Concept）を改訂（それぞれ、1991年、1999年）しており、2010年11月に3回目の改訂戦略が採択される予定であるが、いずれの回の議論でも、NATOの任務の見直しや新たな任務の策定が模索された。ユーゴやアフガニスタンでの活動は、新たな任務の例であり、NATO非加盟国との交流の形態についても新たな任務模索の中で議論されてきた。

無論、旧ワルシャワ条約機構の加盟国やソ連の構成共和国であった過去があるNATOの加盟国は、歴史的経緯から、対ロ安全保障としてのNATOの意義を重視し、北大西洋条約第5条（集団防衛）をNATOの中核的任務とみなし、その履行を可能にする軍事能力に留意している。

米国にとっては、伝統的に米国の影響力を欧州諸国に行使する上での装

---

(3) たとえば、EUの安全保障戦略文書およびその履行報告書（A Secure Europe in a Better World-The European Security Strategy: Report on the Implementation of the European Security Strategy-Providing Security in a Changing World）を参照。EU加盟国中の21カ国はNATOの加盟国であり、NATO28加盟国の中の21カ国はEU加盟国である。大部分の加盟国が重なっているため、EUのアセスメントはNATOのアセスメントと大差はない。

I 大西洋関係の変容

置としての役割を持っており、冷戦後は米国の安全保障政策全般における NATO の役割が相対的に低下しているが、この役割の意義は継続している。したがって、次項で述べる、1999 年を分水嶺とする EU の軍事作戦能力の発展については、NATO を作戦遂行上の観点からも害するとして、厳しい態度をとった。すでに、1991 年の戦略概念の改訂のときから、常に、NATO と EU の関係に関する記述については、首脳級で決着させるほど、合意が困難なアジェンダだった。

具体的には、EU が恒常的な軍事司令部を持つことについては、欧州の防衛は NATO によるべきとする EU 内の英国とともに、米国は拒否してきた。ブレア (T.Blair) 政権は、EU が軍隊を展開することを認めなかった伝統的な政策を転換し、EU が PKO を実施する道を開いたが、その一つの説明は、ボスニアでの軍事対立を欧州諸国が押さえられず、米国の力を借りなければならなかったことから、米国に対する責任分担を挙げている。

NATO の中で、大西洋主義者と呼ばれる、米国との絆を重視する国々にとっては、米国も含め、EU が恒常的な軍事司令部組織・統合軍事機構を構築すると、削減が進む防衛費や、兵力を双方にダブルハットにするにしてもリソースの逼迫（とくに、作戦の軍事プランナー）が起きる可能性があり、さらに、EU 側が NATO と異なる運用手順を発展させていくと、同じ部隊が双方の作戦に使われることが前提であるために生じる混乱の問題も指摘されていた。このため、EU 側には軍事的危機管理作戦遂行の場合には、英独仏およびイタリア、ギリシアの国が持つ司令部のいずれか、あるいは、EU のオペレーション・センターを作戦遂行の際に一時的に増強して用いるという方法があるが、オペレーション・センターが用いられたことはまだない。たとえば、海賊対策のアタランタ作戦は、はじめて英国が司令部を提供し、ノースウッドに関係国の幕僚らが配置されて遂行されている。

このような事情から、EU と NATO は、NATO の司令部組織や通信システムなどのアセットなどを使って EU が軍事作戦を遂行するという、「ベルリン・プラス」と呼ばれる協力関係を作ったが、①フランスやベルギーを中心とする、EU に独自防衛システムを構築しようとする欧州側の志（欧

州統合は防衛面でもなされるべきとする考え方）と、②トルコがEUの加盟国でなく、キプロスがNATOの加盟国でないことからトルコ＝キプロス問題の影響を受け、あるいはその背後にあるトルコとギリシアの関係によって、EUとNATOの協力は必ずしもスムーズに進んでこなかった[4]。前者から生じていた障害については、以下に述べる、フランスのNATO統合軍事機構復帰（2009年）によって、緩和が進んでいる。

## 2　欧州連合の共通外交安全保障政策の進展

　欧州統合は、究極である欧州合衆国（United States of Europe あるいは欧州連邦 Federal Europe）に至る過程である。換言すれば、欧州合衆国を目指す欧州建設（construction of Europe）とも言われる欧州プロジェクト（European project）は究極的形態に至るまでの間は、常に未完成（incomplete）である。これが、通常の国家とも、国連のような政府間国際組織とも大きく異なる点である。

　無論、加盟国全部がそれぞれの主権を統合体に委譲する統合の深化を推進しているのではなく、たとえば、共通通貨ユーロに加盟している国と、未加盟の国に分かれるように、加盟国ごとに、立場は異なっている。欧州統合の深化に極めて消極的な英国（保守党内の欧州統合懐疑派）やチェコのクラウス（Vaclav Klaus）大統領らの政治家の立場は、加盟27カ国の中では先鋭的であるといえよう。実際は、加盟国それぞれにとって、統合の深化を強化したい部門は異なる。

　1952年の欧州石炭鉄鋼共同体の発足から、統合されているセクターが経済、通貨に広がり、加盟国も出発時点での6カ国から27カ国まで増加した。クロアチア、トルコ、マケドニア（正式国名マケドニア旧ユーゴスラヴィア共

---

[4]　初期の背景については、拙稿「欧州連合の軍事化と米欧関係」『日本EU学会年報』20号、2000年、185-209頁、「欧州連合の防衛能力」村田良平編『EU——21世紀の政治課題』勁草書房、1999年 189-224頁参照。ベルリン・プラスが実際に用いられたケースとしては、ボスニア＝ヘルツェゴヴィナのEUのアルテア作戦がある。「共通外交と安全保障」植田隆子編『EUスタディーズ1：対外関係』勁草書房、2009年、55-77頁も参照のこと。

和国）が加盟候補国であり、アイスランドも加盟を申請した。

　外交安全保障部門は、1993年11月に発効したマーストリヒト条約で「共通外交安全保障政策 CFSP」として初めて導入され、加盟国に100％主権が残る、政府間協力の形態で発足した。外交安全保障政策上、共通化できる部分については共通化されることになり、中東政策、イラン核問題などについては政策の収斂が進んできている[5]。

　特筆すべきは、日本語で言うPKO、EU用語では危機管理を2000年からバルカン、欧州東部、アフリカ、中東、アジアで実施し、安定化に貢献してきたことである。①軍隊を展開する軍事的危機管理、②文民派遣による非軍事的危機管理あるいは③軍隊を機動展開はしないが軍人の派遣を含む、安全保障セクター（軍隊・警察力）の改革やその要員の訓練、という混合型の三形態をとる。EU は、国際連合による正統性の付与及び多国間協調主義を極めて重視しており、EU の危機管理は、国連の活動を補完する趣旨で実施されている。

　すでに、20以上のミッションが遂行されてきた。執筆時点で遂行中の主要な活動として、①については、ソマリアの海賊対策（アタランタ作戦、現地サポート・スタッフを含めて要員規模1480）、ボスニア・ヘルツェゴヴィナ（アルテア作戦、1900）、②はグルジアの監視ミッション（394）、コソボの法の支配ミッション（2805）、アフガニスタンの警察ミッション（451）、ボスニア・ヘルツェゴヴィナの警察ミッション（278）、パレスチナの警察ミッション（78）およびコンゴ民主共和国への警察ミッション（60）の他、イラクの警察の訓練（45）、ガザの境界管理ミッション（26、現在は待機中）、欧州委員会主導のモルドバ＝ウクライナ間の境界管理ミッション（200）、③については、ギニア＝ビサウ（32）、コンゴ民主共和国（60）を実施している。最大規模の軍事ミッションは、スーダンのダルフール問題をめぐり、

---

(5) 共通外交安全保障政策の発展については、拙稿「欧州連合をめぐる安全保障問題」『国際問題』409号、1994年、17-38頁、前掲注(4)拙稿「共通外交と安全保障」参照。英文の概説としては、F. Cameron, *An Introduction to European Foreign Policy*, Routledge, 2007; S. Keukeleire and J. MacNaughtan, *The Foreign Policy of the European Union*, Palgrave, 2008 を参照。

第1章　米欧関係の変容と日本

チャドと中央アフリカに対して派遣された3700名あった。グルジアを除く、大部分のミッションには、EU非加盟の第三国からも要員が派遣されてきた[6]。

アタランタ作戦は、EUにとっての最初の海軍の作戦であり、しかも、EUの軍事的危機管理に懐疑的であるとみなされていた英国が自らの司令部を提供したことが注目されている。

EUのPKOは国連とは相互補完的に実施されている。グルジア危機のように、他の国際組織が派遣できない場合に派遣しているケースもある。2005年から06年にアチェの反政府武装団体の武装解除の監視を和平合意後に実施したミッションは、国連の関与に世論の支持がないインドネシアからEUが招聘されたケースである。以上のEUのPKOは、欧州安全保障防衛政策（ESDP、ただし、リスボン条約では欧州安全保障外交政策CSDP）ミッションと総称され、共通外交安全保障政策の道具（instrument）と位置づけられている。EUの危機管理の特徴は、軍事と非軍事部門の統合的活用である。このために、欧州理事会事務局の対外関係を所掌するE総局内の軍事局と文民局が統合され、危機管理計画局（CMPD）が2009年末に設置された。このほか、EUとしては、非軍事部門の司令部組織（CPCC）を置き、主として、日常的なミッションの支援を行っている。これらの部局は、以下に述べる、リスボン条約の履行として設置される欧州対外活動庁（European External Action Service、通常の国家であれば外務省に相当するが、一部、国防省の機能を持つ）に移される。

EUの対外関係の特徴として、通常の国家の場合、開発援助は途上国に対する対外政策の重要部分となるが、リスボン体制以前のEUの場合は、欧州委員会がプロジェクト予算を持っていた。加盟国から成る理事会は、加盟国の軍隊や警官などの文民を持ち、危機管理を実施してきたが、リスボン体制では外務安全保障上級代表が欧州委員会副委員長を兼任しているのでリソースの有機的活用が可能となる。

---

[6] "Overview of the missions and operations of the European Union": http://www.consilium.europa.eu/showPage.aspx?id = 268&lang = en

地理的には、近隣諸国に対しては、政府間協力による共通外交安全保障政策以外の政策領域（通商、人の移動など）を含む安定化策（「欧州近隣諸国政策」）を据え、統合的な施策を遂行するようになってはきたが、たとえば、アジア地域に対しては、まだ、二国間ベースの政策に傾斜し、面としての統合的なアジア政策は組まれてこなかったといえよう。

　リスボン体制以前のEUとしての対外関係の特色は、通商上の利益の追求と人権・人道主義が交錯しており、この傾向性は中国に対する近年の政策に顕著であろう。

### 3　ブッシュ政権2期目の変化

　対イラク武力行使をめぐる対米態度の相違は、EU加盟国の間に亀裂を生み出した。第二次世界大戦後の米国の公式的な対欧政策は、一貫して、欧州統合を支持するものであったが、イラク問題の対処をめぐり、ラムズフェルド（D.Rumsfeld）国防長官は米国の政策を批判する独仏を「古い欧州」として批判し、欧州の重心は東進したとする見方を示した。

　伝統的には、欧州は米国の同盟国を背後で分割統治してきたと欧州側は見なしているが、同国防長官は表舞台で欧州を分断する態度を示したとして、欧州側の不興を買った。

　2003年1月30日付けの米国支持を表明した共同書簡に署名したのは英国、スペイン、イタリア、デンマーク、チェコ、ハンガリー、ポーランドであり、ヴィリニュス10と呼ばれるNATO加盟を希望する国々も米国支持を打ち出した。国によらず、独裁や独裁者に対する宥和政策を批判する立場をとる者も米国を支持した。

　他方、シラク（J.Chirac）大統領は、米国支持の国々に対し、EU加盟候補国である中・東欧諸国の対米支持の態度を「子供じみて危険」であり、「口を閉じている機会を失っている」とし、EU加盟を危うくすると評した[7]。

　すでに、米欧関係は、9.11同時多発テロに対する不朽の自由作戦（OEF）において、米国が組織としてのNATOを使わなかったことで、欧州側は

第 1 章　米欧関係の変容と日本

米国の NATO に対する関心の低下を懸念した。NATO は、9.11 の直後、米国を支援するため集団防衛条項を史上初めて発動し、NATO が保有する空中警戒管制機を米本土防衛のために展開した。

他方、米国は、1999 年のコソボ問題をめぐる軍事作戦に NATO を用いたときに、攻撃目標の選定が同盟国の合議制であったため、軍事効率が悪いとの評価を下したと言われる[8]。

このように顕著となった米欧間の離間に対し、ブッシュ（G.Bush）大統領は 2005 年 2 月、二期目の最初の外国訪問先に欧州を選び、関係の修復を図った。米国は EU を国際社会における政治的なアクターとして位置づけることは逡巡していたが、ブッシュ大統領はこの最初の訪問で NATO のみならず EU を訪問し、首脳協議を実施し、NATO という同盟を最重要視するとともに、欧州の統合、強い EU を支持していることを明らかにした[9]。

米国との対立の一つの軸をなしていた EU の ESDP をめぐっては、米国のヌーランド（V.Nuland）NATO 大使は、2008 年 2 月 22 日、パリにおける演説で、「欧州、米国、NATO、民主主義世界はより強く、より能力のある欧州の防衛能力を必要としているという点について我々はフランスに同意する。ソフト・パワーのみの ESDP では十分ではない。（大意）」とし、同年後半のフランス議長国期間中にフランスのイニシアチブによって、EU 加盟国が防衛支出を増大し、防衛能力を向上させることに対する期待

---

(7)　拙稿「イラク戦争をめぐる欧州国際政治――『古い欧州』と『新しい欧州』」（上）、（中）、（下）『世界週報』2003 年 5 月 20 日号、5 月 27 日号、6 月 3 日号、25-27 頁、22-25 頁、28-31 頁。なお、イラク戦争をめぐる米欧関係を主として外交評論などに基づいて検討した研究として、渡邊啓貴『米欧同盟の協調と対立』有斐閣、2008 年、第 3, 4 章参照。

(8)　前掲注(7)拙稿「イラク戦争をめぐる欧州国際政治」。

(9)　拙稿「米欧関係の修復と大西洋同盟の将来――ブッシュ大統領訪欧の成果」『世界週報』2005 年 4 月 19 日号、22-25 頁。米国と EU との関係強化を提唱する政策提言として、たとえば、1997-2000 年、クリントン政権下で、国務省欧州担当次官補を務めた、米欧関係の専門家、アスムス氏の以下の評論を参照。Ronald Asmus, "Rethinking the EU, Why Washington needs to Support European Integration," *Survival*, 47, No. 3, Autumn, 2005, pp.93-102.

を表明した[10]。

　この背景にはアフガニスタンでの軍事作戦における欧州の同盟国の関与の増大の必要性が念頭に置かれていたといえよう。EU 加盟国は NATO 加盟国と大部分が重なっており、欧州の NATO 非加盟国もアフガニスタンの ISAF（国際治安支援部隊）に兵力を貢献しているため、結局のところ、EU による軍事能力の向上は NATO に裨益する。

　ESDP に対するブッシュ政権末期のもう一つの変化は、EU のコソボの法の支配ミッションに米国が警官や文民を派遣することになり、2008 年 10 月 22 日に参加協定が発効した。派遣規模は約 80 名であり、初めての米国の ESDP ミッションへの参加が実現した。2010 年 4 月 7 日に立ち上げられた、ソマリア治安部隊の訓練ミッションも米国との緊密な協力のもとに実施されている。

## II　オバマ政権の対欧態度

　すでに、ブッシュ政権の二期目から米欧関係は修復基調にあったが、米国民よりもさらに欧州の人々の間で人気が高いと評価されるオバマ大統領の就任により、大きく雰囲気が変わった。

　米国と EU 加盟国およびトルコを対象とした米欧関係に関する定評のある世論調査（インタヴューは 2009 年 6 月 9 日から 7 月 1 日に実施）Transatlantic Trends は、興味深いデータを提供している。77％ の EU およびトルコの回答者がオバマ大統領の国際問題に対するハンドリングを支持（2008 年のブッシュ大統領期には支持は 19％）、EU およびトルコの回答者の 77％ がオバマ大統領を支持しているのに対し、米国民は 57％ とこれを下回った。

　米国と EU 間の緊密な安全保障・外交パートナーシップに対しては、EU の 42％ がこれを支持（前年は 33％）、米国からの一層の自立を支持する者は 36％（前年は 48％）と低下した。米国では、緊密な大西洋関係に対する支持

---

[10]　"U.S. Ambassador to NATO Victria Nuland Speech in Paris," February 22, 2008.

第 1 章　米欧関係の変容と日本

は前年と同様 46%（2004 年の 60% を下回る）で、民主党系は 55%、共和党系は 35% である。NATO については、EU・トルコは 58%、米国は 62% が支持した。

さらに、EU 加盟国の中で、75% は国際問題について EU による力強いリーダーシップを望んでおり（過去 4 年間、ほぼ、不変の数値）、70% の米国民がこれを支持している。他方、英国民の支持は 60% と米国民を下回っている[11]。

新政権の対欧態度を象徴的に示す発言として、オバマ政権が送ったダールダー（I.Daalder）NATO 大使による 2009 年 6 月 8 日の着任後最初の演説が挙げられよう。同大使は、「私は我々の同盟国から聞き、学び、そして道をリードするために来た。」と述べた[12]。これは、「リスニング・モード」とブリュッセルの外交界で表現されたオバマ政権の姿勢を表しており、前政権は欧州から何も聞かず、単独行動主義をとったとみなす欧州側の反感を汲んだものであろう。

オバマ政権の最重要外交課題であるアフガニスタン問題に関し、政権発足当初から、バイデン（J.Biden）副大統領、クリントン（H.Clinton）国務長官、ホルブルック（R.Holbrooke）アフガニスタン・パキスタン特使らが EU および NATO を訪問し始め、米政府高官が EU を政務案件で訪問する頻度も増大した。2010 年 2 月 11 日、EU 圏から米国へのテロ目的の銀行送金追跡データを米国が利用可能にする米国と EU の間の SWIFT 暫定協定を否決したことから、米国はリスボン条約体制下での欧州議会の重要性に注目するところとなった。

---

[11] Transatlantic Trends, Key Findings 2009.（www.gmfu.org/trends）
　　このほか、興味深い結果としては、オバマ大統領の国際問題のハンドリングについては、中東欧諸国（64% 支持）が西欧部分（86% 支持）よりも大幅に支持が低いこと、米国に対する肯定派は中東欧諸国（53%）、西欧部分（63%）であり、中東欧諸国が双方ともに低い理由としては、ブッシュ政権との関係が良かったためとみられている。

[12] US Ambassador Ivo Daalder, "A Full and Urgent Agenda for NATO in the 21st Century," June 8, 2009" at La Bibliltheque Solvay, Brussels.

Ⅱ　オバマ政権の対欧態度

　オバマ大統領はNATO創設60周年記念のストラスブール＝ケール首脳会議（2009年4月3－4日）、米EU首脳協議（同5日）に出席し、同年11月3日には米EU定期首脳協議をEU議長国の首都プラハで実施した。この定期首脳協議では、気候変動、経済危機、アフガニスタン、中東などが議論され、EUのエネルギー供給を多様化する努力を支援することを重要課題とする閣僚級のエネルギー理事会が設置された。米EU間の定期首脳協議は、年度の上半期に置かれてきたが、2010年度前半のスペイン議長国の時期には実施されず、後半に延期されることになった。

　NATOを害するのではないかというESDPに対する米国側の懐疑は、サルコジ（N.Sarkozy）大統領が2009年春にフランスのNATO統合軍事機構復帰を果たしたことにより、さらに薄れることとなった。フランスがNATOを犠牲にしてESDPの発展をはかってきたとみなされていたため、フランスはNATOを弱体化させるためにNATOの統合軍事機構に復帰するとの指摘すらあったが、サルコジ大統領の対米協力姿勢はこのような見方を打ち消すものであった。

　2010年1月25日、新任のケナード（W.Kennard）米EU代表部大使は、ブリュッセルにおけるシンクタンクの会合でのスピーチで、米EU間の軍事・防衛パートナーシップに関し、オバマ大統領は欧州の強い防衛を支持しているとする踏み込んだ発言をなした。同大使によれば、米国は、国際安全保障および危機対応面でのプロヴァイダーとしての十分な役割を果たすことを欧州に求めており、これを必要とすると述べた。同大使は、米国がEUのフィールド・ミッションを支援し、招聘されれば要員を派遣するとし、EUを助けることが米国の利益であると明言した。さらに、EUの能力向上に従い、米国はEUの増大する役割を歓迎すると述べた。同大使は、EUの防衛能力強化はNATOにとって必要不可欠であり、米国とEUの共有された目標はNATOに対する支援であるとの主張をなした[13]。

---

(13)　Address by Ambassador William E. Kennard at the Conference on Mapping the Future of the EU-U.S. Strategic Partnership, "A Partnership that Delivers," January 25, 2010, Brussels.

第 1 章　米欧関係の変容と日本

　同年 1 月 29 日、クリントン国務長官はパリの陸軍士官学校で、オバマ政権として最初の包括的な対欧安全保障政策演説を行った。ここで、米国も、欧州の安全保障および米国自身の安全保障を強化し、それをグローバルな規模の安全保障増進に拡張する方法を検討しつつあると述べた。同長官は、米国の外交安全保障政策の礎石は欧州の安全保障にあり続け、強い欧州は米国の安全保障と繁栄にとって極めて重要であるとし、米国が達成したいと希望する多くの問題は、欧州との協働にかかっているとの認識を示した。ここで、協働している分野として、アフガニスタン、イラン、気候変動、世界経済の再活性化に言及し、極貧、性に基づく暴力、世界的に広がる疾病に対する闘いを例示した。同長官は、欧州が安全でなければ欧州側はリードできなくなるので、欧州と米国が共通の歴史の一部として共有する人権や普遍的な価値は、常に、双方の安全保障分野における努力の礎石でなければならず、米国は 21 世紀における欧州のリーダーシップを必要とすると述べた[14]。

　同年 2 月 22 日、同長官はワシントンで開催された NATO の新戦略概念をめぐるセミナーで、EU との関係について、より具体的に、ケナード大使と同様の見方を次のように披露した。「過去には米国は、NATO が EU との安全保障協力に関与するかどうか曖昧だった。このような時代は過ぎ去った。我々は EU を NATO に対する競合者とはみなしておらず、強い欧州が NATO および米国との非常に重要なパートナーであるとみなしている。我々は、リスボン条約がこのような関係を進めることを望む。」[15]

　翌日の同じセミナーで、ゲーツ（R.Gates）国防長官は、欧州の同盟国が国防費や軍事力を削減するなど、非軍事化することによって生じるリスクを警告している[16]。

---

[14] "Remarks on the Future of European Security," Hillary Rodham Clinton, January 29, 2010, Paris.

[15] "Remarks at the NATO Strategic Concept Seminar," Hillary Rodham Clinton, February 22, 2010, Washington, DC.

[16] "Remarks as Delivered by Secretary of Defense Robert M. Gates," February 23, 2010, Washington, DC.

以上のように、オバマ政権の下での米欧関係の変容は、米国側が、EUによる政治安全保障面での役割を初めて明確に認め、EUの軍事能力の強化を支持し、これを大西洋同盟の補強に用いようとしている点にみられる。米国はEUの軍事能力強化をNATOの文脈で支持するのみならず、EUの民生力（たとえば、アフガニスタンにおける資金および人的貢献による警察支援）にも目を向けている。たとえば、テロとの闘いに関し、EUが動員できる能力は、PKOのみならず、司法内務分野から開発協力まで広範であり、自らのリソースに限界があることを認識し、プラグマティックな政策を遂行するオバマ政権はEUを国際社会における重要なアクターとして位置づけ、活用をはかるという政策転換を遂げつつある。

## III　リスボン条約体制下でのEUの対外関係

　リスボン条約の共通外交安全保障政策関連条項は、オランダとフランスの国民投票の否決によって未発効に終わった欧州憲法条約をほぼ、踏襲している。欧州憲法条約（2004年10月署名）が、「欧州の将来に関する協議会（コンベンション）」での議論の過程を経て起草された時期は、欧州統合の機運が上げ潮にあった。
　欧州統合は加盟国数の拡大と深化（加盟国の主権と統合体に委譲する）を繰り返しつつ、雁行型に発展してきたが、欧州憲法条約ではビッグ・バンと言われた東方拡大の後の深化をはかることが総じて目指された。
　2009年12月1日に発効したリスボン条約（2007年12月署名）では世論に考慮して、欧州憲法条約からは欧州合衆国を想起させる象徴的な条項は除かれ、EU内の三者間（欧州委員会、加盟国ないしは理事会、欧州議会）のパワー・バランスの観点からは、加盟国側、すなわち、政府間協力に傾斜しているとみなされている。
　対外関係に関しては、欧州理事会常任議長職および外務安全保障上級代表職（欧州委員会副委員長と兼任）を新設し、外務安全保障上級代表を支える欧州対外活動庁が設置されることになった。

第1章　米欧関係の変容と日本

　欧州理事会（EU サミット）の議長は、旧来は半年毎の輪番制の議長国の首脳が務めていたが、任期2年半（1回に限り更新可能）の常任議長を得ることになった。要は、旧来は加盟国の首相が欧州理事会の議長を兼任していたが、出身国での役職を持たないフルタイムの議長職が置かれ、この常任議長は欧州理事会における結束とコンセンサス作りを促進することになった。常任議長は、外務安全保障上級代表の権能を損なうことなく、EU の共通外交安全保障政策に関する諸問題について EU を対外的に代表する。

　任期は他の欧州委員と同じく5年間である外務安全保障上級代表職の特色は、理事会および欧州委員会の双方に足場があり、それ以前にはソラナ（J.Solana）外交安全保障上級代表（理事会事務総長兼任）とフェレーロ＝ヴァルトナー（B.Ferrero-Waldner）対外関係などを担当していた欧州委員の二つの職を一つにしたことである。これによって、欧州委員会の持つプロジェクト資金などと、加盟国が持つ軍隊・シビリアンなどのリソースを前述のように統合的に運用することが可能となった。さらに、外務安全保障上級代表は、従来は輪番制の議長国の外相が務めていた、外務理事会の議事も執る。

　他方、欧州理事会の準備をする総務理事会、総務理事会を含む閣僚理事会の準備をするコレペール II と呼ばれる、加盟国の常駐代表から成る委員会は、ひき続き、輪番制の議長国が議事を執るため、加盟国側に大きな権限は残されている。

　常任議長にはファン＝ロンパイ（H.Van Rompuy）ベルギー首相が、外務安全保障上級代表にはアシュトン（C. Ashton）貿易担当欧州委員が2009年12月1日付けで就任した。

　欧州対外活動庁は、欧州委員会の対外関係総局および欧州理事会事務局 E 総局の職員、および加盟国から派遣される要員から成り、設置準備はアシュトン外務安全保障上級代表の重要な仕事である。2009年後半の議長国スウェーデンがまとめた「欧州対外活動庁に関する報告書」（同年10月29－30日の欧州理事会に提出）[17]の指針に基づいて進められ、2010年3月

*18*

Ⅲ　リスボン条約体制下でのEUの対外関係

25日にはアシュトン外務安全保障上級代表が提案書（Proposal for a Council Decision of establishing the organisation and functioning of the External Action Service）を出し、同年中には発足するものとみられる。欧州対外活動庁は通常の国家と同じように在外公館を持ち、旧来の欧州委員会代表部は、2009年12月1日付けでEU代表部と改称された。在外代表部の大使職は、2010年度以降の人事については、加盟国からも候補を出すことになった。

　欧州理事会常任議長、外務安全保障上級代表、欧州対外活動庁はいずれも、EUの対外政策の強化になろう。加盟国の外交官は、自国の外務省、在外公館、欧州対外活動庁のブリュッセルの本部、EUの在外代表部という4種類の勤務先を理論上、周ることになる。加盟国の外交官は、欧州対外活動庁やEUの在外代表部で、EUとしての外交を企画・実践した経験を自国に持ち帰ることになり、機構面のみならず、長期的には、このような経験をした人材を通じても、EUとしての外交の収斂度が上がることが期待されている[18]。

　リスボン体制より前の時期ではEUの外交は分析・企画に傾斜し、加盟国間の合意形成に時間を要したため、オペレーションに弱いという特色があったが、欧州対外活動庁が軌道に乗れば、アクションも迅速になるだろう。

　ファン＝ロンパイ欧州理事会常任議長は、EU域内の経済ガバナンスを欧州理事会を通じて実現し、これを敷衍して、対外政策としてはEUが対外経済政策のコーディネーション（たとえばG20における立場）を発展させることを手始めとし、さらに、EUの主要パートナーである、米国、カナ

---

[17] Progress report to the European Council on the European External Action Service, 23 October 2009, 14930/09.
[18] たとえば、欧州対外活動庁設置上の問題の整理と提言として、N. Brady and N. Fernandez Sola," Building a European External Action Service: A Difficult Birth?" Directed by E. Fabry and G. Ricard-Nihoul, *The Contribution of 14 European Think Tanks to the Spanish, Belgium and Hungarian Trio Presidency of the European Union*, Notre Europe, Paris, 2010, pp.158-163を参照。

ダ、ロシア、中国、日本、インド、ブラジルとの関係を見直し、強化することの必要性を打ち出している。

これらの国々の中で、米国はパートナーとして重要性において別格であることは、同議長の演説においても明言されているし[19]、すでに共通外交安全保障政策の核としての「欧州安全保障戦略」文書[20]でも同様である。

## Ⅳ　米欧関係の変容と日本

第二次大戦後、米・欧は、自らが構築してきた「西側 the West」（冷戦期の東側が崩壊しても、自由と民主主義の価値を共有する西側と言う表現は外交現場で用いられている）の国際社会における様々な規範やレジーム（通商問題から大量破壊兵器不拡散、地球環境問題に至る広範な分野）に日本を関与(engage)させ、取り込むことに成功してきた。冷戦は西側の勝利で終わり、西側の秩序が世界を覆うかのように思われた。

EUという単位を軸として見れば、冷戦期の米ソ二極構造の終焉の後、米国の一極支配、米国による単独行動主義の時期が出現したが、イラクに対する武力行使をめぐる議論の中から、EUとしてはEUが一つの極をなす多極構造（その中でEUは米国と連携）の中で多国間協調主義がとられる秩序が望ましいとみなした[21]。

双方の当事国が実現を否定しているが、米中による共同統治体制としてのG2は、EUの発言権や影響力が確保されないため、EU側はこれを警戒している。究極的にG2体制に移行するかどうかはタイムフレームをどの時点にとるかにより、あるいは、双方の経済力や中国の政治的安定性など

---

[19]　ファン＝ロンパイ欧州理事会常任議長のブリュージュにおける最初の体系的な政策演説"Address by Herman VAN ROMPUY President of the European Council to the College d'Europe" February 25, 2010, Bruges.

[20]　*A Secure Europe in a Better World. European Security Strategy,* Brussels, 12 December 2003.

[21]　多極的国際秩序と多国間協調主義の議論については、渡邊、前掲書注(7)、第六章参照。

IV　米欧関係の変容と日本

の不確定要因が多いが、その前段階である多極構造へのグローバルなパワー・シフトはすでに始まっている。EU 側の認識では、その兆候が表面化したのは、2009 年 12 月、コペンハーゲンで開催された国連気候変動枠組条約第 15 回締結国会議における米国と中国による取引だった[22]。

　ここで想定される多極化された国際社会は 2003 年の EU の安全保障戦略文書が描いた目指すべき国際社会の姿[23]とは異なり、安定せず、暴力的であろうという不安が EU 内では広がっている。このような状況認識の下では、EU 側では、米国と連携しつつ、「西側」としての EU 極を補強することが EU の相対的な経済力の低下とともに必要になってくる。EU 側は、国際社会において経済面で軽んじられると、政治面でも軽んじられて行くのではないかという強い懸念を持っている[24]。

　パワー・シフトによる影響力の低下に対し、EU の国際的地位を温存するための EU 域内での方策（経済の浮揚、対外政策の戦略性・凝集性の強化）とともに、EU は、異質な行動様式を持ち、異質な世界観を持つ国々に対しては、関与策を取ってきた。EU が関与させる対象として頻繁に登場するのは、ロシア、中国であり、核開発疑惑があるイランについても関与という表現が用いられる。換言すれば、これまで西側が築いてきた秩序にロシア、中国、あるいはインドを出来る限り組み込みたいとする発想が EU 側にある。

　米国にしても EU 加盟国にしても、中国の巨大な市場はビジネスの機会であると見ている。米国、EU ともに、それぞれが拠って立つ、法の支配、人権や基本的自由、複数政党制の議会制民主主義という統治の根幹をなす価値は対外政策面においても、それぞれの国内世論との関係からも投影せざるをえず、中国とは相容れない側面である。

　したがって、EU にとっては国際秩序の組み換えの過程において、個別

[22]　ファン=ロンパイ欧州理事会常任議長の前掲演説参照。
[23]　パスカル・ヴェネッソン「終章　欧州の大戦略」（齊藤淳訳）、植田編、前掲書注(4)、参照。
[24]　ファン=ロンパイ欧州理事会常任議長の前掲注(19)演説でもこのような懸念が示されている。

## 第1章 米欧関係の変容と日本

のセクターにおける利害が完全に一致しないとしても、すでに「西側」に組み込むことに成功し、全般的には価値を共有する日本と連携するメリットは、とくに、中国に対する戦略的観点からは増大している。米国にとっては、軍事的な世界戦略上も、日本との同盟関係の重要性は継続するだろう。

中国の国際社会におけるプレゼンスが単線的に増大するかどうかは見解が分かれるとしても、軍事力の増強は経済力の増大と相俟って、中国の国土と人口規模が大きいだけに、近隣諸国に安全保障上の懸念を与える。欧州における「民主主義の安全保障」概念[25]は、敷衍すれば、独裁体制の国家の存在そのものが安全保障上の脅威となる（たとえば、民主主義国家の場合、軍事費の増大や兵器の近代化あるいは武力行使の決定などには多くの手続きと議論を要する）と考えるもので、民主主義国同士は戦争をしないとする見方にも通じるものであるが、この観点に立てば、日本の近隣には民主主義国が少ない。

このような状況下では、日本にとって、国際法や国際規範が遵守されること、つまり、国際社会における法の支配が維持・徹底されることは極めて重要であり、この価値を日本と共有するのはEUである。欧州統合原理の重要な基盤は法の支配に置かれており、EUが標榜する平和と正義に基づく国際秩序の基礎も民主主義と法の支配にあり[26]、機能的な面においても、食品の安全基準、知的所有権など、EUと中国間の通商上の問題は、日中間の問題でもある。

1991年に日本とEC（当時）の間で、政治安保、環境、教育などの包括的分野での協力関係を打ち出した「日本国と欧州共同体およびその加盟国との関係に関するハーグにおける共同宣言（略称ハーグ宣言）」を交渉した小和田恆外務審議官（当時）は、経済通商関係しかなかった日EC関係をバランスの取れた関係に発展させることによって、日米欧三極のパートナーシップを強化することを構想した。その実現により、日本とECの間でた

---

[25] 概念の例示として、*The Challenge of a Greater Europe: the Council of Europe and democratic security*, Council of Europe, Strasbourg, 1996 参照。

## Ⅳ　米欧関係の変容と日本

とえば、ロシアの安定化のみならず、中国の将来にとって共通のヴィジョンを持ち、中国が世界の安定勢力となる方向性を目指したと自ら説明されている[27]。

　中国をめぐってのみならず、将来の国際秩序をめぐっても共通のヴィジョンを持つ上では、日本とEUの間での様々な協議が極めて有効である。

　EUの通商における日本の比重の低下、欧州における中国への関心の増大によって、欧州における日本の姿が見えにくくなってきているが、たとえば、国際の平和と安全に関する分野での具体的な共同の行動は、EUにおける日本の可視性（visibility）を上げる。EUが主導する[28]すでに実施されてきたソマリア沖の海賊問題に対するアタランタ作戦と、日本の自衛隊の連携が一例であるが、EUが重視する法の支配強化のためにEUが展開している文民ミッションに、法の支配・民主主義という価値を共有する日本が要員を派遣することは両者の関係強化にとってもプラスになろう。すでに、日本は、欧州安全保障協力機構（OSCE）のフィールド・ミッションには文民を派遣してきた実績がある。

　ひろく、平和構築分野においては文民の果たす役割が極めて重要であるため、自衛隊の海外派遣の議論と並行して、日本の各界においても、文民派遣の態様およびそのための体系的な訓練の整備についての議論を行う必要があろう。

---

[26]　欧州連合条約の共通外交安全保障政策関連規定である第21条第1項は、以下のように規定している。「国際場裏における連合の行動は、自らの創設、発展および拡大によって鼓舞され、より広い世界において進捗させることを希求する諸原則によって導かれる。すなわち、民主主義、法の支配、人権および基本的自由の普遍性と不可分性、人間の尊厳の尊重、平等と連帯の諸原則、国連憲章と国際法の諸原則の尊重である。」第3条5項でも、以下のように規定している。「より広い世界との関係では、連合は、自らの価値と利益を維持し、連合の市民の保護に貢献する。連合は、平和、安全、地球の持続的発展、人々の相互の尊重、自由かつ公正な貿易、貧困の撲滅、人権の保護、とくに子供の権利の保護、並びに国連憲章の諸原則の尊重を含む、国際法の厳守と発展に貢献する。」なお、Ronald Asmus and Tod Lindberg with a reaction by Robert Cooper, "Rue de la Loi: The Global Ambition of the European Project," Working Paper, The Stanley Foundation, September 2008 も参照。

第1章　米欧関係の変容と日本

　欧州の国々は、二度の世界大戦による国土の破壊、人的喪失を経て、欧州統合体の結成により欧州の域内平和と繁栄を構築した。新興経済諸国による挑戦やユーロの信用不安は、スケールにおいて1970年代から80年代にかけての日本による挑戦をはるかに凌駕するが、「EU2020」、EU外交の強化といった処方箋を出し、沈滞状態には陥っていない。欧州対外活動庁の創設は、たまたまリスボン条約の発効が遅れたために、経済金融危機や国際社会のパワー・シフトによるEUの相対的地位の低下からの浮揚を目指す時期になされることになり、EUの対外的なプレゼンスの強化のための重要な手段とみなされている。

　もとより、国の経済の発展の度合い、国際の安全と平和の維持・増進に対するソフト・アプローチ、米国との同盟関係の一義的な重視、具体的な

---

⑵7　Hisashi Owada, "The Japan-EU Joint Declaration and its Significance towards the Future," in Takako Ueta and Eric Remacle, eds., *Japan-EU Coopreration: Ten Years after the Hague Declaration, Studia Diplomatica*, Vol.LIV（2001）, Nos. 1 - 2 , Institut Royal des Relations Internationales, 2003, pp.17-20.
　90年代の初めに日本は、ECとの包括的協力を打ち出したハーグ宣言の他に、英仏独それぞれ二国間との政治安全保障協議や欧州安全保障協力会議（CSCE、当時）への非加盟国としての参加などを始めた。冷戦期には、欧州の国々との政治安全保障協議や対話は実施されていなかった。このような一連の措置の中で、二国間対話とCSCE・OSCEとの協力は進んだが、EC・EUとの宣言外交以上の具体的な協力については、EUの共通外交安全保障政策が内包していた組織上の問題や日本におけるこの分野でのEUの可視性の問題などの理由によって相対的に進展が遅れていた。冷戦終結後の日欧関係については、拙稿"Evolution of Japan-Europe Relations since the End of the Cold War,"in Takako Ueta and Eric Remacle, eds., *Japan and the Enlarged Europe, Partners in Global Governance*, P.I.E-Peter Lang, Brussels, 2005, pp.19-33 を、日本とOSCEとの関係などについては、拙稿"Japan, EU and OSCE," in Reimund Seidelmann and Andreas Vasilache, eds., *European Union and Asia, A Dialogue on Regionalism and Interregional Cooperation*, Nomos Verlagsgesellschaft, Baden-Baden, 2008, pp.299-321 を参照。
⑵8　ソマリア沖海賊対策作戦に最初に従事したのはEUであるが、ほかに米国主導の作戦、NATO主導の作戦などが実施されている。EUの作戦は兵力において最も規模が大きく、NATOの作戦については、EUの作戦よりも小規模であり、捕獲した海賊の裁判手続きを沿岸国で実施する協定を本稿執筆時点では沿岸国との間に欠いているなどの問題が解決されていないという制約がある。なお、EUのCDSPを適用除外しているデンマークはNATOに貢献している。

施策としては国際刑事裁判所や核実験全面禁止に対する態度、あるいは鳩山政権の気候変動に対するスタンスなど、日本の政策はEUとの共通性が多い。米国に、EUに親和的な政権が登場しているという意味でのオバマ・モーメントは、米国自体が国内経済問題やアフガニスタン、中東問題への対処に最重点を置き、大西洋関係に根本的な変化がないとしても、日本にとって必要となるEUとの関係を増進する上では、活用すべき好機であろう。

◆ 参考文献

〈欧文文献〉

Asmus, Ronald (2005) "Rethinking the EU, Why Washington needs to Support European Integration," *Survival*, 47, No.3, pp.93-102.

Asmus, Ronald and Lindberg, Tod, with a reaction by Robert Cooper (2008) " Rue de la Loi: The Global Ambition of the European Project," *Working Paper*, The Stanley Foundation.

Brady, N. and Sola, N.Fernandez (2010) "Building a European External Action Service: A Difficult Birth?" Directed by E.Fabry and G.Ricard-Nihoul, *The Contribution of 14 European Think Tanks to the Spanish, Belgium and Hungarian Trio Presidency of the European Union*, Notre Europe, pp. 158-163

Cameron, F. (2007) *An Introduction to European Foreign Policy*, Routledge.

Hisashi Owada (2003) "The Japan-EU Joint Declaration and its Significance towards the Future," in Takako Ueta and Eric Remacle, eds. *Japan-EU Coopreration: Ten Years after the Hague Declaration, Studia Diplomatica*, Vol.LIV (2001), Nos.1-2, Institut Royal des Relations Internationales, pp. 17-20.

Keukeleire S. and MacNaughtan J. (2008) *The Foreign Policy of the European Union*, Palgrave.

Shapiro, Jeremy and Witney, Nick (2009) *Towards a Post-American Europe: A Power Audit of EU-US Relations*, European Council on Foreign Relations.

Takako, Ueta (2005) "Evolution of Japan-Europe Relations since the End of

the Cold War," in Takako Ueta and Eric Remacle, eds. *Japan and the Enlarged Europe, Partners in Global Governance*, P.I.E-Peter Lang, pp. 19-33
―――― (2008) "Japan, EU and OSCE," in Reimund Seidelmann and Andreas Vasilache, eds. *European Union and Asia, A Dialogue on Regionalism and Interregional Cooperation*, Nomos Verlagsgesselschaft, pp.299-321
Vasconcelos, Albaro de and Zaborowski, Marcin (2009) *The Obama Moment, European and American Perspectives*, Institute for Security Studies, European Union.

〈和文文献〉

植田隆子（1994）「欧州連合をめぐる安全保障問題」『国際問題』第409号，17-38頁.
――（1999）「欧州連合の防衛能力」村田良平編『EU――21世紀の政治課題』勁草書房，189-224頁.
――（2000）「欧州連合の軍事化と米欧関係」『日本EU学会年報』第20号，185-209頁.
――（2003）「イラク戦争をめぐる欧州国際政治――『古い欧州』と『新しい欧州』」（上），（中），（下）『世界週報』2003年5月20日号，5月27日号，6月3日号，25-27頁，22-25頁，28-31頁.
――（2005）「米欧関係の修復と大西洋同盟の将来――ブッシュ大統領訪欧の成果」『世界週報』2005年4月19日号，22-25頁.
――（2007）「共通外交と安全保障」植田隆子編『EUスタディーズ1：対外関係』勁草書房，55-77頁.
パスカル・ヴェネッソン（2007）「終章　欧州の大戦略」（齊藤淳訳）植田隆子編『EUスタディーズ1：対外関係』勁草書房，245-266頁.
渡邊啓貴（2008）『米欧同盟の協調と対立』有斐閣.

# 第 2 章
## リスボン条約による EU 対外関係の法と制度の改革

中 村 民 雄

はじめに
I　EU 法制度改革
II　EU 対外権限の存在範囲と排他性
III　EU 対外権限の行使
むすび

◆ はじめに

　本章では、リスボン条約（2007 年署名、2009 年発効）による EU の対外関係の法制度改革を整理し、主要な法的論点を考察する（従前の EU 対外関係法制度につき、Eeckhout 2004, Koutrakos 2006, 中村 2007）。リスボン条約は、頓挫した欧州憲法条約（2004 年署名。以下、憲法条約）が試みた改革の大部分を継承し、EU の法制度を抜本的に改革する。本章の前提的知識として、リスボン条約までの紆余曲折をまず瞥見しておこう。

　2001 年 12 月のラーケン欧州理事会の宣言は、2000 年代の EU の法制度改革の動機と目的を示した。第一は、EU 統治の民主化と公開・透明化を進め、EU を市民に近づけること。第二は、EU 運営の効率化と実効性の向上を図り、グローバル化と分裂が同時進行する現代世界において「グローバル化のガバナンスにヨーロッパの諸責任を担う」ことである（European Council 2001）。同宣言は、EU と構成国の権限配分の明確化など具体的な改革の論点も掲げ、EC・EU 条約等の簡素化と再編成を進めるなら「長期的には憲法典の採択にも至りうるのではないか」とも述べていた。

　ラーケン宣言を受けて、2002 年 2 月から「諮問会議（Convention）」が開

第 2 章 リスボン条約による EU 対外関係の法と制度の改革

催された。これは EU 各国の議会と欧州議会の代表を集め、それに EU 各国政府代表と欧州委員会代表が加わった会議である。諮問会議は 2003 年 7 月に憲法条約草案を採択した（起草過程につき、Norman 2003）。その後、政府間交渉会議が開かれ、草案を微修正した憲法条約が 2004 年 10 月に署名された。諮問会議方式は、EU 史上初の広範な民主的代表による起草作業であり、既存条約の簡素化と再編成を超えて「憲法典」を起草する気運が盛り上った（Giscard d'Estaing 2003 は諮問会議をアメリカ合衆国憲法起草会議になぞらえた）。

憲法条約は、EC・EU 条約の内容を継承してそれらに置き換わる一本の条約であった（詳細は、中村 2004）。それは 2000 年に政治宣言されていた EU 基本権憲章（以下、基本権憲章）の諸規定も編入し（同Ⅱ-61～Ⅱ-114 条）、EU の価値（同Ⅰ-2 条）、基本原則（同Ⅰ-4～Ⅰ-6、Ⅰ-11 条）、EU のシンボル（旗、歌、モットー、通貨、記念日）（同Ⅰ-7 条）を掲げて EU の「憲法」を自称し（同Ⅰ-1、Ⅰ-3 条など）、EC を廃して EU に法人格を与え（同Ⅲ-393 条）、EU の代表者たる「欧州理事会理事長」（同Ⅰ-22 条）と「連合外務大臣」（同Ⅰ-28 条）を設け、EU と構成国の間で立法権が配分され（同Ⅰ-12～Ⅰ-17 条）、EU は権限内で EU 市民に直接に適用される「欧州法律」を制定でき（同Ⅰ-31 条）、欧州法律等の EU 法は構成国法に優位すると定めていた（同Ⅰ-6 条）。しかしこの憲法条約は、2005 年にフランスとオランダの批准国民投票で否決され、政治から消えた。

1 年半の「省察期間 (period of reflection)」を経て、2007 年にリスボン条約が交渉され署名され、2009 年 12 月に発効するに至った[1]。リスボン条約は、もはや「憲法」を自称する体系的な基本法典をつくることは目指さず、EU のシンボル規定も削除し、「欧州法律」や「連合外務大臣」といった国家を連想させる名称はやめ、それぞれ「規則」「連合外交安全保障上級代表」（以下、上級代表）なる穏便な名称にする。しかしリスボン条約は実質的には憲法条約の改革内容の復活策であり、それを既存の EC・EU 条約の改正という形で進めようとする。そこで EU 条約を改正して EU に法人格を与え、EC 条約を改正して EC は EU に代替され継承されるものとし、

*28*

EC条約をEU運営条約（the Treaty on the Functioning of the European Union 以下、運営条約）と改名する。一本の条約に集約する代わりに、EU条約と運営条約（旧EC条約）は「同一の法的価値をもつ」ものとし（新EU条約1条、運営条約1条2項）、基本権憲章も別文書ながらEU条約と「同一の法的価値をもつ」ものとする（新EU条約6条1項）。こうしてEU条約と運営条約と基本権憲章を三つ別文書ながら「同一の法的価値をもつ」EUの基本諸法規として同位とし、運用において一体的に扱うものとした。

リスボン条約は、たしかに憲法条約の内容の大部分を継承するが、条約全体が作り出す精神において相当に異なる。憲法条約は連邦国家形成を想起させるレトリックと近代民主国家の立憲主義的精神にあふれていた。「欧州の諸市民と諸国家」がEUを設立するものと定め（同I-1条）、EU統治権力の政治的・民主的正統性が国家だけでなく市民にも由来することを明示した。そしてその諸市民とEU諸国がEUに付与した統治権限は、市民の権利章典（基本権憲章）を備えたEUの「憲法」により統制されるという精神である。リスボン条約は、国家建設のレトリックを捨て、近代国家の立憲的理念を示す規定や体系的法典形式を捨て（「憲法的概念は放棄する」：European Council 2007）、伝統的な主権的国家だけをEU形成の主体として認めた条約の精神と形式に復した（新EU条約1条）。なによりEU統治を正統化する主体としての「欧州の諸市民」を語らなくなった（憲法条約

---

(1) リスボン条約の発効も多難であった。まずアイルランドが2008年の批准国民投票で否決し、2009年の再投票でようやく批准した。その間、ドイツやチェコでは批准に対する違憲訴訟が起こされた。両国の憲法裁判所はリスボン条約・批准法を合憲と判断した（ドイツ2009年6月30日判決．BVerfG, 2 BvE 2/08；チェコ2008年11月26日判決 Pl. ÚS 19/08 および2009年11月3日判決 Pl. ÚS 29/09）。イギリスでもリスボン条約の国民投票を求める訴訟が起こされたが、棄却された（The Queen (on the application of Wheeler) v. Office of the Prime Minister and others [2008] EWHC 1409 (Admin)）。最後の批准国となったチェコでは、大統領が同国憲法裁判所の判決が出るまで批准書への署名を拒み続ける間にチェコ政府はEU基本権憲章がチェコ国内に適用されない旨の議定書をEU諸国と締結し（2009年10月29日）、その5日後の11月3日に憲法裁判所の批准合憲判決も出たため、大統領も同日署名し、批准書を寄託した。こうしてリスボン条約は2009年12月1日に発効した。

第 2 章　リスボン条約による EU 対外関係の法と制度の改革

Ⅰ-1 条と新 EU 条約 1 条の対比)。それどころか構成国の主権的権利を確認する規定を追加した。たとえば設立条約において EU に付与されていない権限は構成国に留まるとの明文(新 EU 条約 4 条 1 項)や、構成諸国が条約改正により EU 権限を増加も縮減もできるとの規定(同 48 条 2 項)の追加である[2]。

　この精神の変化の発端は、憲法条約の国民投票での批准否決であった。イギリスの私法学者コリンズ (Hugh Collins) の言葉を借るなら、憲法条約の国民投票での「真の争点は、ヨーロッパのナショナリズムを超えた発展の新たな段階を受け入れる準備が諸市民にあるかどうかだった。受け入れるなら、超国家統治機構をつくり、それに内在する主権に比肩する権力を認めることになろう。……市民の多くは、そこまで条約が進むのを受け入れる気になれなかった。……ヨーロッパの多くの人々は EU と『社会契約』を結んだとは認めなかった。……EU 建設を基本的に支持する人々ですら、自分がすでに汎ヨーロッパ市民社会の市民であるとまでは感じていなかった。」(Collins 2008: 16)

　リスボン条約は、憲法条約と違う精神を全体的にもつが、それはむしろ従来の EC・EU 条約の精神に近い。以下、従来の条約と憲法条約の両方とリスボン条約を比較しつつ、EU の対外関係の法制度の改革目的と内容を整理し、今後の主要な法的論点を考察してみよう。

# Ⅰ　EU 法制度改革

## 1　制度の一貫性：列柱解消と CFSP 区分の残存

　従来の EU 条約も憲法条約もリスボン条約も、EU の活動、とりわけ対外活動の一貫性・効率性・実効性の向上をめざしていた。従来の EU も条約の規定上は「単一の制度枠組」により「一貫性と継続性」を、とりわけ

---

[2]　さらに縮減のために既存 EU 法令の廃止を閣僚理事会が欧州委員会に求めることもありうるという第 18 宣言も新たに追加された。

I　EU 法制度改革

## 表 1：EU に残る CFSP と非 CFSP の区別（リスボン条約）
(EU：EU 条約；FEU：EU 運営条約［旧 EC 条約］)

| 政策分野 | EU（単一法人格 EU47） |||
|---|---|---|---|
| | 旧 EC 分野<br>［旧 I 柱］ | 警察・刑事司法協力分野<br>［旧 III 柱］ | 外交安保・CSDP 分野<br>［旧 II 柱］ |
| 意思決定の主要機関 | 閣僚理事会＋欧州議会<br>常駐代表委員会（COREPER）(EU16(7)) || 欧州理事会（目標特定）(EU22(1)、26(1))<br>閣僚理事会（具体措置）(EU26(2)、28)<br>政治安保委員会 (EU38)<br>軍事委員会（理事会決定 2001/79 号） |
| 補佐機関 | | 常設委員会 (FEU71) | |
| 採択方式 | 欧州委員会の提案<br>↓<br>閣僚理事会*と欧州議会**の通常立法手続（共同決定）(FEU289)<br>　*特定多数決の原則。全会一致は例外。<br>　**総議員の多数決（絶対多数決）<br>例外　特別立法手続<br>・警察・刑事司法分野（FEU83(2)、86、87(3)、89 など）<br>・その他 | 欧州委員会の提案 or 1/4 の構成国群の提案 (FEU76) | 外交安保事項：構成国 or 上級代表 or 欧州委員会の支持を得た上級代表の提案 (EU30(1))　安保防衛事項：上級代表 or 構成国の提案 (EU42(4))<br>↓<br>理事会の全会一致 (EU24(1)；31(1)；42(4))<br>・建設的棄権<br>・具体的措置は、特定多数決可 (EU31(2))<br>・国家の重大利益を主張する国は、欧州理事会の全会一致へ付託可 (EU31(2) 後段)<br>・軍事・防衛含意の決定は特定多数決不可 (EU31(4)) |
| 採択できる行為 | EU 立法行為として (FEU288)<br>規則（各国に全面的に直接適用）<br>指令（名宛人たる構成国を達成すべき結果について拘束）<br>決定（名宛人を直接に拘束）<br>勧告（法的拘束力なし）<br>意見（法的拘束力なし） || EU 立法行為は排除 (EU24(1))<br>一般指針 (EU25)<br>決定 (EU25：連合の行動、立場、実施細目)<br>政策実施のための構成国間の体系的協力強化 (EU25)<br>その他 |
| 欧州議会の関与 | 立法行為は「通常立法手続」（共同決定手続）によるので、常に関与する (FEU289、294)<br><br>欧州委員会への提案要請 (FEU225)<br>質問 (FEU230))<br>欧州委員会年次報告書審議 (FEU233)) || 主要局面・基本的選択の定期的諮問受ける (EU36)<br>上級代表からの報告 (EU36)<br>質問・勧告 (EU36)<br>年 2 回審議 (EU36) |
| 各国議会の関与 (EU12) | EU 立法に対する補完性監視（付属第 2 議定書） | 警察・刑事司法分野の EU 法形成の監視 (FEU70)<br>Europol の監視・Eurojust の評価 (FEU88、85) | 関与なし |
| 欧州司法裁判所管轄権 | 強制管轄 (EU19) || 原則として管轄権なし (EU24(1) 後段)<br>ただし EU40（CFSP・非 CFSP 区分）審査、個人制裁決定の効力審査は管轄権あり (EU24(1) 後段、FEU275) |

出典：筆者作成（中村 2005: 55、中村 2007: 15 を改訂）

31

第 2 章　リスボン条約による EU 対外関係の法と制度の改革

対外活動の一貫性を確保すべきものと定めていた（EU（ニース）条約 3 条）。
　しかし、現実にはそれを達成しがたかった。リスボン条約以前の EU は、EC と EU に法的に区分されていた。独自の法人格と法をもつ EC（EC 条約 281 条）、それとは別の「共通外交・安全保障政策（CFSP）」の法制度（EU（ニース）条約 11 条〜28 条）、「警察・刑事司法協力（PJCC）」の法制度（EU（ニース）条約 29 条〜42 条）の三つに区分され（列柱構造）、制度（「柱」）ごとに統治方式を異にしていた（中村 2007）。たとえば意思決定の方式は、EC では多くの事項が閣僚理事会の特定多数決であったが、CFSP と PJCC では閣僚理事会の全会一致が原則であった。そのため政治外交問題を EU の CFSP で扱うにしても、EU 諸国政府間に意見の対立があれば、全会一致原則に阻まれ、EU の「一つの声」を世界に発しえなかった（たとえば 2003 年の米国主導のイラク戦争開戦時の EU 諸国間の意見対立）。
　また対外活動は列柱横断的な問題に関わることも多かった（たとえば国際テロ対策措置や麻薬等密輸対策措置）。しかし EU の列柱構造がその問題に対応する EU の対外活動の一貫性・効率性・実効性を阻んだ。たとえば対外代表が柱ごとに異なった。EC の排他的事項は欧州委員会（の対外通商政策担当委員）が対外代表となった。（EC 事項以外の）EU 事項については、EU 諸国が EU の CFSP または PJCC を用いる場合、CFSP の対外代表は議長国および外交・安全保障政策上級代表、PJCC の対外代表は議長国であった。EU 諸国が EU の CFSP や PJCC を用いない場合は、EU 各国が個別国家として外交を展開した。列柱ごとの統治方式の区別には、EC 機関や構成国政府など制度運営主体の利害が絡むため、列柱横断的問題の対外活動をめぐって、EC 権限を主張する欧州委員会・欧州議会と、EU 権限ないし各国権限を主張する閣僚理事会・構成諸国とが対立した[3]。これがリスボン条約以前の EU が抱えた問題であった。

(3) *E.g.*, Case C-91/05, Commission v. Council (ECOWAS) [2008] ECR I-3651（小型武器禁輸を含む開発援助措置を採るのは、EC 権限か EU の CFSP 権限かが争われ、EC 権限とされた）; Case C-440/05, Commission v. Council [2007] ECR I-9097（船舶を源とする環境汚染行為に刑罰を科す立法の命令は EC 権限か EU 第 3 の柱権限かが争われ、EC 権限とされた）.

Ⅰ EU 法制度改革

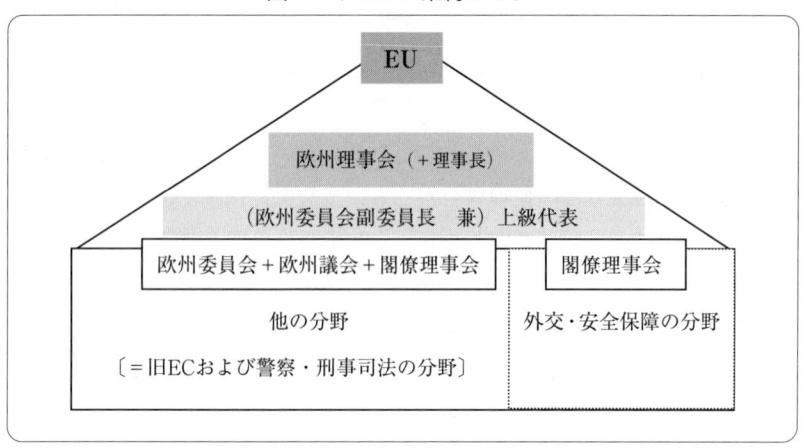

図1：リスボン条約のEU＊

```
                    EU
            欧州理事会（＋理事長）
        （欧州委員会副委員長　兼）上級代表
   欧州委員会＋欧州議会＋閣僚理事会    閣僚理事会
           他の分野               外交・安全保障の分野
     〔＝旧ECおよび警察・刑事司法の分野〕
```

＊列柱構造は解消され単一のEUとなるが、外交安保分野は政府間協力型の統治方式

　リスボン条約は、一貫性・効率性・実効性の向上のために、ECとEUの法的区別をなくし、列柱構造を解消する（憲法条約も列柱解消は同様）。EUに単一の法人格を与え（運営条約308条）、ECはEUに代替されるものとする（新EU条約1条、運営条約1条）（**図1**）。

　この新EUでは、旧来のEC法制度が基本となり、EUのPJCC（警察・刑事司法協力）もそれに服することになる点で、抜本的改革となる。ただし、外交・安全保障政策（CFSP）分野だけは「特別の準則と手続」による（新EU条約24条1項）。実際には手続を超えて統治の主要局面に区別が広く及ぶので、CFSP事項については、（ECとEUを法的に峻別する列柱構造ほどの区別ではないが）統治方式上の重大な区別が残る。いわば一つ屋根のEUの家の中が、CFSPの部屋と非CFSPの部屋に二分されている（**図1**）。憲法条約もCFSP分野と非CFSP分野で同様の統治方式の区別を設けていたが、リスボン条約のほうがCFSPの特別性を明言する点で起草者の区別の意思が明確である（新EU条約24条1項を憲法条約Ⅰ-40・41条と比較せよ）。

　この統治方式の区別は、構成国の主権的権利への法的な制約度の差を伴

33

第2章　リスボン条約によるEU対外関係の法と制度の改革

う（**表1**）。

　非CFSP分野（旧ECおよび警察・刑事司法分野）は従来のEC型の統治方式に服する。その統治方式は、政治的には民主的統治と法の支配を希求し、法的には構成国の主権的権利行使を制約しつつ共同体法の実効的実現を確保する点に最大の特徴がある。そこで立法においては、欧州委員会の提案を受けて、欧州議会と閣僚理事会がともに多数決で採決をする「通常立法手続」（共同決定手続）が原則となり、立法審議は公開される。各国議会も通常立法手続の法案には補完性原則違反がないかどうかの監視ができる。欧州司法裁判所の裁判管轄権も広く及ぶ。EU立法のうち「規則」は、各国に直接に適用され、各国の国民に直接に権利義務を生じさせる（運営条約288条）。各国はEU規則に反する立法をしても、EU規則がEU法の優位性の原則により優先して直接に適用される（リスボン条約付属第17宣言）。しかもEU法違反の各国立法はEU法上違法となり（新EU条約4条3項違反）、改正しなければ欧州委員会に訴えられ（運営条約258条、260条2項）、制裁金を課される可能性もある（運営条約260条2項）。

　これに対してCFSP分野については、政府間協力型の統治方式が概ね存続する。この統治方式では、構成各国の意向が強く反映し、EC型ほど構成国の主権的権利行使を法的に制約しない。そこで意思決定の流れも、提案を構成国または上級代表がなしうる。閣僚理事会が（議事公開原則に服さずに）全会一致で採決をする（各国政府に拒否権が残る）。欧州司法裁判所の裁判管轄権も限定的にしか及ばない（新EU条約24条1項）。CFSP分野についてはEUの対内立法が排除されているため、非CFSP分野との比較では、各国の立法権限ははるかに制約されない。CFSP分野の合意の履行は、専ら政治的に確保され（閣僚理事会および上級代表が履行を確保する。新EU条約24条3項、26条2・3項、27条）、欧州司法裁判所の司法審査などを通した法的確保にはよらない（その点の欧州司法裁判所の管轄権はない）。

　このように新EUにあっても、非CFSP分野には旧EC型の構成国の主権を制限する統治方式が適用され、CFSP分野は主権制限度が低い政府間協力型の統治方式が適用されるという分野別統治方式区分が残る。ゆえに

*34*

新EUにおいても、EUの対外活動につきCFSPか非CFSPかの区別紛争、すなわち対外活動の法的根拠の選択をめぐる紛争が生じうる。リスボン条約は、一定の解決策を予定しているが（次の2）、今後も論点となろう（後述IIの2）。

## 2 （欧州委員会副委員長を兼ねる）上級代表

リスボン条約は、列柱解消に対応して、EU全体の対外代表となる連合外交安全保障上級代表（上級代表）という職位を新たに設けた。上級代表は欧州委員会副委員長を兼ねる（新EU条約18条。憲法条約は「連合外務大臣」と称した（憲法条約I-28条））。兼職によりEUの全政策事項（非CFSP事項とCFSP事項の両方）を一人で代表できる。なお欧州理事会の理事長もCFSP事項については対外代表となれるが、上級代表の権限を害してはならない（新EU条約15条6項[4]）。ゆえに新EUでは、（構成諸国がEUにおいて全会一致に至る範囲では）上級代表が主として（またCFSPの範囲では欧州理事会理事長も）EUの声を世界に発することになろう。

上級代表の補佐機関として「欧州対外活動局（European External Action Service）」が設置される（新EU条約27条3項）。これは閣僚理事会事務総局および欧州委員会の対外関係等の関連部局ならびに各国外務省の出向官僚により構成される。この局が各構成国の外務省等と協力して、上級代表を補佐する。

上級代表は、新EU全分野の対外活動の一貫性を確保するための要職となるであろう。条約の規定によれば、上級代表は、連合の対外行動の様々の領域間の一貫性および、連合の対外行動と連合のその他の政策との一貫性を確保するために、閣僚理事会および欧州委員会を補佐しなければならない（新EU条約21条3項後段）。上級代表は、EUのCFSPを遂行する義務を負い（新EU条約18条2項）、閣僚理事会の一つである外務理事会の議

---

[4] CFSP事項の対外代表について上級代表と欧州理事会理事長の役割分担は条約に明確な定めがなく、実務慣行に多く委ねられる。国家元首級の国際会合等では、上級代表ではなく欧州理事会理事長がEU代表として登場するであろう。

長を務め（新 EU 条約 18 条 3 項）、さらに欧州委員会の副委員長として、連合の対外関係の運営の一貫性を保つために CFSP と非 CFSP の対外行動を調整する義務も負う（同 4 項）。上級代表だけがもつ権利としては、EU が第三国や他の国際機関と締結すべき国際協定が CFSP に「専らもしくは主として関係する」とき、その交渉勧告を閣僚理事会にする権利がある（運営条約 218 条 3 項。他の種類の協定交渉の勧告は欧州委員会が行う[5]）。

上級代表がこの権利を基礎に、非 CFSP 権限に利害をもつ欧州委員会と CFSP 権限に利害をもつ閣僚理事会の立場を調整することに繰り返し成功する政治的手腕をみせるなら、上級代表自身に具体的事項の CFSP・非 CFSP 振り分け決定政治力が相当に生じるであろう。他方、上級代表がそのような手腕に欠けるときや特定の事案で政治的調整に失敗するときは、閣僚理事会・構成諸国を一方、欧州委員会・欧州議会を他方とする、CFSP と非 CFSP の権限区分紛争が訴訟に発展するであろう。リスボン条約は、欧州司法裁判所にこの区分審査の管轄権を認めている（新 EU 条約 24 条 1 項、40 条、運営条約 275 条）。ゆえに新 EU での上級代表は、EU の具体的活動が CFSP か非 CFSP かを区別し、区分紛争を政治的に予防する重要な役割を担う（Müller-Graff 2008: 195-196; Dashwood 2008: 103）。任命後早い時期に上級代表が率先して、CFSP・非 CFSP の事項の区分について EU 機関間で実務基準を合意できるならば、権限区分紛争の一つの有効な予防策となるであろう。

## 3　法の一貫性に向けて：法改正と法典様式化

EU の対外活動の一貫性を高めるために、リスボン条約は規定の実体的また形式的な改正も行った（憲法条約も同様である）。

実体面では、第一に、列柱解消に伴い、EU の PJCC は、規定が運用条約

---

[5] CFSP に「専ら関係する」国際協定の締結決定は（欧州議会への諮問も承認も要さず）閣僚理事会のみで決定ができる（運用条約 218 条 6 項）。CFSP に専ら関係するわけではない国際協定の締結には、協定の主題により、欧州議会の諮問、承認または共同決定を要する（後述Ⅲの 1）。

に移され、かつ旧 EC 型の統治方式に服することになった。この結果、新 EU では、人の域内移動と域外から域内への移動の両方を総合的に規律する「自由・安全・司法の領域」政策が、同一の法制度と統治方式で扱えることになった（ただしシェンゲン協定外の EU 数カ国についての例外等を伴う）。

　第二に、全体に対外権限の明文化を進めた（後述 II の 1）。とくに政策分野を特定しないで、EU の条約締結権限が一定の場合に発生する旨の一般規定を新たにおいた（運営条約 216 条）。また安全保障・防衛政策の規定が拡充され、これまで「欧州安全保障防衛政策（ESDP）」と呼ばれたものが「共通安全保障防衛政策（CSDP）」と改称され、EU の「共通」政策として認知された（ESDP 形成史と法的問題につき Trybus 2005）。

　形式面では、EC 条約と EU 条約に散在していた対外規定を整理し、通則規定と個別規定に再編成した。法典様式による対外関係規定の体系化である。このような様式面の改正は、法の実体面にも影響しうる。法典様式化が進むほど、個別規定を通則と合わせて体系的に解釈し適用する実務も促進されるので、従来と同一文言の規定も別様に解釈される可能性がでてくる。

　法典様式的な体系化を確認すると、第一に、EU 条約は、冒頭で EU 法全体の通則となる連合の価値と目的を定める。連合の価値とは、「人間の尊厳、自由、民主主義、平等、法の支配、少数者である人々の権利を含む人権の尊重の諸価値」である（新 EU 条約 2 条）。連合の目的のうち対外活動に関係するものは、「平和、連合の価値および連合の人々の幸福を推進すること」（新 EU 条約 3 条 1 項）であり、「より広い世界との関係においては、連合はその価値および利益を堅持し推進し、連合の市民の保護に貢献する。連合は、平和、安全保障、地球の持続可能な発展、人々の連帯と相互尊重、自由かつ公正な貿易、貧困の撲滅、および人権の保護…ならびに国際連合憲章の原則の尊重を含む国際法の厳格な遵守および発展に貢献する」ことである（同条 5 項）。

　第二に、EU の対外活動の目的と大原則を示す通則規定が、新 EU 条約の CFSP 諸規定の前に置かれ、また運営条約の対外関係規定の冒頭でも再

確認されている（新 EU 条約 21 条、運営条約 205 条）。この通則規定は新規定である。

◆新 EU 条約 21 条〔EU 対外活動の目的と運用の通則〕
1．連合の国際舞台における行動は、連合の創設、発展および拡大を発揚してきた諸原則に誘導され、それらを広い世界において推進するよう設計されるものとする。その諸原則とは、民主主義、法の支配、人権および基本権の普遍性および不可分性、人の尊厳、平等および連帯の尊重、ならびに国際連合憲章の諸原則および国際法の尊重である。…連合は、共通の課題に対する多国間の解決を、とりわけ国際連合の制度において、推進するものとする。
2．連合は共通政策および共通行動を策定し追求するものとする。また連合は次に掲げる諸目的のために、国際関係のあらゆる分野において高度の協力をめざして行動するものとする。
（a）連合の共通の価値、基本的利益、安全、独立性、一体性の擁護。
（b）民主主義、法の支配、人権および国際法の強化集積および支持。
（c）国際連合憲章の諸目的および諸原則、ヘルシンキ最終文書（the Helsinki Final Act）の諸原則および対外国境に関する目的を含むパリ憲章（the Charter of Paris）の諸目的に即した、平和維持、紛争予防および国際安全保障の強化。
（d）発展途上国の、貧困撲滅を主目的とした、持続可能な経済的社会的および環境的発展の育成。
（e）国際貿易の制限の漸進的廃止などを通した、世界経済への全世界諸国の編入の奨励。
（f）持続可能な発展のために、環境の質および世界天然資源の持続可能な管理の維持と向上のための国際的措置の展開援助。
（g）天災または人災に直面する人々、諸国および諸地域への救援。
（h）より強固な多国間協力と良好な世界秩序維持にもとづく国際体制の推進。

1 項の大原則は「連合の価値」（新 EU 条約 2 条）にほぼ即している。2 項の 8 つの目的は「連合の目標」（新 EU 条約 3 条）にほぼ対応している。このほか通則規定は、EU 各種政策分野間の対外・対内活動の一貫性を EU

I　EU法制度改革

**表2：EUの条約締結権限の明文根拠の増加**（[ ]は旧EEC条約の条文番号）

| EC設立条約(1958) | 単一議定書(1987) | EU条約(1993、1999、2003) | 新EU(Lisbon)条約(2009) |
|---|---|---|---|
| 〔第三国・国際組織との協定の締結手続（EC300［228］条……→ 運営218条）〕 | | | |
| 共通通商政策協定の締結（EC133［113］条3項………………→ 運営207条3項） | | | |
| 国連・国連専門機関および他の国際組織との協力（EC302［229］条→ 運営220条） | | | |
| 欧州評議会（Council of Europe）との協力（EC303［230］条→ 運営220条） | | | |
| OECDとの協力（EC304［231］条……………………………………→ 運営220条） | | | |
| 連合協定（EC310［238］条………………………………………→ 運営217条） | | | |
| | 研究技術開発（多年度）実施協力（EC170[130m]条………………→ 運営186条） | | |
| | 環境政策（EC174［130r］条4項………………→ 運営191条4項） | | |
| | | Euro為替相場（EC111［109］条3-5項→ 運営219条） | |
| | | 教育（EC149［126］条3項…→ 運営165条3項） | |
| | | 職業訓練（EC150[127]条3項→ 運営166条3項） | |
| | | 文化（EC151[128]条3項……→ 運営167条3項） | |
| | | 公衆衛生（EC152［129］条3項→ 運営168条3項） | |
| | | 欧州横断網（EC155[129c]条3項→ 運営171条3項） | |
| | | 開発援助（EC181[130y]条……→ 運営211条） | |
| | | 経済連携（EC181a条…………→ 運営212条） | |
| | | CFSP（EU24条………………→ EU37条） | |
| | | PJCC（EU38条………………→ 運営216条） | |
| | | | 近隣諸国政策（EU8条） |
| | | | 移民政策（運営79条3項） |
| | | | 欧州宇宙機構との協力（運営189条3項） |
| | | | OSCEとの協力（運営220条） |
| | | | 条約締結権限の一般規定（運営216条） |

出典：筆者作成（中村2007を改訂）

が（具体的には閣僚理事会と欧州委員会が上級代表の補佐を受けて）確保する義務も明示している（対外活動はEU条約21条3項後段、対内活動は運営条約7条）。この義務は、一貫性を確保するための制度改革（上級代表や欧州外務局の設置等）と呼応する。

　第三に、個別の政策分野の対外関連規定についても、リスボン条約は（憲法条約と同様に）体系化を多少進めている。CFSP（防衛政策を含む）分野の

第 2 章　リスボン条約による EU 対外関係の法と制度の改革

規定は、新 EU 条約の第 5 編第 2 章（新 EU 条約 21 条〜46 条）にある。CFSP 事項を EU 条約に残したのは、EC と EU を区別した列柱時代の名残である。非 CFSP 分野の個別規定は、運営条約の第 5 部「連合の対外活動」に多くが集積された[6]。もっとも、集積は徹底しておらず、非 CFSP の各分野の規定の箇所にも対外関連規定が散在している[7]。また対外活動に及ぶ非 CFSP の個別分野であって対外権限の明文がない分野も残る（運輸政策、旧 PJCC 事項など[8]）。ただし分野を特定しない一般的な EU の対外条約締結権限の規定（運営条約 216 条）が置かれたので、実務的には支障はない。

第四に、リスボン条約は（憲法条約と同様に）EU 権限を「排他的権限」、「共有的権限」、「支援・補完・調整的権限」、いずれにも分類できない権限という四類型に整理し、個別分野の権限をこの類型の下に配分した。これにより対外権限も、EU と構成国の間の権限配分がより明確になった（詳細と論点は後述 II の 3）。

以上の法改正と法典様式化、さらには前述の EU の法制度の全般的改革により、EU の対外活動は今後ますます一貫性と一体性の確保が法的にも制度的にも要請される。従前の EC・EU 条約と同一の文言の対外関係規定も、通則等に照らして解釈や運用がなされ始める。それに対応して、具体的な対外活動実務も新たな様相を帯びうる。ひとつには、EU の対外行

---

[6] たとえば共通通商政策（運営条約 206-207 条）、開発協力（同 208-211 条）、経済・財政・技術協力（同 212-213 条）、人道援助（同 214 条）、制裁措置（同 215 条）、EU の国際協定および連携協定の交渉締結（同 216-218 条）、第三国との通貨協定の交渉締結（同 219 条）、EU と他の国際組織との協力関係（同 220 条）、在外 EU 代表部（同 221 条）など。

[7] たとえば以下の政策の対外的側面：移民政策（運営条約 79 条 3 項）、文化政策（同 167 条 3 項）、公衆衛生（同 168 条 3 項）、欧州横断網の第三国協力（同 171 条 3 項）、研究技術開発の多年度枠組計画の実施（同 186 条）、宇宙政策（同 189 条 3 項）、環境政策（同 191 条 4 項）。

[8] EEC 条約時代以来、運輸政策の対外権限は、共通通商政策規定において、運輸に関しては運輸政策の規定によると言及する点から、間接的に存在が推認される（Case 22/70, Commission v. Council [1971] ECR 263（AETR 事件））。リスボン条約も運輸政策の対外権限の不明確さを改めていない。

動に一定の法的な自己拘束がかかり、第三国もその点を無視するEUの行動をEUの内在論理において政治上批判しうる。たとえば基本権憲章はEUの基本法規の一つとなるから、基本権憲章の保障する基本権を害さないことがEU対外権限の解釈や行使の適法要件となる。ふたつには、EUの対外活動の目的がより包括的になったため、以前にまして多様な政策分野にまたがる複合的な対外行動を展開できるようになる。そこで第三国との通商問題など個別分野の交渉であっても、EUの「価値」である「民主主義、法の支配、人権および基本権」を推進する措置を抱き合わせた協定の交渉を提案するなどは十分に予想される。

## II　EU対外権限の存在範囲と排他性

　ラーケン宣言では、EUの対外活動の一貫性・効率性を向上させるための具体的な法制度改革の論点として、EU権限の種類と性質分類、EUと構成国の権限配分の明確化、EU権限の隠れた拡大を防ぎつつ、EU運営の柔軟性の保障の工夫が示されていた。リスボン条約は、EUが条約の付与する権限のみもち、その余の権限は構成国に残留するという「権限付与原則」を明記した（新EU条約4条1項、5条1項・2項）。対外権限もこの原則に服する。そこでEUの対外権限の存在範囲を画定することは重要である。なお、権限の存在範囲の問題と、EUだけが対外権限を行使できるか否かの排他性問題は区別される[9]。

### 1　対外権限の存在範囲の拡大
#### (1) 条約締結権限の拡大
　新EUは、従来のEC・EUの対外権限を継承し、拡大している。EUの対外活動は、法的形態としては、独自措置（相手方の同意は不要）の採択、国際条約の締結（相手方の同意が必要）として現れる。新EUの条約締結権限規定だけをみても、条約改正ごとに増えている（**表2**）。

---

(9) Opinion 1/03 [2006] ECR I-1145 (Lugano Convention), paras.114-115.

*41*

第2章　リスボン条約による EU 対外関係の法と制度の改革

### (2) 条約締結権限の一般規定（運営条約 216 条）

　今回の改正で注目すべきは、(分野を特定せず) 一般的に条約締結権限を EU に認める規定（運営条約 216 条＝憲法条約Ⅲ-323 条）が初めて追加された点である。従来は個別分野の条約締結権限規定しかなく、欧州司法裁判所が、他の分野にも黙示的な条約締結権限を認める判例法理を展開して欠を補ってきた（中村 2007：20-21）。その法理によれば、EC の条約締結権限は「EC 条約のその旨の明文規定からだけでなく同条約の他の規定からも、また EC 機関が同条約の規定の枠内で採択した立法措置からも生じる。…さらには具体的な目標達成のために EC 機関に対内的な制度上の権力を設けるたびに、EC は当該目標達成に必要な国際的な確約をする権限を、その旨の明文がなくとも、もつ」というのである[10]。

　この判例法理を明文化するため、また対外関係規定をおいていないがそれに及ぶ個別政策分野[11]にも適用できるように、運営条約 216 条の一般規定が置かれたのであろう[12]。このことは逆に、一般規定をおけば個別分野の条約締結権限規定は不要となるはずであるのに、それらを存続させ、それどころか新規の個別規定[13]も追加した今回の改正の体系化の不徹底も顕わにする。

　この新 216 条によれば、EU 条約・運営条約上の個別の明文がなくても、以下の 3 つのいずれかの場合には、EU の条約締結権限が存在する。

① 「設立諸条約の定める諸目標の一つを連合の政策の枠内において達成するために協定の締結が必要であるとき」、
② 「設立諸条約または連合の拘束力のある立法的行為にその旨の定めが

---

[10]　Opinion 1/03 [2006] ECR I-1145 (Lugano Convention), para. 114.
[11]　たとえば、従前の EU の PJCC 分野（運用条約 82 条以下）、運輸政策（同 90 条以下）、エネルギー政策（同 194 条）、観光政策（同 195 条）など。
[12]　リスボン条約以前は、EU 諸国は、EU（マーストリヒト）条約付属第 10 宣言で、明文の対外権限の規定を設けても黙示的権限の法理を否定する趣旨ではないと述べ、黙示的条約締結権限を示した EC 判例法を容認していた。リスボン条約はこの宣言を継承していない。運営条約 216 条が EC 判例法を継承したと起草者が考えたがゆえに、当該宣言をもはや不要と考えたのであろう。
[13]　たとえば近隣政策の条約締結権限（新 EU 条約 8 条 2 項）など、表 2 参照。

あるとき」、または

③「協定の締結が共通準則に影響しもしくはその範囲を変更する可能性があるとき」

運営条約216条の①と②は、従来の判例法理を明文化しているように見える[14]。しかしそれよりも広い範囲にEUの条約締結権限を認めうる規定となっている（Cremona 2008）。それは①に現れている。従来の判例法では、ECの黙示的条約締結権限はECの目的に適合しかつECの対内権限がある（「対内的な……権力を設ける」）範囲で存在するとされていた。ところが新規定は、当該権限がEUの諸目標に適合しEUの政策枠内で達成に必要な範囲で存在するという。こちらのほうがEU権限を広く認めやすい。なぜなら、（ⅰ）EUの対外活動の諸目標を示す通則（新EU条約21条）は従来よりも包括的で一般的になったうえ、（ⅱ）EUの「政策の枠内」や「必要」という表現はEUの対内権限が存在する範囲よりも広い意味をもちうるし、（ⅲ）たとえ「政策の枠内」が対内権限と同一の意味だとしても、今回の改正でEUの対内権限がさらに拡大されているからである。

（ⅲ）を敷衍すると、対内権限の最大限界を律するのが、補充的権限の一般条項（「柔軟性条項（flexibility clause）」とも呼ばれる。運営条約352条≒憲法条約Ⅰ-18条）である。すなわち、運営条約に明文根拠がない対内活動でも同条の手続により適切な措置を採択しうると定める一般規定である。従前のEC条約にも同様の規定（旧EC条約308条）があったが、従前の規定ではECの対内活動のうち「共同市場の運営に必要」な措置の採択のみ認めるという限定があった。ところが運営条約352条にはその限定はなく、EUの「諸目標」を達成するために「設立諸条約が定める政策の枠内」で適切な措置を採択できると定めている（同1項）。ただしCFSP目標の措置はこの条では採れないので（同4項）、CFSP（の範囲も曖昧ではあるが）を差し

---

[14] なお、③は従来のEC判例法では、ECの条約締結権限の排他性が生じる場合に関していた。そこでクレモナは、③を権限の存在についての規定に持ち込むのは排他性問題との混同を招き不適切であるし、また存在については①の場合が③を十分カバーするので③を定める必要もないと批判している（Cremona 2008：58）。

引いた残余が本条でいう EU の「諸目標」であるが、それでもなお従前の「共同市場の運営」より広い（旧 PJCC 事項などが残余に含まれるから）。このように新 EU の対内権限は従前よりも拡大されており、対応して EU の一般的な条約締結権限の存在範囲も拡大されている（Cremona 2008：55-59）。

**（3）その他の対外権限の拡大**

独自措置の根拠となる個別分野の対外権限も、新規定が追加されている。たとえば緊急財政援助を発展途上国以外の第三国に行なう権限（運営条約213条）、人道援助の権限（同214条）、第三国と無関係の自然人または団体に対する制裁措置規定（同215条2項）[15]である。これらの対外権限は、従前も旧EC条約308条（ECの共同市場運営に必要な権限の明文がなくても必要な権限を一定手続の下で行使できるとする一般的補充規定）等を根拠に行使されていたが、今回、個別に明文化され、その際に構成国が留保する権限なども明確にした。

また従来からある個別的な対外権限もいくつか適用範囲が拡大された。

第一に、EUの共通通商政策の権限は、商品貿易だけでなく、サービス貿易、知的財産権の商業的側面、外国直接投資にも拡大された（運営条約207条）。

第二に、CFSP は、とくにその必要不可欠の一部をなす「共通安全保障防衛政策（CSDP）」の事項的範囲が拡大した。従前のいわゆる「ペータースベルク任務」（EU（ニース）条約17条2項：人道援助・救援、平和維持、平和創出を含む危機管理での戦闘部隊の任務）に加え、共同武装解除活動、軍事的助言支援活動、紛争予防、テロリズムに対する闘いへの貢献が追加された（新EU条約43条1項＝憲法条約Ⅲ-309条1項）。

しかも、CSDP が将来的には中立国などを除く EU 全構成国が関与する集団的防衛体制へ移行することを明確に示唆した。リスボン条約は、二段

---

[15] 従前のEC・EU条約ではこの点の法的根拠が不明確であった。この点は、Joined Cases C-402/05P and C-415/05P, Kadi and Al Barakaat International Foundation v. Council [2008] ECR I-6351 で問題となり、欧州司法裁判所は従前のEC・EU条約でも権限は根拠づけられると判断したが、批判もある（中村2009）。

階を想定して規定をおいている。第一段階は、相互防衛協力関係の維持である。すなわち、「ある構成国が、その領土において武装侵略の被害を受けたとき、他の構成国は、国際連合憲章第51条に従って、その行使できるあらゆる手段により、当該国に対する救援および支援の義務を負う。ただし一定の構成諸国の安全保障および防衛政策の特定の性格を害しない」というものである（新EU条約42条7項前段＝憲法条約I-41条7項前段）。第二段階は、諸国間の防衛に関する集団的結束が進んだ、EU共同防衛政策段階である（新EU条約42条2項＝憲法条約I-41条2項）。この共同防衛政策段階への移行の決定は、欧州理事会の全会一致により、かつ各構成国の憲法に従って採択される（新EU条約42条2項＝憲法条約I-41条2項）。もっとも、共同防衛政策の段階についても、未だNATOとの関係は明確ではなく、同時に中立国たる構成国にも配慮するため、「一定の構成国の安全保障防衛政策の特定の性質〔＝中立・非同盟政策〕を害さないものとし、また〔NATO加盟国たる構成国のNATO〕上の義務を尊重しつつ」共同防衛政策を推進すると玉虫色に規定している（新EU条約42条2項後段＝憲法条約I-41条2項後段）。

## 2 CFSPと非CFSPの権限区分——新たな困難

権限の存在範囲について新EUでとくに問題となるのは、CFSP権限と非CFSP権限の境界線引きである（権限区分問題）。CFSPと非CFSPでは統治方式が異なり（前出の**表1**）、構成国とEU機関はそれぞれの統治方式に違う利害をもつから政治的にこの区別は重要である。また法制度的にも、CFSP目標の措置に用いることができない規定（運営条約352条4項）があり、他にもCFSPに「専らもしくは主として関わる国際協定」は上級代表だけが交渉開始勧告ができ（運営条約218条3項）、CFSPに「専ら関わる国際協定」は閣僚理事会だけで締結決定ができる（同条6項）といった、非CFSPとCFSPの区別を前提とする規定もある。しかも欧州司法裁判所は、従前のEC・EUと異なり、CFSP・非CFSPの両権限を対等に保護する管轄権を付与された（新EU条約24条1項、40条、運営条約275条）。ゆえ

第2章　リスボン条約によるEU対外関係の法と制度の改革

にCFSPと非CFSPの権限範囲の法的画定は、新EUにおいて重要かつ不可欠である。

　ところが新EUにおけるCFSP権限も非CFSP権限も存在範囲は、法文上は特定が難しい。CFSP権限からいえば、その目的に照らして範囲画定をすることは難しい。従前と異なり、新EUではCFSPの目的はEUの対外活動の通則目的（新EU条約21条）に吸収された（新EU条約23条）。この通則目的は、CFSPと非CFSPに共通する対外活動の目的を示しているので、CFSPに固有の目的は特定できない。ただし、唯一、CFSPの不可欠の部分をなす共通安全保障防衛政策（CSDP）の目的は「連合に非軍事的および軍事的設備を利用する現地行動能力を提供する」こと（新EU条約42条1項）であり、それはCFSP固有目的といえるが、CFSP目的はそれより広いと推定される。

　CFSPの活動内容からの範囲画定もまた難しい。CFSPでは「外交政策のすべての分野および連合の安全保障に関するすべての問題」を取り上げることができ、共通防衛政策の漸進的な構築も含むと定められているからである（新EU条約24条1項）。もっとも「すべての」は字義通りには解釈できず、一定の限定がある。リスボン条約は、EUの対外活動すべてを包括するより広い概念として「対外活動（external action）」を使う。CFSPはその一部である。そしてCFSP権限はEUのその他の対外権限に影響を与えない範囲で行使されなければならない（新EU条約40条）。ゆえにEUの「対外活動」から非CFSP権限の活動事項を除いた残余が、CFSPの活動事項ということになる。これは控除的定義にすぎない。

　他方で、非CFSP権限の最大限界もまた曖昧である。非CFSP権限は個別分野の対内権限の具体的規定が多くあり、加えて補充的権限の一般条項（運営条約352条, cf旧EC条約308条）がありこれが最大限界を示すが、この一般条項はCFSP目標措置には使えないという限界を示すのみで、非CFSP権限の実体内容からした最大限界はほとんど示さない（前述IIの1(2)）。ここでもCFSP目標は除くという控除的定義になる。

　このように両権限の最大限界が他方の定義に依存し、その定義がそれぞ

れ曖昧である。この新たな法的文脈のなかで、あえて法的に権限区分をするなら、CFSP 権限にむしろ不利に働く可能性が高い。なぜなら、非 CFSP 権限は従来の具体的な個別政策分野の権限規定が多くあり、その実体内容は相対的に明瞭である。しかも新 EU では、その個々の規定に連合の価値の擁護等を目的に加味して解釈しうるので、従来以上に個別規定の拡大解釈が容易にできるからである（たとえば開発援助政策の対外活動権限には、援助国における基本権保障水準の向上や治安能力の向上を通した法の支配の強化といった、CFSP 事項ともみえるものを含みうるという解釈が、連合の価値の推進という目的に合わせた解釈として可能になる[16]）。このような拡大解釈は非 CFSP 権限の「隠れた拡大（competence creep）」で権限付与原則違反とも見えるが、それを違法と法的に争う手掛かりは多くない。要するに、リスボン条約は、CFSP と非 CFSP の区分をもちこみ、両者ともに権限を平等に法的に保護されるべく欧州司法裁判所に管轄権を与えたものの、CFSP 権限については、その固有の存在範囲の法的画定が難しく、他方で非 CFSP 権限については具体的な個別権限の拡大解釈が容易であるという法文の構造的な不均衡を抱えている。

　おそらく起草者らは、CFSP と非 CFSP の権限区分紛争は、政治実務的には、上級代表がこれを調整して予防し、また政治的解決を図ることに期待したのであろう（前述 I の 2）。しかし調整に失敗することもあろう。また締結が予定される国際協定が EU 条約・運用条約に適合しているかどうかについて、構成国、欧州議会、閣僚理事会、欧州委員会が欧州司法裁判所の意見を求めうるので（運営条約 218 条 11 項）、予定された国際協定が CFSP に「専ら関係する」かどうかについては欧州委員会や欧州議会が（上級代表の政治的調整とは独立に）争う場合もでてきうる（運営条約 218 条 11 項、6 項）。こうして、欧州司法裁判所において解決せざるを得ない場合も出てこよう。

　ゆえに今後の論点は、この区分紛争の司法的解決に適したアプローチや法理が何かである。まず強調すべきは、従前の EC・EU 条約時代の判例が

[16] Case C-91/05, Commission v. Council [2008] ECR I-3651（ECOWAS 事件）

第 2 章　リスボン条約による EU 対外関係の法と制度の改革

先例になるかどうかが疑わしい点である。たしかに列柱時代の旧 EU においても、列柱間の権限紛争が生じ、欧州司法裁判所もその点の判例を多少蓄積した。しかしリスボン条約の体系や関連規定は、従前の EC・EU 条約と根本的に異なるため、当該諸判例の先例的価値は相当範囲で疑問となる。

第一に、リスボン条約では EU 条約と運営条約が「同一の法的価値」をもつ同位対等の法規として扱われ、また CFSP と非 CFSP の分野も同位対等の政策分野とされる。

他方、従前の EC・EU 条約は、EC が EU の CFSP と PJCC よりも優位する制度と政策と位置づけていた（EC 制度優位原則）。EC は EU の「基礎」とされ（EU（ニース）条約 1 条）、EU の CFSP と PJCC は EC を「補完」する制度とされ（同 1 条）、EC に「影響を与えない」ものとされ（同 47 条）、EC の「既得成果（acquis communautaire）」は「維持」されるべきものとされていた（同 2 条 5 段、3 条）。これらから、従来の EC 判例は、EU の PJCC や CFSP 措置により EC 権限を侵害してはならないと判示していた[17]。

また欧州司法裁判所は、従来の EC・EU では、EC と EU の間で、また同じ EC においても各政策分野の間で、立法手続等が異なったため、ある措置の立法根拠紛争が生じたときは、当該措置の採択経緯・実体内容・措置の文面に表明された目的など客観的要素を総合的にみて、当該措置の主目的と付随目的を区別し、目的の「重心（centre of gravity）」を一つ特定して立法根拠を選定すべきだとしていた[18]（根拠特定原則）。

---

[17] EC と PJCC の間の権限紛争として、Case C-170-96, Commission v. Council [1998] ECR I-2763（トランジット・ビザ事件）, Case C-176/03, Commission v. Council [2005] ECR I-7879（環境侵害行為刑事罰指令事件）; Case C-440/05, Commission v. Council [2007] ECR I-9097（船舶源汚染刑事罰指令事件）、EC と CFSP の間の権限紛争として、Case C-91/05, Commission v. Council [2008] ECR I-3651（ECOWAS 事件）。

[18] *E.g.*, Case C-155/91, Commission v. Council [1993] ECR I-939, paras. 19-21; Case C-377/98, Netherlands v. European Parliament and Council [2001] ECR I-7079, para. 27; Case C-176/03, Commission v. Council [2005] ECR I-7879, paras. 51-53; Case C-440/05, Commission v. Council [2007] ECR I-9097, paras. 71-73; Case C-91/05, Commission v. Council [2008] ECR I-3651, para. 73.

Ⅱ　EU 対外権限の存在範囲と排他性

　そこで ECOWAS 事件において列柱横断的な政策措置（事案では西アフリカ諸国に対する小型武器禁輸措置を含む開発援助措置）の立法根拠が争われたとき、当該措置が EC 権限でも EU の CFSP 権限でも取りうるときで、しかも EC の目的（法の支配の徹底を含む第三国開発援助）と EU の CFSP の目的（武器禁輸による第三国の治安向上）とで主従の区別がつけがたいとき、EC 制度的優位原則と根拠特定原則とを組み合わせて、専ら EC 権限にもとづいて対外措置をとらなければならないと判断した[19]。ところがリスボン条約はその EC 制度優位原則を解消する。ゆえにそれを根拠にした列柱間紛争関連の EC 判例は先例性を失うであろう。

　第二に、区分紛争裁判に関する諸規定も変更された。従前の EC 条約では、EC 権限だけが欧州司法裁判所に保護される建前であった。すなわち、EU の CFSP または PJCC の権限行使が EC に「影響を与えない」かどうかのみ欧州司法裁判所は審査し、逆の影響（EC の権限行使が EU の CFSP や PJCC の権限に影響を与えないか）を審査する管轄権はもたなかった（EU（ニース）条約 46 条 f 号、47 条）。ところが、リスボン条約はこれを両面規定に変えた。すなわち欧州司法裁判所は、CFSP 権限行使が非 CFSP 権限行使に影響をあたえず、逆に非 CFSP 権限行使も CFSP 権限に影響を与えないことを審査する管轄権をもつものとした（新 EU 条約 24 条 1 項、40 条、運営条約 275 条）。CFSP の権限と非 CFSP の権限は、平等に欧州司法裁判所の保護を受けるべきものとなった。

　第三に、従前は EU 条約において CFSP の固有目的を特定していたが（EU（ニース）条約 11 条 1 項）、リスボン条約では CFSP の固有目的規定がなくなり、EU の「対外活動（external action）」の通則目的規定に吸収された（新 EU21 条。前述 Ⅰ の 3）。しかも新 EU 条約は従前の EU（ニース）条約と変わらず、CFSP の活動範囲については「外交・安全保障のすべての領域」（防衛政策を含む）に及ぶと定め続けている（新 EU 条約 24 条 1 項、EU（ニース）条約 11 条 1 項）。そのためリスボン条約以後 CFSP の固有目的は、

---

[19]　Case C-91/05, Commission v. Council (ECOWAS) [2008] ECR I-3651, paras. 59, 77.

第 2 章　リスボン条約による EU 対外関係の法と制度の改革

特定がますます困難になった[20]。

　以上のような根本的変化を念頭において、今後は CFSP と非 CFSP の区分の司法的解決のための法理を探求しなければならない。では、どのような筋道が考えうるか。

　ひとつには、従来の EC 判例の EC 内での立法根拠紛争に関する判例（重心目的による権限特定原則）を継承可能と考えて、CFSP 権限か非 CFSP 権限かを法的に客観的に決めるという立場がありうる。しかしこの立場は妥当ではない。前述の通り、CFSP 権限の固有範囲を法的に客観的に特定するのは困難である一方で、非 CFSP 権限は各分野の具体的規定を使って、実体内容の面から比較的容易に範囲画定ができる。このような新たな法的文脈に従来の EC（≒非 CFSP）立法根拠紛争の判例法を持ち込むと、非 CFSP 権限の範囲特定は比較的容易であり、従来からの判例も目的的な権限の範囲拡大解釈を認めるため[21]、CFSP 権限は非 CFSP 権限の「残余」と解される傾向が強まりかねない。ところが新 EU 条約は CFSP 権限と非 CFSP 権限が平等に司法的保護を受ける原則にたつから、このような解釈実務はその原則に反する。また CFSP 権限の擁護を主張する側（構成諸国の多く）から、非 CFSP 権限の「隠れた拡大（competence creep）」を容認し、権限付与原則に違反する司法権限行使であると批判されよう。

　では、新たな EU の法的文脈において、どのような方向で新たな判例法を形成するのが妥当であろうか。一案としては、上級代表が流動的な諸要素を総合的に考慮して行う CFSP・非 CFSP の政治的区分判断を欧州司法裁判所も原則として尊重しつつ、当該判断に明白な違法がないかどうかのみ司法審査を及ぼすという政治部門への敬譲（deference）法理が考えられ

---

[20]　ただし、CFSP の不可欠の部分をなす共通防衛政策の目的は「連合に非軍事的および軍事的設備を利用する現地行動能力を提供する」こと（新 EU 条約 42 条 1 項）であり、それは CFSP 固有目的といえる。他方、EU の「対外活動」なる概念は CFSP を含めた EU のあらゆる分野の対外活動を指すから、CFSP の目的は通則規定の「対外活動」目的よりは狭いとの推定は働く。しかしそれ以上は CFSP の固有目的を法文から特定するのは難しい。

[21]　典型例は従前の EC・EU での列柱間紛争の諸判例（前掲注(3)）である。

る。しかしその立場は EU の制度目的と必ずしも整合しない。新 EU においても旧来の EC と同様に、「法の遵守」を確保する欧州司法裁判所（新 EU 条約 19 条 1 項）が、構成国、欧州議会、閣僚理事会または欧州委員会からの申し立てを受けて、予定された国際協定の EU 条約等への適合性を判断する（運用条約 218 条 11 項）という制度をとるので、欧州司法裁判所による客観的な法的判断が最終的な権威をもつべきとする制度目的が存続している。従前の EC（≒非 CFSP）においては、立法根拠の選択については、（政治的判断への敬譲ではなく）独立の司法が法的に客観的に決定すべしとする判例が確立していた。現に従前の EC においても、流動的な諸要素を総合的に考慮して政治的な判断により決定される事項もあったが、欧州司法裁判所は「法の支配」を強調し、そのような事項についても司法審査になじまないと（する「政治問題（political question）」の法理）は表明してこなかった（Chalmers & Tomkins 2007: 414-416）。

とはいえ、新 EU では、まさに流動的な諸要素を総合的に考慮した政治的な政策形成がとくに重要な分野（とくに CFSP）にも欧州司法裁判所が初めて管轄権を及ぼす。その点が従前の EU と根本的に異なる。従前の EU では政治的考慮の充溢する分野は EC から制度的に切断され、欧州司法裁判所の管轄権が排除ないし限定されていた。この新たな EU の法的文脈においては、従前の EC 判例のように、措置の目的を特定して立法根拠を選定する法理は不適切である。なにより EU の対外活動の通則目的が CFSP と非 CFSP を融合しているからである（新 EU 条約 21 条）。ゆえに、むしろ個々の係争の措置の実体内容に照らし EU 統治法体系内での位置づけを考える、目的よりも内容を重視して区分紛争を解決する方向で新たな根拠選定法理を具体化していくことが出発点となるのではなかろうか。

### 3 対外権限の排他性問題

以上は権限の存在範囲の問題であった。EU に存在する対外権限が EU により排他的に行使されうるかどうかは別問題である（排他性問題[22]）。現

---

[22] Opinion 1/03 [2006] ECR I-1145 (Lugano Convention), paras. 114-115; 133-134.

第２章　リスボン条約による EU 対外関係の法と制度の改革

## 表３　リスボン条約による EU・構成国間の立法権限配分
（運営条約 3〜6 条、新 EU 条約 4、5、24 条）

| EU ||| 構成国 |
|---|---|---|---|
| **排他的権限（運営3）**<br>exclusive | **共有的権限（運営4）**<br>shared<br>EU 権限は共有権限が原則（運営4（1）） | **支援的権限（運営6）**<br>supporting | |
| EU のみ立法可能。 | EU の立法権行使がない間、または EU が立法権行使を終止した事項は、構成国が立法権行使可能。 | EU は、構成国の行動の支援・調整・補完の措置のみ採択可能。 | 構成国のみ立法可能。 |
| 構成国の立法権は排除される。（EU 機関から構成国への授権、または各国実施を規定する EU 立法がある場合を除く）（運営2(1)) | 一旦 EU の立法があれば、その範囲で構成国の法が排除され EU 法が優先。（研究技術・宇宙開発、開発援助・人道援助を除く）（運営2(2)) | EU は構成国の法規を変更する立法はできない。（構成国間の行動調整、各国奨励措置にとどまる）（運営2(5)) | EU に付与していない権限は構成国に残留（「権限付与の原則」）EU4(1)、5(2) |
| [以下は限定列挙]<br><br>関税同盟<br><br>域内市場の運営に必要な競争法規の定立<br><br>ユーロを通貨とする構成諸国の通貨政策<br><br>共通漁業政策の下での海洋生物資源保護<br><br>共通通商政策<br><br>一定の国際条約の締結［EU 立法が国際協定の締結を定める場合、EU 域内権限行使のために国際協定締結を要す場合、国際条約が EU 共通準則に影響を及ぼすか当該準則の範囲を変更しうる場合その範囲で．（運営3（2））］ | [以下は例示列挙]<br><br>域内市場<br><br>社会政策<br><br>経済・社会・領土の結束<br><br>農漁業（海洋生物資源保護を除く）<br><br>環　境<br><br>消費者保護<br><br>運　輸<br><br>欧州横断網<br><br>エネルギー<br><br>自由、安全、司法の地域<br><br>公衆衛生問題における共通の安全性事項 | [以下は限定列挙]<br><br>人の健康の保護と向上<br><br>産　業<br><br>文　化<br><br>観　光<br><br>教育、職業訓練、若年層およびスポーツ<br><br>市民災害防護<br><br>行政協力 | EU 条約の明文で構成国に留保されている事項<br>・公序、公安維持<br>・刑事法、刑事裁判<br>・賃金交渉、団結権、ストライキ権、ロックアウト権<br>・健康・医療サービスの制度編成<br>・財産所有制度規範<br><br>その他、構成国に留保された事項<br>・課税・徴税権<br>・徴兵権<br>・警察権<br>・防衛権<br><br>　　　　　　など |
| | 研究技術・宇宙開発の実施（運営4(3)）<br>　（但、各国独自の実施権を妨げない） |||
| | 開発援助・人道援助の実施（運営4(4)）<br>　（但、各国独自の実施権を妨げない） |||
| ［どの分類にもなじまないもの］<br>経済・雇用政策（運営2（3）、5）<br>CFSP（共通外交・安全保障・防衛）（運営2（4）、EU24） ||||

出典：筆者作成（中村 2007：41 を改訂）

にEUに対外権限が存在する事項であっても、それがEUに排他的ではなく、構成国にも対外権限が残る場合があり、そのようなときはEUと構成国が共同で権限を行使することも少なくない（たとえばEUと構成国がどちらも主体となり国際条約を交渉し締結する「混合協定」の実務（O'Keeffe & Schermers, 1983）など[23]）。

ラーケン宣言は、個別の政策分野ごとのEUと構成国の権限配分の明確化やEUの権限行使の排他性の有無からしたEU権限の性質分類を進めることを改革課題の一つに示していた。リスボン条約は（憲法条約と同様に）一定の対応をしている。

### （1）法定排他性

第一に、政策事項ごとに排他性の有無を運営条約において法定した。すなわち、EUの権限の排他性の程度（＝構成国の権限行使に対するEU法上の制約の程度）から分類して、「排他的権限」、「共有的権限」、「支援・調整・補完的権限」（以下支援的権限）という三大類型を設け[24]、この各類型に該当する政策事項を法定した（個々の概念の定義を含め、**表3**を参照）。なお、運営条約では、EUの権限は明示的に「排他的」または「支援的」とされていないものが「共有的権限」とされているので、共有的権限が原則ということになる（運営条約4条1項）。法定の排他的権限と支援的権限は例外となるので、それらは運営条約が列挙する政策分野についてのみ限定的に生じ

---

[23] リスボン条約は、混合協定の交渉手続は規定しなかった。実際には混合協定は数が多く、EU法制度の明確化というラーケン宣言の政策課題からすれば、混合協定に関しても手続等の規定を設けてもよかったのではないかとクレモナはいう（Cremona 2008: 63）。

[24] 法定の「排他的権限」と「共有的権限」に生じる「専占（preemption）」とは法的に区別される。いずれも構成国のEU法に反する立法を排除する法的効果では同様であるが、法的な違いがある。条約上「排他的権限」とされる事項は、補完性原則の適用を受けず（新EU条約5条3項）、またEU条約等の改正がない限り、権限の行使を停止しても構成国に権限が復帰することはない。これに対して、「共有的権限」の事項について一旦EUの立法があれば、その範囲で構成国の法が排除されEU法が優先する現象は「専占」であるが、これは補完性原則の適用を受け、かつ、EUが専占した政策事項であってもEUの権限行使の停止により構成国に復帰する可能性は（理論的には）ある（運営条約2条2項）。

第2章　リスボン条約によるEU対外関係の法と制度の改革

うると制限的に解釈すべきであろう。

　なお、「排他的権限」と区別すべきは「共有的権限」に生じる「専占（pre-emption）」効果である。すなわちEUの立法があれば、その範囲で構成国の法が排除される法的効果のことである（運用条約2条2項）。これはEU立法の充実度（十分包括性）に依存する。法定の「排他的権限」の排他性は条約規定から直接に生じており、EU立法の十分包括性には依存しない。

　旧EC法事項の排他性分類は、従前の判例法と学説を概ね反映している（中村1993：167-215）。他方、CFSPは、三分類のいずれでもないという第四類型となっている（運営条約2条4項）。非CFSP権限のほとんどが三大類型に分類されているので、CFSP権限を非CFSP権限を区別する起草者の意図が読み取れる。

　今回の明文化は、EUと構成国の間の権限配分の予見可能性を相当に高めるが、今後もEUの権限範囲は動態的に拡大しうるので（とくに運営条約352条を利用する場合）、新出の事項の権限の排他性分類は争点となりうる。

　法定の排他性が付与された政策事項は、関税同盟、競争法規、通貨政策、海洋生物資源保護、共通通商政策である（運営条約3条1項）。EU権限の法定の排他性は対内権限と対外権限の両方に認めるのが運営条約2条1項の定義である。逆からいえば、対内的にEUに排他的権限がないことは、対外的に排他的に行使することもできない。

　ただし、共通通商政策は異なる。その対外権限のEUによる排他的行使（運営条約3条1項e号）は、対内的な「連合と構成国の間の権限の区分に影響を与えない」との明文がある（運営条約207条6項）。対内的には排他的な権限をもたない事項も、共通通商政策に該当する範囲では対外的にEUが排他的に行使できるという趣旨である。具体例でいうと、通商政策措置の一つとして、教育・文化サービスを含むサービス貿易協定を交渉し締結する場合、教育・文化は対内的には「支援的権限」であるが（運営条約6条）、対外的な当該条約交渉は、EUが排他的に第三国と交渉できる（共通通商政策に限った排他性）。

54

## II EU対外権限の存在範囲と排他性

### （2）条約締結権限の排他性の一般規定（運営条約3条2項）

リスボン条約の（憲法条約と同様の）第二の改革は、運営条約3条2項（＝憲法条約I-13条2項）である。EUが排他的に条約締結権限を行使できる場合を3つ規定した。すなわち、

① 「国際協定の締結を連合の立法行為が規定する場合」〔運営条約216条の②「設立諸条約または連合の拘束力のある立法的行為にその旨の定めがあるとき」と類似〕

② 「連合の域内権限の行使を可能にするために国際協定の締結が必要である場合」、〔運営条約216条の①「設立諸条約の定める諸目標の一つを連合の政策の枠内において達成するために協定の締結が必要であるとき」と類似〕

③ 「国際協定の締結が共通準則に影響を及ぼす範囲、もしくは当該準則の範囲を変更する可能性がある範囲」〔運営条約216条の③「協定の締結が共通準則に影響しもしくはその範囲を変更する可能性があるとき」と酷似〕、である。

排他性が生じるこの3つの場合は、前述したEUに一般的条約締結権限が存在する3つの場合（運営条約216条）と類似ないし酷似する（前述2.1(2)）。しかし、存在する範囲ですべて排他的というわけではない。従前のEC判例も、黙示的条約締結権限が存在する事項すべてに排他性を認めていたわけではない[25]。新EUも従前のEC・EUと同様、権限付与原則を基本原則とするので（新EU条約4条1項、5条1項）、共有的権限や支援的権限に分類される政策事項については、構成国の対外権限が残留すると推定され、その事項のEUの対外権限に排他性は推定されない[26]。もしもその事項について、対内的な権限の性質は害さずに対外的にのみEUに排他的な条約締結権限を認めるというのなら、権限付与原則に照らして、共通通商政策規定のように、その旨の明文を要すると解すべきであろう。

---

[25] Opinion 2/91 [1993] ECR I-1061 (ILO), paras. 18-21.
[26] また個別分野の対外権限の明文規定でも、構成国の対外権限が残留する旨を明示するものがある（運営条約167条3項、214条4項など）。

第 2 章　リスボン条約による EU 対外関係の法と制度の改革

　このように考えると、運用条約 3 条 2 項は、存在問題と排他性問題の区別を困難にする（あるいは混同させかねない）規定であって、排他性の基準を効果的に示していないように見える。ゆえに今後の課題は、ほとんど同一文言の運営条約 216 条（存在問題）と同条約 3 条 2 項（排他性問題）について、存在問題と排他性問題を区別し、かつ新 EU 全体の法制度とも適合する解釈論を探求することである。これは両条の文理解釈では達成できないから、条文の目的や趣旨に照らして、文言の許す範囲で合理的な解釈を探らなければならない。

　暫定的な試論を示すならば、こうである。いずれの条文も新 EU の全体構造に合わせて従来の EC 判例を基礎に明文をおく起草者意思により作られた。その意思を尊重しつつ、権限の存在問題と排他性問題を区別する理論的立場から、存在問題については運営条約 216 条の①と②を基準とし（③は従前の EC 判例では排他性基準であったし、216 条の①に含めうるので固有の意味をもたない——前述Ⅱの 1 の注(14)参照）、排他性問題については、同条約 3 条 2 項の示す 3 つの場合は背後にある根本準則を例示するものと解釈して、その根本準則は、「EU 法の統一的かつ一貫した適用を確保し、かつ EU 法の全面的な実効性を維持するために EU 法が築いた制度の適切な運営を確保することが必要不可欠である[27]」場合に排他性が認められるという準則と解してはどうだろうか。これは 2003 年の新ルガノ協定に関する欧州司法裁判所意見が EC の条約締結権限の排他性の有無に関する従前のすべての EC 先例の趣旨を要約した部分（同意見 128 段）を EU へ準用したものである。この解釈ならば、権限の存在は条約締結意思を示す明文の存否または目標達成の必要性から判断し、排他性は EU 法の一貫性と実効性という視点から判断することになり、各々別の基準で判断でき、しかも EU 全体で一貫した制度と政策を展開するという新 EU の大目的にも即するように思われる。

----

[27]　Opinion 1/03 [2006] ECR I-1145 (Lugano Convention), para. 128（判決文の EC を、本章の本文では EU に置き換えた）.

## 4 CFSP分野の排他性問題——EUと構成国の権限配分

　新EUでのもう一つの新たな問題は、CFSP分野のEUと構成国の権限配分の法的性質分析である[28]。運営条約はCFSPを、「排他的権限」「共有的権限」「支援的権限」の三分類に当てはまらない第四類型と規定する。とはいえ、三分類はEU権限の排他性の程度＝構成国の主権的権利のEU法上の制約の程度に着目した分類であるから、その視点から新EUのCFSPにおけるEUと構成国の権限配分の法的性質を分析することはできる。以下それを行ってみよう。

　すでにⅠの1（と表1）で確認したように、CFSPの統治方式は非CFSPと異なり、構成国の主権的権利を制限する程度が小さい。とくに閣僚理事会の全会一致による意思決定が原則である点（新EU条約31条1項、42条4項）、構成国のEU市民に直接に権利義務を発生させる「規則」などのEUの立法的行為が禁止されている点（新EU条約24条1項、同31条1項）、欧州司法裁判所の管轄権がきわめて限定されている点（運営条約275条）がその特徴を示す[29]。いずれも構成国内にEUが法的統制力を及ぼすことを防ぐ点だからである。

　もっとも、CFSPで採択できる措置（「一般的指針」「決定」「構成国間の協力」——新EU条約25条）にまったく法的拘束力がないわけでもなく、CFSPの「決定」にはEU法上の法的拘束力がEUと構成国の関係においては生じる（EUと各国内の私人との関係では生じない）。そこで、CFSPの具体的実施決定（新EU条約26条2項）は、構成国も実施義務を負う（同条約26条3項、27条1項）。またEUの現地行動決定（同条約28条1項。これは全会一致を要す——同31条1項）については、構成国は当該行動の実施を確約したものとされる（同条2項。ただし緊急事態の対応措置は構成国が独自に採れる——同条4項[30]）。

---

[28] 従前のEC・EUでは、EUのCFSP権限配分については条約に明文がなく、また欧州司法裁判所のCFSP管轄権は排除されていたため判例もなかった。

[29] そのほか、非CFSP事項には認められる補充的立法権限の使用もCFSPでは排除されている（運営条約352条4項）。

第2章　リスボン条約によるEU対外関係の法と制度の改革

　しかしCFSP措置の法的拘束力の確保は、裁判所を通した司法ではなされず、上級代表の監視と閣僚理事会における協議という政治的手段によるのみである（同条約26条2項、27条1項、28条5項）。しかもEU法の構成国法に対する優位性原則も、従前の（CFSPに及ばない）ECの判例の範囲で構成国が承認するとの宣言に留められており、CFSP措置の構成国内での法的効果は未定のままであるから（リスボン条約附属17宣言[31]）、政治的な実施確保においての法的説得根拠も薄い。さらにリスボン条約付属第13・14宣言は、EU条約のCFSP規定は、構成国の外交政策の形成と実施および第三国や他の国際機関における各国政府代表派遣についての各構成国の「責任」にも、「各構成国の既存の法的根拠、責任および権限」にも「影響しない」と述べる。この宣言はCFSPにおいてEU法上の何らかの法的拘束力をもつ「決定」が採択されても、構成国の権限は存続すると考える起草者意思を示している。いずれにせよ、次の一つの例外を除き、CFSP措置は、EUと構成国の間の拘束力にすぎず、構成国内の私人の権利義務に影響しない。

　注目すべき一つの例外とは、私人への制裁措置である。閣僚理事会はCFSPにおいて第三国または非国家の団体や自然人に対する制裁を決定し、さらに非CFSP上の「規則」などで名宛人を直接に法的に拘束する制裁措置を採ることができる（運営条約215条）。この制裁措置が取られた場合に限り、その非CFSP措置だけでなく、その前提となったCFSP「決定」の違法性を争う訴訟についても欧州司法裁判所は管轄権をもつ（同条約275条）。つまり、私人への制裁措置については、EUのCFSP「決定」が非CFSP措置を通じて私人にも法的効果を及ぼすことを条約は認めている。

　このように私人制裁のCFSP「決定」権限だけは私人の権利義務に直接

---

(30) EUの現地行動経費も原則としてEU予算に計上されるが、ただし軍事・防衛の意味合いをもつ現地行動経費および特段の閣僚理事会の決定がある経費は、EU予算に計上されない（新EU条約41条2項）。

(31) この点は憲法条約とリスボン条約が異なっている。憲法条約は、EU全領域についてEU法の優位性原則を定めていたので（同条約Ⅰ-6条）、少なくとも文理上は、CFSPの法的措置にも優位性があるかのように読めた。

法的効果を及ぼすから、非 CFSP での「共有的権限」が想定するような EU 立法による構成国の権限の制約が生じるようにも見える。しかし「共有的権限」の定義では EU の立法により構成国の立法が排除されるような効果（「専占」）も含まれるため（運営条約 2 条 2 項）、やはりそれとは異なる。実質的に見ても、私人制裁の CFSP「決定」については、EU 次元で十分な刑事法や刑事手続法を整備して私人の人身・財産の自由が実効的に保障されていない間は、私人の基本権保障原則（新 EU 条約 6 条）から考えて、当該 CFSP「決定」の後であっても、各構成国が各国法にもとづいて制裁対象の私人の権利を独立に保護する権限をもつと推定すべきである。

　これらを総合すると、EU の CFSP 権限は、もともと法定の排他性もなければ（その点の明文がない）、また CFSP 措置を重ねることによっても構成国の対外権限を排除する法的効果も生じないと推定されるので（この点で決定的に「共有的権限」と法的性質が違う）、構成国の対外権限に影響せずに並存する権限にとどまるとみるのが妥当であろう（この点では「支援的権限」に類似するが「支援的権限」と同じ法的制約に服するわけでもない）。

# III　EU 対外権限の行使

## 1　非 CFSP の対外権限行使

### （1）独自措置

　EU の独自措置（相手方の同意不要の措置）については、共通通商政策上のそれは、欧州委員会が提案し、閣僚理事会と欧州議会が通常立法手続で採択する（運営条約 207 条）。その他の個別政策分野の独自措置は、各分野の対内立法手続に従う。

### （2）原則的な条約締結手続（運営条約 218 条）

　EU による国際条約の締結手続は、CFSP 事項も非 CFSP 事項も、運営条約 218 条に定める手続によるのが原則である。ただし、共通通商政策上の国際条約の締結（運営条約 207 条——後述）と、ユーロの外国為替相場なら

びに通貨および外国為替制度に関する協定の締結（運営条約219条[32]）は、特別手続に従う。

原則的な締結手続（運営条約218条）は、以下の通りである。

① 欧州委員会（ただしCFSP事項に「専らまたは主として関わる」ものは上級代表）が、閣僚理事会に対してEUと第三国や国際機関との協定が必要であるとの勧告をする。閣僚理事会が必要を認めるなら、交渉担当官または交渉団を推薦して、交渉開始を許可する（同条3項）。閣僚理事会は、交渉担当官に指令を発することができ、あるいは当該交渉を監視する特別部会（各国政府代表で構成）を設けて、この特別部会と協議しながら交渉を進めるように命じうる（同条4項）。

② 交渉が妥結したとき、閣僚理事会の承認を経て交渉担当官が署名する（同条5・6項）。

③ 閣僚理事会が協定を締結する決定をするが、締結のために欧州議会の関与も必要となる協定もある（同条6項）。

（a）欧州議会の承認を要するもの：連合協定（運営条約217条）、欧州人権条約加盟条約、特定の制度枠組を設立する協定、EU財政に重要な意味合いをもつ協定、EUの対内立法で欧州議会との共同決定または承認を要する事項を扱う国際協定。

（b）欧州議会の関与が不要なもの：CFSPに「専ら関係する」協定。

（c）欧州議会への諮問を要するもの：上記（a）・（b）以外の協定。

④ 以上の一連の手続において、閣僚理事会は原則として特定多数決で行動する（8項）。ただし全会一致が残るのは、対内立法に閣僚理事会の全会一致が残る分野の協定、連合協定（運営条約217条）、加盟候補国

---

[32] ユーロの外国為替相場ならびに通貨および外国為替制度に関する協定の締結手続では、欧州委員会の勧告を受け、欧州中央銀行の意見を聴取した閣僚理事会が特定多数決により、協定の交渉と締結についてやり方を決めるものとされ、欧州委員会が必ずしもEUの対外代表として交渉するものとは特定されていない。「欧州委員会はこの交渉に全面的に参与する」と定められているだけである（運営条約219条3項）。これは、欧州中央銀行自身が交渉当事者となる方が好都合な場合もあることを想定してであろう（Eeckhout 2004: 174）。

との協力協定（運営212条）、欧州人権条約加盟条約である（運営条約218条8項但書）。

なお、EUが締結した国際条約は、EU機関と構成国を拘束する（運営条約216条2項）。

**（3）共通通商政策の条約締結手続（運営条約207条）**

共通通商政策上の国際条約の締結（運営条約207条）は、概ね運営条約218条の原則的な手続が準用される（運営条約207条3項）。しかし次の違いもある。

・交渉の開始を欧州委員会の提案にもとづき閣僚理事会だけで決める点。
・もっぱら欧州委員会が交渉担当者となる点（同3項）。そして
・欧州議会は共通通商政策の実施枠組を明示する措置を共同決定で採択する点（運営207条2項）である。

共通通商政策上の国際条約の交渉と締結については、閣僚理事会は特定多数決で行動するのが原則である（運営207条4項）。ただし、閣僚理事会が協定の交渉・締結に全会一致で行動する場合がいくつかある（同項）。すなわち、

・外国直接投資および知的財産権の商業的側面を含むサービス貿易の協定交渉・締結において、対内立法の採択に全会一致を要する事項を含むとき。
・「文化的および視聴覚的役務貿易の分野における協定であって、それが連合の文化的および言語的多様性を害する危険があるもの」。
・「社会、教育および健康役務の貿易の分野における協定であって、当該役務の構成国内組織に重大な支障をきたす危険があり、かつ、当該役務を提供する構成国の責任を害する危険があるもの」である。

## 2　CFSP権限の行使

CFSP権限の行使には、実体・手続両面で緩やかな法的規律が課されている。実体的にはEUの対外活動の通則目的に適合することであり（新EU条約21条1項・2項、23条）、それには国際法の尊重（同条約21条1項）

第2章　リスボン条約による EU 対外関係の法と制度の改革

や、国連憲章の諸目的・諸原則、ヘルシンキ最終文書〔旧 CSCE、現 OSCE〕の諸原則への適合なども含まれる（同条2項c号）。

　手続的には、意思決定手続の規律があり、原則として閣僚理事会の全会一致による（新 EU 条約 31 条 1 項）。いわゆる「建設的棄権」（公式に投票の棄権を宣言した構成国は、採択された決定に拘束されないがEUの決定としての拘束力を認め、それと抵触する行動を控える）は、当該棄権をする国が EU 諸国数の三分の一以上かつ棄権国人口合計が EU 総人口の三分の一以上にならない限り、全会一致を妨げない（新 EU 条約 31 条 1 項後段）。

　特定多数決によられるのは、すでに全会一致で大枠の決定がある事項をさらに具体化して実施する決定（同条2項第1、第3インデント）、EUの行動・立場を明示する決定（同項第2インデント）、EU 特別代表を任命する決定（同項第4インデント）である。しかし特定多数決には、いわゆる「緊急ブレーキ」手続がさらに加わっている。すなわち、構成国が「自国の政策の重大かつ言明された理由」を掲げて閣僚理事会での特定多数決に反対するときは、上級代表が調整するが、調整に失敗したときは欧州理事会の全会一致に委ねられる（同項末段）。

　以上の法的制約のもとで CFSP の政策が形成され実施される。そのプロセスを追うと、第一に、平常において、EU 諸国は、CFSP 事項に入りうる諸国共通の「一般的関心事項」は相互に協議すべきものとされている（新 EU 条約 32 条）。構成国、上級代表、欧州委員会の支持がある上級代表も、CFSP に関する問題を閣僚理事会に付託でき、提案をなすことができる（同 30 条）。

　第二に、一定の主題について EU 諸国の団結行動をとる場合は、まず欧州理事会が（閣僚理事会から提案された原案にもとづき）CFSP の原則と一般的な指針を明確にし、「共通戦略」を定める（同 22 条 1 項）。この共通戦略は、目的、期間、EU と構成諸国に利用可能な手段を明示する（同項）。次に閣僚理事会は、原則として全会一致により、共通戦略にもとづいた決定をし、または共通戦略を具体的に実施する（同 22 条 1 項 3 段、24 条 1 項 2 段、26 条 2 項、31 条 1 項）。例外的に閣僚理事会が特定多数決による場合もあ

る。

　第三に、緊急の問題が勃発したときは、議長国が、自らの発議で、または欧州委員会またはいずれかの構成国の要請を受けて、遅くとも48時間以内に臨時の閣僚理事会を開催する（同30条2項）。

　CFSPで採りうる対外措置は、第一に、独自措置（相手方の同意不要）として、「現地行動決定（operational action）」（新EU条約28条）、「特定問題決定（union position）」（同29条）、「共通の態度（common approach）」（同32条）の採択である。「現地行動」は、具体的な状況に対して現地に人を派遣する活動が必要な場合にとられる。行動目標・範囲・利用可能手段・実施の条件を明示し、必要な場合は期間も示す（同28条1項）。また状況変化に応じて見直される（同条1項後段）。「特定問題決定」は、地理的あるいは主題からした特定の問題について、EUの立場を明確にするために採られる（同29条）。

　第二に、CFSP権限において国際協定を第三国および国際組織と締結できる（新EU条約37条）。締結手続は、運用条約218条による（前述3.1(2)）。EUが締結したCFSPに関わる国際条約は、EU機関と構成国を拘束する（運用条約216条2項）。

　CFSP措置を実施・履行するのは上級代表と構成国である（新EU条約26条3項）。閣僚理事会と上級代表が実施を監督するが（同条2項後段）、各国による実施は現実には構成国への政治的な信頼に任される。

　履行の確保の面では、EUのCFSPの制度は脆弱である。構成国が「現地行動決定」、「特定問題決定」、「共通の態度」に反しても、それを法的に制裁し矯正する手続はEUのCFSP分野にはない。欧州司法裁判所の裁判管轄権もCFSP措置違反については付与されていない（新EU条約24条1項）。むしろEU条約は政治的な解決を定めている。すなわち、「現地行動」の実施上問題が生じたときは、関係国が閣僚理事会に問題を付託し、そこで協議して「適切な解決策を模索する」（同28条5項）。

## 3 共通安全保障防衛政策（CSDP）権限の行使

　リスボン条約は、頓挫した憲法条約の諸規定を概ね継承して、共通安全保障防衛政策（CSDP）規定を（とくに政策の実施面について）拡充した。

　CSDP の意思決定手続は、CFSP の原則的手続と若干異なる（表1参照）。CSDP のあらゆる実施決定（CSDP 任務の開始決定を含む）は、上級代表の提案または一構成国の発議にもとづいて、閣僚理事会が全会一致で採択する（新 EU 条約 42 条 4 項）。上級代表は、構成国資源と EU 手段の両方を使用する旨を提案できる。

　CSDP 任務の遂行については、規定が拡充された。第一に、任務の遂行は、構成国が提供する文民と武官の諸力を利用して遂行される（新 EU 条約 42 条 1 項末文＝憲法条約 I-41 条 1 項末文、新 EU 条約 42 条 3 項前段＝憲法条約 I-41 条 3 項前段）。また構成諸国は、自国の軍事能力を漸進的に向上させる確約をする（新 EU 条約 42 条 3 項後段＝憲法条約 I-41 条 3 項後段）。

　この向上努力を促進し支援するために、閣僚理事会の下には「欧州防衛機関（European Defence Agency）」が設置される。これは現地行動に必要な措置の推進、防衛部門の産業技術的基盤の強化に必要な措置の特定と実施、欧州軍事能力・軍備政策の策定への関与、軍事能力向上の評価の補佐を行なう（新 EU 条約 42 条 3 項後段・45 条＝憲法条約 I-41 条 3 項後段、III-311 条 1 項）。ただし、この機関への参加は構成国の任意である（新 EU 条約 45 条 2 項＝憲法条約 III-311 条 2 項）。

　第二に、一部の構成国群による行動を容認する制度・手続をおいた。EU 諸国の多様な防衛政策と軍事力の格差が現実の政策形成と実施において無視できないからである。そこで、CSDP の具体的任務遂行において、閣僚理事会は、①任務実施の一般条件を定める決定を採択する。②その場合も、構成国の軍事力の格差等を考慮して、CSDP 任務を引き受ける能力と意欲のある構成国群に当該任務の実施を委託する決定を採択することもできる（新 EU 条約 42 条 5 項・44 条 1 項＝憲法条約 I-41 条 5 項・III-310 条 1 項）。この場合、関係構成国群と上級代表が連携して、委託された任務を遂行する（新 EU 条約 44 条 1 項＝憲法条約 III-310 条 1 項）。③これとは別個に、軍事能

力が高い一部の構成諸国は、CSDPの分野での最も苛酷な使命のために相互に高度な「常設協力制度（permanent structured cooperation）」を築くことができる（新EU条約42条6項・46条＝憲法条約Ⅰ-41条6項・Ⅲ-312条）。これは「常設協力制度に関する議定書」に掲げる基準を満たし、かつ軍事能力の誓約を行なった諸国において設立する（常設の高度協力）。

なお、CFSPとCSDPの経費負担は特別の規定がある。CFSP全般（CSDPも含む）について、行政経費はEU予算に計上される。軍事・防衛の意味合いをもたないCFSP（CSDP含む）の現地行動経費は、EU予算に計上される（新EU条約41条1項・2項）。

他方、軍事・防衛の意味合いをもつ現地行動経費は、原則としてEU予算には計上されず、国民総生産（GNP）規模に応じて構成国が経費を負担する（新EU条約41条1項・2項。ただし、閣僚理事会が全会一致により特段の決定を行う場合はこの限りでない）。軍事・防衛の意味合いをもつ現地行動経費は、閣僚理事会において「建設的棄権」（新EU条約31条1項後段）をした構成国は、当該経費を負担しない（同条2項）。なお、CSDP任務の準備作業であって、EU予算に計上されないものは、構成国の拠出により設ける立上げ基金（start-up fund）により資金をまかなう（同条3項）。

## ◆むすび

リスボン条約は、ラーケン宣言に応えて、法と制度の改革に乗り出した。EUに制度を一本化して（CFSP以外は）旧EC制度の統治方式を用いて効率化し、また欧州議会や各国議会の関与も強化して統治の民主的正統性を強化した。対外規定の体系的な整理にも乗り出した。EUと構成国の権限配分もより明確にした。共通安全保障防衛政策（CSDP）の諸規定も拡充した。こうして不効率・不明確だった法と制度を改善している。

しかし、最も根本的な制度的問題を残した。すなわち、CFSPと非CFSPの統治方式区分を残し、それから派生する法律問題を未解決のまま将来の実務と判例に委ねている。その法的解決は未開拓の問題領域であ

る。また体系化を試みながらも、条約締結権限の一般権限と個別分野の類似権限を残すなど不徹底もある。さらにEUの対外権限の存在範囲の規定と、排他性の規定との区別が至難といった起草上の不行き届きもある。これは権限付与原則の空洞化ないし「隠れた権限拡大」が諸国・諸国民から批判される今日のEUにおいて、重大な不行き届きである。これらの問題点は、既存のEC・EU条約に寄り添って、部分的に改良する方向を選んだ政治的なツケであるところが多い。

今回のリスボン条約が世界に対して示した、新たなEUの外交姿勢は何であろうか。EUの価値の世界への普及や国連等の多国間国際法体制の支持表明もある。しかし今回の改正に最も特有なのは「近隣諸国政策」なる新規定であろう（新EU条約8条）。これは、近隣諸国をEUに加盟させないが「繁栄と善隣の地域」にするという長期政策を表明する。つまり、EUの拡大も終点が近いという含意ではなかろうか。

## ◆ 参考文献

〈欧文文献〉

Chalmers, Damian & Tomkins, Adam (2007) *European Union Public Law*. Cambridge: Cambridge University Press.

Collins, Hugh (2008) *The European Civil Code: The Way Forward*. Cambridge: Cambridge University Press.

Cremona, Marise (2004) "The Union as a Global Actor: Roles, Models and Identity" Com.Mkt.L.Rev. 41: 553-573.

――― (2008) "Defining competence in EU external relations: lessons from the Treaty reform process" in Dashwood and Maresceau (2008) 34-69.

Dashwood, Alan (1998) "External Relations Provisions of the Amsterdam Treaty" Com.Mkt.L.Rev. 35: 1019-1045.

――― (1999) "External Relations Provisions of the Amsterdam Treaty" in David O'Keefe and Patrick Twomey (eds.), *Legal Issues of the Amsterdam Treaty* (Oxford: Hart, 1999) 201-224.

――― (2008) "Article 47 TEU and the relationship between first and second pillar competences" in Dashwood and Maresceau (2008) 70-103.

Dashwood, Alan & Christophe Hillion (2000) *The General law of E. C. External relations* London: Sweet & Maxwell.

Dashwood, Alan & Maresceau, Marc eds. (2008) *Law and Practice of EU External Relations* Cambridge: Cambridge University Press

Eeckhout, Piet (2004) *External Relations of the European Union: Legal and Constitutional Foundations* Oxford: Oxford University Press.

European Council (2001) "Laeken Declaration on the future of the European Union (15 December 2001)" in Presidency Conclusions of the Laeken European Council on 14 and 15 December 2001: Annex I, Bulletin of the European Union. 2001, No. 12, pp. 19-23.

―――― (2007) *Conclusion of the European Council, Brussels, 21-22 June 2007*, Annex 1.

Giscard d'Estaing, Valéry. (2003) "The Henry Kissinger Lecture" (Library of Congress – Washington, 11th February 2003). The European Convention 74464.doc.

Koutrakos, Panos. (2006) *EU International Relations Law.* Oxford: Hart Publishing.

Kronenberger, Vincent. (ed.) (2001) *The European Union and the International Legal Order: Discord or Harmony?* The Hague: T.M.C. Asser Press.

Lavranos, Nikolaos (2004) *Legal Interaction between Decisions of International Organizations and European Law* Groningen: Europa Law Publishing.

Lenaerts, Koen. & Piet Van Nuffel (2005) *Constitutional Law of the European Union* 2nd ed. London: Sweet & Maxwell.

Müller-Graff, Peter-Christian. (2008) "The Common Commercial Policy enhanced by the Reform Treaty of Lisbon?" in Dashwood and Maresceau (2008) 188-201.

Norman, Peter (2003) *The Accidental Constitution: the Story of the European Convention.* Brussels : EuroComment. [2nd ed in 2005. *The Accidental Constitution: the Making of Europe's Constitutional Treaty.*]

O'Keeffe, David. & Henry G. Schermers (eds.) (1983) *Mixed Agreements.* Deventer: Kluwer.

第 2 章　リスボン条約による EU 対外関係の法と制度の改革

Trybus, Martin (2005) *European Union Law and Defence Integration*. Oxford: Hart.

〈和文文献〉

中村民雄 (1993)『イギリス憲法と EC 法——国会主権の原則の凋落』東京大学出版会.
——(2004)『欧州憲法条約——解説及び翻訳』衆憲資 56 号、衆議院憲法調査会〈http://www.shugiin.go.jp/itdb_kenpou.nsf/html/kenpou/shukenshi.htm〉
——(2005)「EU 法制度の形成と東方拡大」森井裕一編『国際関係の中の拡大 EU』信山社, 29-62 頁.
——(2007)「法的基盤」植田隆子編『EU スタディーズ 1：対外関係』勁草書房, 1-54 頁.
——(2009)「国連安保理決議を実施する EC 規則の効力審査——テロリスト資産凍結(カディ)事件・上訴審判決」ジュリスト 1371 号, 48-59 頁.

## ◆ 第3章
## 「規範的パワー」としての EU をめぐる研究動向についての一考察

東 野 篤 子

　はじめに
Ⅰ　マナーズの「規範的パワー論」
Ⅱ　「規範的パワー論」の反響
Ⅲ　マナーズの規範的パワー論の新展開
Ⅳ　「規範的パワー」研究の広がりとその課題
　むすびにかえて

## ◆ はじめに

　EU の対外政策全般を概念化・理論化する研究は、EU の内外を問わず活発である。そのなかでも、「規範的パワーとしての EU（normative power EU）」（より最近では「倫理的パワーとしての EU（ethical power EU）」）という分析枠組みは、発表以降すでに 10 年近くにわたって注目を集め続けており、すでに EU 対外関係研究における一大潮流を作り上げたといってよいであろう。その概念も年を経るごとに精緻化され、対象事例も大きく広がってきた。

　その一方で、そもそも EU とは「どの程度」「規範的」であるのか、他の大国（とくに米国）と EU との本質的な違いはなんであるのかなどといった問題をめぐり、規範的パワー論に対して批判的な学問的潮流も観察されるようになった。本章ではこのような問題意識を踏まえ、規範的パワー論の理論的位相について検討を行う。具体的には、まず第一節で、マナーズ（Ian Manners）が 2002 年に提示し、大きな反響を呼んだ規範的パワー論について、従来の民生的パワー（civilian power）と比較しつつ紹介する。これを受

第3章 「規範的パワー」としてのEUをめぐる研究動向についての一考察

けて第二節では、マナーズによる規範的パワー論の反響について検討する。まず、規範的パワー論がなぜかくも大きな反響を得るにいたったのかについて、ヨーロッパ内外の情勢を勘案しつつ考察したうえで、ディーズ（Thomas Diez）がポスト構造主義の観点から提示した規範的パワー論批判と、それに対するマナーズの反論を対比することを通じて、マナーズの規範的パワー論の問題点と新たな研究課題を示す。第三節では、マナーズ自身の研究関心が、死刑廃止などといった非軍事的領域におけるEUの規範推進ではなく、EUの軍事化と規範的パワーの相克に移ってきたことを示す。そして第四節では、マナーズ以降の規範的パワー研究の最近の発展について、いくつかのカテゴリーに分けて紹介する。最後に、規範的パワー論の今後の研究課題について考察しつつ、本章を締めくくりたい。

　なお、本論に入る前に、EU対外政策についての伝統的な理論・実証研究とその主な焦点についての整理を行っておきたい。EUの対外関係についての研究においては、EU加盟国の外交政策の研究、EUの外交政策の研究（すなわち、欧州政治協力（European Political Cooperation: EPC）から、共通外交・安全保障政策（Common Foreign and Security Policy）へ、さらに欧州安全保障・防衛政策（European Security and Defence Policy）へと連なる、EUと世界との政治的関係の研究）、そして共通通商政策や対外援助関係などを含む、ECの対外経済関係の研究という、3つの流れが存在していた（Carlsnaes 2006: 546）。当然のことながら多くの研究において、この3つの流れは互いに融合し、相互作用してきたため、3つの流れを厳密に分類することは不可能であるが、ともあれこの3種類の研究を包摂するかたちで、近年「ヨーロッパ外交政策（European Foreign Policy: EFP）」と称されるようになる研究領域が登場するようになる。EFPの発展過程について詳細なレビューを行うことは本章の目的からは外れるが、本章の文脈から重要な点を1つ指摘するならば、従来のEFPの圧倒的多数が実証的事例研究で占められていた一方、EUの対外関係の概念化・理論化は十分とはいえなかった（同様の指摘については、Weiler and Wessels 1998; Øhrgaard 2004; Carlsnaes 2006などを参照）。また、次節で述べるように、近年のCFSPおよ

びESDPの発展については、その制度的発展や政策決定過程をめぐる実証研究が急速に活発化するようになった。

　本章の検討対象となる規範的パワー論が、短期間のうちに大きな注目を浴びてきた背景には、これまでのEFP研究が十分な理論家・概念化を行ってこなかったこと、そしてとりわけ近年のEFP研究が、ESDPの制度や適用をめぐる研究に特化されつつあったところに、結果として一石を投じたことと無関係ではないであろう。そこで以下では、発表直後から大きな反響を呼ぶこととなった規範的パワー論の具体的内容を見て行くこととする。

# I　マナーズの「規範的パワー論」

　2002年に『ジャーナル・オブ・コモン・マーケット・スタディーズ (Journal of Common Market Studies)』に掲載されたマナーズの「規範的パワーとしてのヨーロッパ ——形容矛盾 (a contradiction in terms) か?」(Manners 2002) は、大きな反響をもたらし、EUの対外政策研究の潮流を強力に形作ることになった。そこで本節では、若干長くなるが、同論文の骨子を紹介することにしたい。

　マナーズはまず同論文で、英国学派の泰斗ヘドレー・ブルによる「民生的パワー (civilian power) としてのヨーロッパ ——形容矛盾か?」論文 (Bull, 1982) を再検討する。同論文は、1970年代初頭のデュシェーヌ (Duchêne, 1972, 1973) らによるヨーロッパ諸国は国際的な影響力を行使するための手段として、伝統的な軍事的パワーたることをやめ、漸進的に「経済力に長けるが、軍事力は相対的に弱い」民生的パワーと移行したという議論を痛烈に批判し、ECがより防衛・安全保障面で自己充足的な「軍事的パワー」へと変容するための様々な手段を提唱するものだった。

　ブル論文発表前の1970年代には、デュシェーヌの他にはトゥイチェットらによって、発表後にはモウルらによって民生的パワーの概念をEC (およびその加盟諸国) の対外政策分析に用いた研究がなされ、そのなかで民生

## 第3章 「規範的パワー」としてのEUをめぐる研究動向についての一考察

的パワーの概念定義や特徴などが整理された (Twitchett 1976; Maull 1990)。マナーズは、トゥイッチェットおよびモウルの研究が共通して掲げる、民生的パワーの主要な3つの特徴として、「国家目標を達成する上での経済力の重視」、「国際的問題解決に際しての外交協力の優位性」、「国際的発展を達成する上での、法的拘束力のある超国家的制度利用の積極性」を挙げていた (Manners 2002: 236-7)。

ブル論文の書かれた1980年代の世界は冷戦の只中にあり、ECの民生的パワーはEC加盟各国の軍事的パワーに依拠していた。しかし冷戦の終焉後、具体的には欧州安全保障・防衛政策（ESDP）の発足と、1999年12月にヘルシンキ欧州理事会におけるいわゆる「ヘッドライン・ゴール」（EUが2003年までに、1年以上持続可能な最大6万人程度の軍隊を60日以内に派遣し得るようになることを目指す）設定合意などを大きな転機として、EUは独自の共通安全保障政策および防衛政策を発展させるようになった。こうした一連の動きは、EUが軍事的パワー化するのではないかとの印象を与え、果たしてEUが軍事化（militarisation）（ここでは軍事能力の獲得という意味合い）してゆくことが、EUの最大の特徴（であると多かれ少なかれ合意されていた）民生的パワーを損なうことになるのか否か（代表的な消極論としてSmith 2000; Zielonka 1998などを参照）、それとも新たなEUにおいて、軍事的パワーとしての要素と民生的パワーとしての要素とは共存可能なのか（あるいは、EUによる安全保障、防衛分野での活動の拡大は民生的パワーとしてのEUの性質をむしろ補強するのか）(e.g. Stavridis 2001)、全体としてEUの軍事化をどのように評価すべきなのか (e.g. Sangiovanni 2003) などといった点をめぐって論争が活発となっていた（例外としてNicolaidis and Howes 2002を参照）[1]。

こういったEU内部の知的文脈に対し、マナーズは、冷戦体制終焉後の様々な情勢変化に鑑み、もはや軍事的パワーか民生的パワーか、といった

---

[1] EUの民生的パワー論についての邦語文献については、中村（2004）、鶴岡（2005）などを参照。また、民生的パワー関連の議論のより詳細な発展の経緯および時代区分の提示については、以下を参照 (Diez and Manners 2008: 177-9)。

I マナーズの「規範的パワー論」

(やや単純な)二分法を再検討し、規範の概念を用いてEUの性質をとらえなおすべきと論じる。また、この関連からマナーズは、当時のヨーロッパが軍事的志向を弱めて行くことを歓迎したデュシェーヌと、それとは反対にヨーロッパの漸進的な軍事化を求めたブルとの間には、実際には以下の三つの共通点が存在していたことを指摘している。第一の共通点とは、両者とも冷戦中の固定的な国際関係を分析の前提し、国民国家の性質を固定的にとらえていることであり、基本的には現状維持的な国際社会観を有していたことであるとマナーズは指摘する。このため、国際社会の現状をいかに「変革」していくかという点については、じつは両者ともさして大きな関心を払っていなかったという。第二の共通点は、ヨーロッパが発展させるべき力としてデュシェーヌが重視していた「経済力」も、ブルが重視していた「軍事力」も結局のところ「物質的な力 (material power)」だったため、国際関係の思想上の (ideational) 側面が軽視される傾向であった。第三は、両者とも「ヨーロッパの利益」をその関心の中心においていたことであったという (ibid. 238)。

　こういった、デュシェーヌやブルらの議論の前提は、冷戦の終焉により大きく変化することになった。とくにマナーズは、冷戦後の世界における、思想と規範の持つ力を再検討することを提唱する。これは、民生的パワーや軍事的パワーといった既存概念の有効性を否定することではなく、国際関係においてなにが「正常 (normal)」であるのかを形成する (規範的な推進力を持って国際関係を変革していく) 能力とはなにか、という点により関心を向けるべきではないか、という問題提起であると、マナーズは論じる (Manners 2000: 239)。

　それでは、EUの規範的基盤とはなにか。マナーズは、「平和」、「自由」、「民主主義」、「法の支配」、「人権と基本的自由の尊重」という5つの「中核的規範 (core norms)」に加え、「社会的結束」、「差別の禁止」、「持続的発展」、「よい統治」という4つの「次位的規範 (minor norms)」を挙げる (ibid. 242-3)。「中核的規範」はすべてEUの基本条約にその根拠を有し、「次位的規範」はまたEUの諸条約および慣行にその基盤を求めることが出来る。

第 3 章 「規範的パワー」としての EU をめぐる研究動向についての一考察

これらの EU 規範の伝播の方法として、「伝染」（たとえば、地域統合の経験を他地域に「輸出」するといったかたちでの、意図せざる普及）、「情報の伝播」（たとえば、EU による新たな政策イニシャティブなどによる戦略的コミュニケーションや、欧州委員会委員長や EU 議長国などによる宣言的コミュニケーションによるもの）、「手続きの伝播」（EU と第三諸国との間の地域間協定や拡大プロセスなど、EU と第三諸国との間の関係の制度化によるもの）、「移転による伝播」（第三国との貿易や財政・技術支援などによるもの）、「公的伝播」（第三国や国際機関における、欧州委員会代表部や加盟国の大使館などによる物理的プレゼンスによるものや、外相トロイカや旧ユーゴにおけるモニタリングミッションなどのプレゼンスによるもの）、「文化的濾過」（知識の構築と社会的・政治的アイデンティティの創造によるもの）の、6 つのタイプを挙げる (*ibid*. 244-5)。このうえでマナーズは、死刑制度廃止を事例として、世界の各地域に対するEU の働きかけを分析し、EU がバイおよびマルチの場でこの問題を取り上げることを通じて「国際社会の言語を再編成」し、国際的な規範を推進するという「規範的パワー」としての地位を確立しつつあると論じる。したがって、ここで重要なことは、規範は EU の構成要素であるだけではなく、このこと自身が、「EU が世界政治において規範的に行動する要因を形成していること」するものであるという点である (*ibid*. 252)。そして、民生的あるいは軍事的といった EU の特長に「加えて」、EU は規範的パワーとして理解されるべきであると結論付ける。

なおマナーズは、2008 年に発表した「EU の規範的倫理」と題する論文で、「EU はこれまでも、現在も、そしてこれからも、世界政治における規範的パワーであり続ける」(Manners 2008：45) と論じ、規範的パワーという分析枠組みの有効性を再度強調した。この 2008 年の論文は、規範的パワー論の概念再整理に徹したものであり、とくに規範的パワーそのものについては、「より公正で、よりコスモポリタンな世界を通常化 (normalize) する」能力であると、2002 年論文の定義を若干修正している (*ibid*. 47)。またEU が推進しようとする規範的原則を、「持続的平和」、「社会的自由」、「コンセンサス型民主主義 (consensual democracy)」、「連携的 (associative) 人

権」、「超国家的な法の支配」、「包括的平等（inclusive equality）」、「社会的結束」、「持続的発展」、「グッド・ガバナンス」という9つに整理しなおし、さらにEUの規範的パワーの原則・行動・インパクトを、手続き的な規範的倫理に対する3つのアプローチ「美徳倫理（virtue ethics）」、「義務的倫理（deontological ethics）」、「結果倫理（consequentialist ethics）」を用いて判断することを提唱している。

## II 「規範的パワー論」の反響

### 1 「規範的パワー論」受容の背景

　マナーズの2002年の論文は、大きな反響を呼んだだけではなく、EUの対外関係研究における一大潮流を作り上げた。同論文は、米国EU学会（EUSA）において、「過去10年で最も重要な論文5本」に挙げられたばかりでなく、EU研究の代表的な学会であるEUSAや英国現代ヨーロッパ研究学会（UACES）では、毎年のように規範的パワー論を議論する複数のパネルがたつことになった。これに伴い、規範的パワー概念の批判的検証や、同概念を分析枠組み（のひとつ）とした実証研究が数多く発表されるようになった（一例として、Bretherton and Volger 2006; Diez 2005; Laidi 2005; Laidi ed. 2008; Sjursen 2006）。

　それでは、規範的パワー論はなぜここまで受け入れられ、なぜここまで反響が大きかったのであろうか。同分析枠組みの急速な広がりを可能にしたヨーロッパにおける知的背景については改めての精査が必要となろうが、本稿ではさしあたり、背景として考えられる要因として以下の二点を挙げておく。第一に、当時の国際関係研究において「コンストラクティビズムへの転回」が顕著となり、またヨーロッパ統合がコンストラクティビズムの最良の事例との認識が一般的になる中（Christiansen, Jørgensen and Wiener 2001）、「コンストラクティビズム理論に触発されたEU外交政策研究」（Manners 2006: 169）が非常に活発になっていた一方で、EU統合（およびEUの対外政策）研究と規範を明示的に結びつけた理論的研究の進展は

第3章 「規範的パワー」としてのEUをめぐる研究動向についての一考察

十分ではなかった（Manners 2002; 2006）。さらに、マナーズが取り上げた事例が死刑廃止に向けたEUのグローバルな取り組みであったことからも明らかであるように、必ずしもESDPの枠組みに限定されないEU対外政策の分析に非常に適した枠組みを提供することになったとも考えられる。このためマナーズの論文は既存のEU対外関係研究のいわば真空地帯に切り込むものとみなされた側面は否定できないであろう。

　第二に、マナーズ論文とほぼ時期を同じくして、ケーガン（Kagan）の「力と弱さ」（Kagan 2002）および『楽園と力』（Kagan 2003）が発表され、ヨーロッパに衝撃を与えていたことも、おそらく無関係ではないであろう。ケーガンによる「アメリカ人は火星から、ヨーロッパは金星からやってきた」、「米国はホッブス的世界に、ヨーロッパはカント的世界に住んでいる」などといった、一見単純ではあるが一定の説得力を認めざるを得ない世界観に対し、ヨーロッパからは強い反発が沸き起こっていた[2]。とりわけ、ヨーロッパは軍事的パワーたるための手段とリソースがないために非軍事的パワーに甘んじる以外にないにもかかわらず、軍事的手段も能力も有する米国に非軍事的世界観と政策手段を有することを説こうとしており、米国はそういったヨーロッパの意見を斟酌する必要はないというケーガンの見解に対し、マナーズの枠組みはEUを世界唯一の規範的パワーとして描くことにより、ヨーロッパは（米国とは異なり）規範の力で世界政治に働きかけることを自ら選んだとする反論を可能ならしめるものであった。マナーズ以降、規範的パワー論を用いたEU対外政策研究がほとんど例外なくケーガンの議論をとりあげ、それを否定する手段として規範的パワー論を用いることになったのも、偶然ではないであろう（この点についてはTocci 2008: 3, Diez and Manners 2007: 172 などを参照）。後述するように、2002年時点では、マナーズは米国とEUとの比較についてほとんど言及していなかったが、マナーズの枠組みを援用した研究者らが、規範的パワー

---

(2) 代表例としてLeonard 2005. また、米国の観点からケーガンに反論を行ったものとしてReid 2004; また、ケーガンに対する直接的な反論ではないものの、ヨーロッパに特殊なパワーを認める観点としてKupchan 2002 も参照。

## II 「規範的パワー論」の反響

論を米国とEUとの対比に用いるようになったのである。

なお、規範的パワー論の登場により、それ以前には活発であった民生的パワー論を用いたEU対外関係研究が（一時的にではあるが）それまでの活発さを失っていったことも指摘しておかなければならない。当時の民生的パワー論は既述のとおり、EUの「軍事化」がEUの民生的側面に与える影響をどのように評価するかに焦点が当てられていた。しかしこういった、EUの軍事化の是非に特化され、したがって（おそらくは無意識のうちに）その大半が「軍事か経済か」という二分法にとらわれていた議論は、瞬く間に規範的パワー論をめぐる論議に吸収されていったのである。ドイツを中心とした特定の加盟国の分析を除き、EUの文脈で民生的パワー論が正面から論じられる機会は目だって減少していった（ただし例外としてSjursen 2006; Telo 2007などを参照）。

### 2 ポスト構造主義からの批判

このようななか、国際関係研究の学術誌『ミレニアム』に、トマス・ディーズによるマナーズ論文への批判が掲載された（Diez 2005）。同論文はマナーズ論文に対するおそらく最初の、そして非常に代表的な、理論的観点からの批判となった。これに対し、マナーズはディーズへの論駁を同じく『ミレニアム』に掲載し、規範的パワー論をめぐる議論は新たな局面を迎えることになった[3]。

ディーズは、マナーズの規範的パワー論がEU対外政策研究におけるきわめて重要な功績であっただけでなく、現在の国際関係論における規範的パワー論がEU研究の文脈で発展してきたことなどについては認めつつ

---

(3) 本節でとくにディーズとマナーズ間の論争を取り上げる理由は、ディーズによる批判が規範的パワー論の理論的弱点を巧みにとらえていること以上に、マナーズが論文の形で批判に応答したのは（少なくとも本章脱稿時までの段階においては）ディーズに対してのみであること、さらに両者がこのやり取りを通じて結果的に多くの認識を共有するようになったプロセスもたどることが可能であることを重視したからである。ディーズ以外の論者からの規範的パワー論批判は本章第IV節を参照。

第 3 章 「規範的パワー」としての EU をめぐる研究動向についての一考察

(*ibid.* 620)、規範を EU の政策の源泉としてのみではなく、EU の対外的権力の源泉としてとらえる必要に目を向けること、さらに EU は規範を用いて自己と他者を差別化することを通じ、自らのアイデンティティを構築しようとしていることなどを主張した。ディーズによる問題提起は、具体的には以下の三点である。

　第一の問題提起は、規範的パワーの概念は斬新なものではなく、また特殊 EU のみに当てはまるものでもない、というものである。民生的パワーの議論にしても、そもそもほとんどの国（あるいは EU のような統合体）にとっては、果たして「民生的パワーであるか否か」を問うことよりも、「どの程度民生的なのか」を問うことのほうが現実的であり、そうである以上、民生的パワーや規範的パワーの事例は EU に限らず時空を超えて多数存在するはずである。したがって EU についても、「相対的に」「どの程度」規範的であるのかが問われなければならないであろう。ディーズはとくに、歴史的には米国の外交政策行動にも規範的パワーの要素が散見されたことを指摘し、マナーズが世界唯一の規範的パワーとして EU を表現していることに疑問を呈した（*ibid.* 616: 620-5）。たしかにディーズの指摘のとおり、（特に現代の）国際的なアクターが、一定の規範を持って外交政策を形成するのはむしろ当然ともいえるため（同様の視点については Tocci 2008 を参照）、そのなかでどの程度 EU が突出しているのかをより明示的に論じなければならなかったはずである。この点についてはマナーズ自身も「相対主義的な観点からすると、EU は単に、歴史上の帝国や現代のグローバルな大国らと同じようなやり方で、自らの規範を推進しているに過ぎないのではないか、という見方も可能であろう」(Manners 2002: 240) という留保は行ってはいるものの、最終的には EU がその政体上の特長からしても、歴史的文脈からしても、これまでの大国とは全く違うやり方でコスモポリタン的価値を推進しようとしている点を強調している。しかしディーズは、EU の規範推進の方法が歴史上特殊であるとのマナーズの主張が、果たしてどの程度経験的事実によって支持されるのかを疑問視する。

　第二に、マナーズは民生的パワーと規範的パワーを別個のものとして

II 「規範的パワー論」の反響

扱っているが、規範的パワーとは民生的パワーの中に「埋め込まれた」ものではないのか、というものである。たしかに、マナーズの 2002 年論文では、民生的パワーは物質的、規範的パワーは思考的、との分類がなされているが、民生的パワーが思考面を排除したものであるとの議論は、広く共有されたものとは言いがたいであろう。

　第三に、ディーズはおそらくもっとも本質的な規範的パワー論批判として、規範的パワーという概念は（マナーズが示唆しているような）客観的カテゴリーではなく、あくまで EU がディスコースのうえで自らをそのように表現しているととらえるほうが正確ではないのか、と指摘する。すなわち、EU を国際的な規範の擁護者・伝播者として額面どおりにとらえるよりは、EU は規範的ディスコースを用いて「よりよい自分自身 (better self)」というアイデンティティを、（そういった諸々の規範を体現するに至っていない）自らの外部との絶えざる対比のプロセス（「他者化 (othering)」）を通じて構築している、ととらえたほうが現実に近いのではないかという (ibid.: 626-630)。もちろん、あらゆるアイデンティティ構築にとって他者化は必要不可欠な要素であり、またそれは否定されるべきものでもない。しかし、こういった EU がこうした他者化に立脚しつつ、規範的側面を前面に押し出した対外政策を行っているとすれば、EU を規範的パワーであると表現することに、「どのような権力が潜んでいるのか」についても目を向ける必要があるのではないか (ibid. 614、632)。また、まさに米国がそうであるように、EU の他者化も自らの欠点の看過の上に成り立っている可能性に留意すべきではないか (ibid. 627)。例えば、1995 年のバルセロナ宣言を中心とした欧州・地中海パートナーシップ (EMP) などは、ロバート・クーパーの有名な分類を用いれば、EU は自らを（現実はどうあれ）様々な洗練された規範や原則を完璧に体現する「ポストモダン世界」として表現し、それらの規範・原則が必ずしも完全には取り入れられていない「モダン世界」（ここでは地中海諸国）に対し、EU が一定の影響力を行使する手段として規範や原則を用いている側面があるのではないか (ibid. 630-2)。そうであるとすれば、規範的パワー論を通じてより深く考察すべきなのは、EU の規

第 3 章 「規範的パワー」としての EU をめぐる研究動向についての一考察

範的パワーとしてのあり方が果たしてどの程度自己熟考的（self-reflective）なのか、ということなのではないか、という。結局のところマナーズ論文（およびマナーズに触発された規範的パワーとしてのヨーロッパ分析）は、EU が規範的パワーとして活動しているか否か、したがって EU は特定の手段を用いる特別なアクターであるのか否かに分析の焦点をおいており、EU の政策が実際にだれに対してどのようなインパクトを有したのかについてはほとんど分析されていないという（*ibid*. 616; 618）。以上、若干長くなったが総括すると、ディーズはポスト構造主義的観点から、「規範的パワー」としての EU と、EU の対外政策対象諸国・地域との間には、規範というディスコースを媒介とした伝統的な権力関係が存在していること、このため研究者がなすべきことは、EU が発するディスコースを額面とおりに受け入れることではなく、より体系的かつ広範囲にわたるディスコース分析を通じて、規範的パワーとしての EU の構築や、そこから派生する第三諸国との権力関係を明らかにすることではないか、というのである。

　これに対するマナーズの反論は以下のとおりである。第一の点に対する反論は、規範的パワーとしてのヨーロッパは、米国をはじめとした他の大国とは明らかに異なるものであるという。その根拠としては以下の 3 つが挙げられている。第一に、EU が規範の参照点として用いているものは、EU の基本条約のなかに示された価値だけではなく、国連や欧州評議会、国際条約など、EU の外部で確認されている価値であることも極めて多い。国際的な諸条約に関しては、EU は自らの外部の条約を積極的に批准することで、世界をリードする立場にいる。こういった EU の立場は、多くの国際条約の批准に非常に消極的であった米国と比較すれば一目瞭然であるとマナーズは指摘する。さらにマナーズは、EU 加盟諸国はそもそも統合の前提として主権を委譲していることから、外部のコスモポリタンな条約を受け入れやすい、という、興味深い議論を展開する。第二に、米国と EU は、軍事力の使用をめぐる認識が異なる。EU によって実施された軍事行動（WEU 行動、ボスニア、マケドニア、コンゴなどをめぐるもの）の場合は、その規範的なパワーが物理的力の行使を方向付けている。これに対し、米

## Ⅱ 「規範的パワー論」の反響

国の場合、「衝撃と畏怖」作戦にも現れているように、その巨大かつ産業化された軍事テクノロジーが、米国のパワーの目的と戦略をあらかじめ決定付けることが極めて頻繁であるという。第三に、米国がしばしば「例外主義」を標榜し、したがってコミュニタリアン的な価値観から世界政治の場で規範を推進しているのに対し、EU はむしろ自らの「恥ずべき過去」(植民地主義、ナショナリズム、世界大戦、ホロコースト、不平等など) に立脚し、そこに再び陥らないためにコスモポリタン的な価値観を推進しているという。そして第四に、国連などの国際的・普遍的な (EU にとって外部の) 価値が、EU の規範的なパワーによって追求され、国際社会への浸透を深めていけば行くほど、逆説的ではあるが、EU そのものが有する「変革する力」はそれだけ弱まることになる。EU は「ポスト国家政治の多層的プロセスの中で『通常』の存在になっていく」からである。このため EU は、国際政治における「消え行く仲介者 (vanishing mediator)」なのであるという (同様の指摘として Balibar 2003; Nicolaïdis 2004 なども参照)。これは、歴史的に自らの影響力を増大することを目的として価値の推進を行ってきた米国とは、全く異なる特徴であるという (*ibid.* 171-5)。

　次にディーズからの第二の批判に対してマナーズは、規範的パワーと民生的パワーとは異なる、とし、その根拠として、民生的パワーが「文明化する義務 (mission *civilisatrice*)」に立脚した新植民地主義的傾向を強く有しているのに対し、規範的パワーはむしろ民生的パワーの新植民地主義的ディスコースから脱却する試みであること、民生的パワーが経済力・軍事力といった物理的パワーと資産に基づいて議論を展開しているのに対し (詳細については上述)、規範的パワーは模倣と魅力のパワーに基づいて議論を展開していること、民生的パワー論が世界政治 (より正確には EU のありかた) に対して現状肯定的であるのに対し、規範的パワー論はその変革を志向する議論であること、民生的パワー論は冷戦中の文脈を議論の前提としているのに対し、規範的パワー論は冷戦後の EU に対するアプローチであることなどを挙げている (Manners 2006c: 175-7)。

　ディーズの第三の批判である、規範的パワー論は自己表現および自己正

*81*

当化のためのディスコースに過ぎないという指摘についてマナーズは、ディーズの指摘した「他者化」によるアイデンティティ構築という側面があることには一定程度同意しつつも、オーストリア、イタリア、フランス、デンマークなどにおける極右政党の台頭に対するEUからの自己批判の事例からも明らかであるとおり、EU内部で進行する「他者化」は常にEU内部そのものをも対象としてきたこと、したがってEUの規範的パワーとは、ディーズが示唆するよりもずっと内省的であったことを強調する。

　最後にマナーズはディーズに対する反駁の総括として、規範的パワー論はEUが規範的に行動「すべき」という、それ自身が規範的命題を含むものであることを強調する。とりわけ政治学としてのEU研究は、現行のEUを所与のものとして受け入れ、EUがある特定の問題に対していかにスムーズかつ効率的に対処するかという「問題解決型」理論に終始するべきではなく、EUとはなにか、なにをするのか、これらのプロセスを我々はどうやって研究するのかを常に自己批判的に追及すべきなのであり、規範的パワー論はまさにこうした知的試みの一環として存在しているのであるという。つまりマナーズは、民生的パワー論では必ずしも意識されていなかった世界政治の変革と規範の「通常化」を、規範的パワー論を通じて考察して行く必要性に訴えるのである。

　その後ディーズとマナーズは、規範的パワー論をめぐって両者間で交わされた議論を基に共同で論文を執筆している。ここでディーズは規範的パワーは民生的パワーとは異なるという点、また米国は、かつてはEUの同種の規範を外交政策の基盤においていた時期もあったものの、現在の米国では軍事的パワーが規範的パワーを「凌駕した」状態にあるため、もはやEUとは異なるタイプのパワーとみなされるべきという点でマナーズの認識に近づき、一方マナーズは、EUが実際に規範的パワーであるか否かではなく、EUの自己表現およびアイデンティティ構築の手段としての規範的パワーのディスコースという側面により着目すべきであるという点でディーズの認識に近づいたと論じた。また両者は、米国とEUの最大の違いは自らの規範（および自らの規範のグローバルな適用可能性）に対する「内

## II 「規範的パワー論」の反響

省性（reflectivity）」の度合いであり、したがって EU が規範的パワーであるという主張そのものに対しても、自己内省的かつ批判的な検証を重ねていくことが必要であるとしている（Diez and Manners 2008）。

　ディーズとマナーズの論争のポイントを（若干単純化して）総括すると、ディーズはポスト構造主義の立場から、あらゆる社会的関係の背後に権力が存在することを強調し、（所与とみなされがちな）国際政治のディスコースに潜む強者と弱者の関係を発見し、抉り出すことに主眼を置いている。つまり、今日の EU における「問題点」の指摘こそがディーズの議論の眼目であり、マナーズのように「世界政治において規範を推進する EU」という積極的評価を強調しすぎることは、EU が抱える諸問題の解決に必ずしも資するものではないという立場がそこにはある。これに対しマナーズは、ディーズの指摘するような権力関係がまさに EU の行動によって生み出されていること自体を否定するものでは決してないものの、EU の行動原理の極めて重要な形成要因のひとつとして規範が存在していることに、これまで十分な関心が払われてこなかったと強調する。そして既述のとおり、EU の持つ規範性に焦点を当てる最大の目的とは、まずはヨーロッパ人に自らの規範性を意識させることにより、EU をこれまでよりも一層「規範的に行動させること」なのである（Manners 2006c: 180）。EU による対外的な規範の推進が依然として多くの困難に直面しているという状況も厳然として存在する中（具体的事例については Manners 2008b）、マナーズは規範的パワーという分析枠組みを提示することで EU の現実を描写することを超え、彼自身の思い描く EU の将来的な理想像を示したという側面は見落としてはならないであろう。彼が繰り返し強調しているように、規範的パワー論とは EU の対外関係改善のための、そしてひいては世界政治変革のための、知的介入なのである（Manners 2006c: 180; Manners 2008b: 37）。

　そうであるからこそディーズも、規範的パワー論が EU の過度な理想化に繋がってはならないという観点から、批判的検討の必要性を一層強調するのである。こうしたディーズの警鐘はもちろん傾聴に値しよう。しかしそうではあっても、マナーズの規範的パワー論は、EU の行動原理として

の規範の役割を（少なくとも学界内部で）再認識させ、EU の将来に向けたより明確な行動指針を打ち出しているという点で、非常に大きな貢献が認められるものなのである。

## III　マナーズの規範的パワー論の新展開

　前節で紹介した規範的パワー概念の精緻化と平行しつつ、マナーズの規範的パワー論の焦点は、とりわけ 2003 年の欧州安全保障戦略（European Security Strategy: ESS）発表後、安全保障・防衛面での活動を拡大することを試みる EU が、規範的パワーを引き続き維持していくことは可能なのか否かという点に移っていく（Manners 2006b; 2006d）。マナーズによれば、ESS 発表以前の EU の対外行動における中心的な要素は、長らく（上述の 9 つの規範原則のうちの 1 つである）「持続的平和」の規範であり、そのために EU の対外関係は「紛争や暴力の諸原因に働きかける」ような「紛争予防」に力点を置いていた。EU は「短期的な予防外交」と、「長期的かつ構造的な紛争予防（long-term structural conflict prevention）」の双方に取り組んではきたが、1995 年前後のルワンダやボスニアへの関与を重要なきっかけとして、EU の対外政策は明確に構造的紛争予防にその焦点を置いてきた。その手法は第一に、欧州委員会と NGO との連携が極めて重視されるものであり、第二に対外支援や第三国との政治協定に、人権や民主的原則、法の支配といった「コンディショナリティ条項」を多用するものであった（Manners 2006b: 184-187）。こういった状況に対し、2003 年末に発表された ESS は、EU が「持続的平和という規範的方針から EU が乖離し、積極的介入のためのあらゆる手段を模索し始める」という重大な転換点となったと、マナーズは指摘する。EU による軍事的介入の実例はきわめて少ないものの、コンゴ民主共和国を対象としたアルテミス作戦やボスニア・ヘルツェゴビナを対象としたアルテア作戦などを中心とした ESS 以降の EU 対外活動においては、これまで EU が比較優位を有しているとされたローカルなキャパシティ・ビルディングなどの手段よりも、軍事活動を優先する傾

向が明確に生じているとする (*ibid.* 193-4)。

EU の軍事化は、理念の上では必ずしも EU の規範的パワーを損なうものではないし、現段階では EU の規範的パワーは失われてはいないとマナーズは指摘する。しかし、今後 EU の軍事力が増強していけば行くほど、EU と伝統的な各種パワーとの相違点は確実になくなっていくとする。EU の外交が規範の力そのものに頼るインセンティブが失われるうえ、軍事的手段に依拠することに対する躊躇は EU の軍事化とともに確実に減少するからである。このためたとえば、文化、政治的価値、外交の 3 つを主な源泉とする「ソフト・パワー」概念が、軍事力・経済力を主な源泉とする「ハード・パワー」との共存を常に前提としていることとは対照的に (Nye 2004)[4]、規範的パワーは軍事力に依拠すればするほど、その元来のパワーを失って行くとしている (Manners 2006d: 408-9; Diez and Manners 2008: 180)。そして将来仮に EU が、軍事的パワーの過度なる追求の結果規範的パワーを失うことになった場合には、EU は「コソボにおける NATO、イラクにおける米国」のような、介入対象諸国から極めてネガティブなまなざしを向けられるようになる可能性が高いと、マナーズは警告する (Manners 2006d)。

このように、マナーズの新たな規範的パワー論は、ESS 後の EU の軍事化傾向を批判的にとらえ、規範的パワーの喪失の可能性に警鐘を鳴らす方向性に傾きつつある。第二節でも紹介したとおり、マナーズはその 2008 年の論文で、EU は依然として世界的にも非常に特殊な規範的パワーであることには変わりはないことを強調していることには留意しておく必要がある (Manners 2008a; 2008b)。しかし、たとえ現状はそうであったとしても、いったん軍事化が規定路線化すれば、問題解決を軍事力に依拠する傾向には歯止めがかからなくなり、その結果として EU の規範的パワーは損なわ

---

(4) 「ソフト・パワー」の提唱者であるジョセフ・ナイが述べているように、同概念の誤用が近年顕著になってきている。経済力をソフト・パワーの一部とみなすことがその代表例であり、日本でもこうした誤用は散見される。同概念の定義と概念の再整理については、以下を参照 (Nye 2008)。

## 第3章　「規範的パワー」としてのEUをめぐる研究動向についての一考察

れていく、という点を、マナーズは批判的にとらえるのである。

　こうしたマナーズの議論は、ESDPの具体的成果を含めた昨今のEUの姿をどの程度正確にとらえているのかについては議論の予地があろう。しかも、第二節で紹介したマナーズの元来の議論と、本節で紹介したマナーズの議論とを付き合わせたとき、そこには少なからぬ齟齬が見られるようにもなったといってよいであろう。以下では、マナーズの新たな議論についての論点を主に4つ指摘しておきたい。

　第一に、ESDPがEUのいわば古き善きメンタリティを蝕むほどに進展してきたとするマナーズの指摘が、現在のヨーロッパ安全保障研究の主な議論とは大きく異なるものであることは指摘しておく必要がある。ESDPについてはむしろ、1999年のヘルシンキ・ヘッドライン・ゴールの設定当初の目標からも、またグローバルな安全保障および平和と安定の推進にEUが主要な役割を果たして行くことを目指すとするESSの目標からも（Council of the European Union 2003）、あまりにかけ離れているという評価が主流である。ESDPについての包括的研究からは、NATOの活動などを引き継ぎながら、地道かつ無難な活動に徹してきたESDPの実態が浮かび上がる（e.g. 植田 2007）。さらに、多くのESDPの活動には、従来欧州委員会によって実施されてきた内容とほとんど変わらないものをESDPの枠組みで実施している側面すらある。このためESDPについては、EUの打ち出す安全保障上の野心と実際の活動との間には大きな乖離があり、さらにEUの指導者らがその乖離に甘んじている状況が批判されることはあっても（e.g. Giegerich 2009; Whitney 2008）、ESDPが過度に進展しているためにEUの従来の精神的美点が損なれようとしているという評価は（前述のような一部の民生的パワー論を除き）少なくともESDP研究における主流の見解ではない。こういった先行研究との認識の相違に対してマナーズは多くを語っていないが、この点についての明確化は、従来のESDP研究におけるマナーズの議論の位置づけを明らかにする上でも重要となろう。

　第二に、そもそもマナーズの規範的パワー論の原点とは、前述したよう

III　マナーズの規範的パワー論の新展開

に、「軍事か民生か」、あるいは「物質的か思想的か」といった従来のパワー論の単純な二元論を克服すること、そして既存概念の有効性を「否定することなく」規範というEU特有の側面を考慮することを提唱したものであったはずである（Manners 2000: 239）。このため、軍事的パワーおよび民生パワーという既存概念と、規範的パワーという新たな概念の複合を試みることによってEUの対外関係のあり方をよりニュアンスに満ちた方法で理解することに、規範的パワー論の特徴ないし存在意義があったはずである。しかし、本節で紹介したマナーズの議論は、EUにおいて軍事化が進めば規範的パワーは失われるという、まさにマナーズがかつて批判的にとらえた二元論そのものに陥ってはいないか。確かにマナーズは、軍事的パワーと規範的パワーが並存することは、いかなる場合においても不可能であると論じているわけではない。しかし同時にマナーズは本節で紹介した一連の新しい議論において、軍事的パワーを増強させつつ規範的パワーを維持することは「ケーキを食べてしまってもまだ持っていたい」と主張することに等しいという比喩を用いて、（少なくとも今後のEUにおいて）両パワーを並存させることは現実的には極めて困難であると、繰り返し論じる。それでは、既存概念を補完する概念としての規範的パワー論の有効性が揺らぐことにもなりかねない。

　第三に、そもそもマナーズの元来の議論は、EUによる国際的な死刑廃止推進活動を事例とすることによって、EUが規範的パワーであるとの結論を導き出すものであった。極論を恐れずに言えば、マナーズの当初の規範的パワー論とは、死刑廃止のような非軍事的領域において、はじめて成立する議論であった可能性が高かったのである。しかも本章冒頭および第二節でも述べたとおり、マナーズの規範的パワー論は非軍事的領域における非常に斬新な分析枠組みを提供したことそのものが評価されたということも忘れてはならない。しかし、そうであればこそ、対象事例を死刑廃止活動のような非軍事的領域とするのか、それともESDPの代表例であるアルテミス作戦やアルテア作戦とするのかは、規範的パワー論において死活的に重要なポイントである。EUが非軍事的領域では規範的パワーとして

第3章 「規範的パワー」としてのEUをめぐる研究動向についての一考察

その存在意義を発揮し、軍事的領域では軍事的パワーとして行動するということは、それ自体としては全く矛盾しないからである。しかしマナーズは、かつて長きに渡って保たれてきたEUの規範的パワーは、EUの軍事化によって「損なわれる」と主張するものの、ESDPの発展に伴うEUの軍事化（したがって規範的パワーの喪失）が、マナーズが当初取り上げていた死刑廃止推進活動のような非軍事的活動を、具体的にはどのような過程を経て損なっていくのかについては、マナーズは明確には示していない。

　第四に、EUの軍事化が進展すれば進展するほど、従来EUが得意としてきた長期的・構造的紛争予防という手段はとられなくなるとするマナーズの議論は、「ハンマーを握れば世の中のすべてが釘にみえてくる」、「銃を手にした状態で森の中で熊に遭遇したら、当然のことながら銃で熊を倒す」という、まさにケーガンが描き出した米国的な対外政策行動の描写と符合する（Kagan 2003）。そうであるとすればこれは、マナーズが前述のディーズとの応酬であれほど明確に否定していたEUと米国との類似性が、まさに顕在化しつつあること、換言すればEUが米国的なパワーを限りなく志向しつつあることを示唆しているのである。しかし、自らが指摘するEUの軍事化という状況に鑑みて、現時点でのEUと米国との差異はどこにあるのかという極めて核心的な点について、マナーズは言及を行っていない。しかもマナーズは、前述のディーズとの共著において、規範的パワーの発揮という観点については、EUは米国を大きく凌駕する存在であることを確認している。この整合性をいかにとっていくかということは、規範的パワー論の今後において死活的に重要なポイントとなろう。

　とくにこの第四の点は、EUが（米国とは本質的に異なる）規範的パワーであるというマナーズの指摘が、実証研究によってどの程度支えられるのかを明らかにするという、今後の規範的パワー論の研究課題に極めて密接に関連するものである。そこで次節では、規範的パワー論全体をめぐる限界と課題を概観したのち、マナーズ以降の規範的パワー論の展開についてみていくこととする。

# Ⅳ 「規範的パワー」研究の広がりとその課題

### マナーズ以降の規範的勢力論にとっての課題

　以下では、規範的パワー論を用いた近年の研究動向について、以下の4つのカテゴリーに基づいて整理していきたい。第一は、理論的観点から、規範的パワーを批判的に検討するものである。第二は、第一のカテゴリーと同様、理論的観点から規範的パワーを再検討しつつ、規範的パワーに代替する概念を提示することを試みるものである。第三は、実証研究を通じて規範的パワー論の適用可能性を探るものである。そして最後の第四は、マナーズの枠組みを用いて、様々な国際アクターの「規範性」を理論的・実証的に「比較」するものである。

　第一のカテゴリーにおける代表的な研究例は、リアリズムの立場からの規範的パワー論批判である。とくにハイド＝プライスは、EUの外交政策における規範的な考慮がおかれるべき優先順位をめぐって規範的パワー論に反論する（Hyde-Price 2006; 2008）。これによると、EUの対外政策にとって最優先されるべきは「共通利益についての冷徹な計算」（Hyde-Price 2008: 44）であり、そこにはグローバル経済の文脈において加盟諸国の集合的な経済利益を推進することや、ヨーロッパをめぐる地域的環境を形成することなどが含まれる（ibid. 31）。これらの、EUにとっての「死活の利益」がかかっていない場合においてのみ、EUの対外政策において倫理的考慮が役割を果たす余地があるという。ただし、たとえEUが倫理的意図を有して開始した対外行動において、EUにとっての経済的、戦略的、政治的利益を追求するような行動が見られたとき、EUによる対外的な倫理的コミットメントは常に偽善の誇りにさらされるリスクを負うことになる。それでもなおEUが倫理的外交政策を追求すれば、2つの「悲劇的結果」――すなわちEUが、加盟国間の共通の利益を追求することが出来ない「脆弱なアクター」に転落し、さらにそもそも実現不可能な目標をあてどなく追求

する「十字軍的規範主義」に陥る——を生むことになる、とする (*Ibid.*: 44-45)。ハイド＝プライスは EU の外交政策に倫理的側面が存在することや、外交政策に倫理的側面を持ち出すことそのものに異議を唱えているわけではないものの、ハイド＝プライスの議論とマナーズの議論は、EU が自らの対外政策の行動原理として、なにを最優先すべきかをめぐって正面から見解を異にしている。今後の規範的パワー論に対する、おそらく最大の批判はリアリズムからもたらされると思われるため、今後の議論の動向が注目されよう。

　第二のカテゴリーは、規範的パワー論を批判的に検討しつつ、それに変わる新たな分析枠組みを提示するものである。その代表例が、「倫理的パワー」論であろう。学術誌『インターナショナル・アフェアーズ』の「倫理的パワーとしてのヨーロッパ」特集号の編集責任者であるアゲスダムは、倫理的パワー論を「政治的現実としてではなく、批判的検証のための枠組み」であり、「民生的・軍事的・社会的・物質的なパワーすべてを包含しながら、EU の外交・安全保障政策を再検討」(Aggestam 2008; 2) するものと定義している。しかし、このアゲスタムによる定義が一般的に確立されたものであるか否かについては、2008 年以降の研究動向をより詳細に検証することが必要である。しかも、この文脈における「倫理」と「規範」という2つの用語がどのように使い分けられているのかも、いまひとつ明白ではない。「倫理」と「規範」の違いを熟考したうえで「倫理」が選ばれたのではなく、単に「『規範』的パワー」の概念を超えるものとして「倫理」の用語を持ち出して来たに過ぎない印象もある。規範的パワー論の代替概念としてはこのほかに、メイヤーによる「ヨーロッパのグローバルな『責任』(Europe's global responsibility)」論や、ヴィーナーの「「多様性認識能力 (diversity awareness capability)」」などが存在している。どちらも、規範的パワー論の有する「普遍主義的バイアス」(Wiener 2008) や、旧態依然としたヨーロッパ中心主義的な「モデルとしてのヨーロッパ」(Mayer 2008) への批判の上に成り立つ概念ではあるが、こうした新たな概念は現在のところ、規範的パワーに迫る影響力を有している状況にはない。

IV 「規範的パワー」研究の広がりとその課題

　第三のカテゴリーは、EU 側のレトリックとしての「規範的パワー」論を、主にヨーロッパ外の立場から検証し、その実際の影響力を批判的に検討するものである。前述のとおり、マナーズによる規範的パワー論は、EU がどのように（いかに規範的に）行動するのかに焦点を当てるものであったが、これらの研究はそこから一歩踏み込み、EU による規範の伝播（および伝播の試み）がどのような具体的問題に直面するのかを、EU と各地域との関係を観察することを通じて明らかにしようとしたものである。現段階では、こういったタイプの実証研究が、ここで紹介する 4 つのカテゴリーの中で、数的にはもっとも多くなっている。そういった研究の例としては、たとえばバルベとヨハンソン＝ノゲスや、ハウカラによる欧州近隣諸国政策（ENP）研究が挙げられる。これらの研究は、ENP がまさに EU の規範的パワーを EU の近隣諸国に投影することを目的として出発したものの、その意図と実際の政策との間には大きな乖離があること、また EU 拡大とは異なり、加盟という報酬を伴わない EU の影響力の行使には正当性の観点からの疑問が残ることなどから、規範的パワーの投影という観点からは ENP は失敗しているといわざるをえないと論じている（Barbé and Johansson-Nogués 2008; Haukkala 2008）。これ以外に、EU による制裁の実施方法を検討したものや（Brummer 2009）、EU の対イスラエル政策を検討したものなどがあるが（Harpaz 2007）、これらの研究において EU の規範的パワーの有効性を肯定的にとらえる議論が少なくなっていることは非常に興味深いといえよう。

　第四のカテゴリーとしては、EU 外の大国と EU の規範的パワーのあり方を比較するものがある。代表例としては、米国、ロシア、インド、中国と EU の規範的影響力を比較することを試みたトッチらによる共同研究がある（Tocci ed. 2008）。この研究では、どのアクターにも一定程度の規範推進能力を認めつつ、各アクターの優先順位の高い規範がなんであるのかについても抽出を行っている。こうしたタイプの研究は体系的な共同作業を必要とすることもあり、その意味でもまだ緒についたばかりといえるが、今後の研究発展が期待される領域である。同時に、とりわけ EU の特殊性

91

第3章 「規範的パワー」としてのEUをめぐる研究動向についての一考察

をめぐり、マナーズのオリジナルの議論との整合性がどのようにとられていくのか注目される。

## ◆ むすびにかえて

　本章では、マナーズによって提示され、EUの対外政策の研究においてきわめて大きな注目を集めてきた「規範的パワー論」の研究動向についてレビューを行った。マナーズが2002年に提示した規範的パワーとしてのEUという分析枠組みは、これまでの民生的パワーをめぐる議論を再考させただけではなく、EU対外関係研究の新たな領域を切り開いたという点で、EU研究に大きな貢献を行ったといえるであろう。また本章では、2002年のマナーズの議論と、その後のマナーズ自身による新しい研究との間で齟齬が生じつつあることも指摘しはしたものの、このことはそれ自体で、規範的パワー論が今後様々な可能性を秘めた、発展途上の分析枠組みであることも示している。

　さらに、本章では詳しく検討することは出来なかったものの、マナーズは前述のとおり、規範的パワー論はEUの現状に対する描写にとどまらず、EUを規範的パワーならしめるための働きかけであることを明言している。こうした知的介入がEUの現実政治に果たして変化をもたらしうるのか、そうであるとすればそれはどのような変化なのか、こういった知的介入作業としてのEU研究をどのように考えればいいのか、といった点は、日本のEU研究においても大いに検証されるべきポイントなのであろう。その意味では今後も、規範的パワー論のさらなる進展が大いに注目されるところである。

　また、そもそもEUが伝播しようとする規範は、マナーズが前提とするほどに「コスモポリタン」で「普遍的」であるのか、という点は、今後一層の検証を必要とされる分野であろう。この点については、たとえばウォーラスティンは世界システム論の立場から、近代世界システムにおいて主にヨーロッパを舞台として権力が構築してきた普遍主義（およびその

レトリック）を、「ヨーロッパ的普遍主義」と呼び、それを「既存の世界秩序を正当化しようとする、道理に反した言説の極地」であるとして手厳しく批判した（Wallerstein 2006)[5]。このこととも関連するが、マナーズが規範の参照点として用いる国連や欧州評議会、様々な諸条約なども、真にグローバルな価値を体現したというよりは、ヨーロッパの文脈で形成された様々な価値観が体現、あるいは再利用されたものという見方も可能である。そうであるとすれば、EUが（自らの基本条約などだけではなく）「外部」のグローバルな価値を推進しており、そのために「消え行く仲介者」としての運命をたどろうとしている、というマナーズの主役そのものも、揺らぐことになりかねない。さらにその上で、本章でも強調したように、規範的パワーとしてのEUという概念枠組みが、EUと世界との関係構築をめぐる実証研究の側面からどの程度裏付けられるのかという点についても、今後一層の研究が進められなければならない。

## ◆ 参考文献

〈欧文文献〉

Aggstam, Lisbeth (2008) 'Introduction: Ethical Power Europe?', *International Affairs*, 84 (1): 1-12.

Balibar, Étienne (2003) 'Europe: Vanishing Mediator', *Constellations*, 10 (3): 312-38.

Barbé, Esther and Elisabeth Johansson-Nogués (2008) 'The EU as a Modest "Force for Good": the European Neighbourhood Policy', *International Affairs*, 84 (1): 81-96.

Bretherton, Charotte and J Vogler (2006) *The European Union as a Global*

---

[5] ウォーラスティンは同書でヨーロッパ批判を展開したのではなく、不平等から利益を得つつそれを正当化するような普遍主義のレトリックそのものを批判しているのであり、こうしたレトリックが近代ヨーロッパを主たる地盤として構築されてきたことからこれを「ヨーロッパ的」と称しているにすぎない。このためEUの対外政策そのものは完全に同書の対象外である。とはいえ、ウォーラスティンが示したようなヨーロッパ的普遍主義への懐疑は、マナーズが積極的に評価するEUの諸規範に対する直接的な批判として成立しうるだろう。

*Actor*, 2nd edn., London: Routledge.

Bull, Hedley (1982) 'Civilian Power Europe: A Contradiction in Terms?', *Journal of Common Market Studies*, 21 (2): 149-64.

Brummer, Klaus (2009) 'Imposing Sanctions: The Not So "Normative Power Europe"', *European Foreign Affairs Review*, 14 (2): 191-207

Carlsnaes, Walter (2006) 'European Foreign Policy', in Knud Eric Jørgensen, Mark A. Pollack and Ben Rosamond (eds.) *Handbook of European Union Politics*, London: Sage.

Christiansen, Thomas, Knud Eric Jørgensen and Antje Wiener (eds.) (2001) *The Social Construction of Europe*, London: Sage.

Council of the European Union (2003) 'A Secure Europe in a Better World: European Security Strategy', Brussels, December.

Diez, Thomas (2005) 'Constructing the self and changing others: reconsidering "normative power Europe"' *Millennium: Journal of International Studies* 33 (3): 613-36.

Diez, Thomas and Ian Manners (2008) 'Reflecting on normative power Europe', in Felix Berenskoetter and Michael J. Williams (eds) *Power in World Politics* (London: Routledge).

Duchêne, François (1972) 'Europe's Role in World Peace'. In Richard Mayne (ed.) *Europe Tomorrow: Sixteen Europeans Look Ahead* (London: Fontana), pp. 32-47.

Giegerich, Bastian (2008) 'European Military Crisis Management: Connecting ambition and reality'. Adelphi Paper 397, International Institute for Strategic Studies.

Harpaz, Guy (2007) 'Normative Power Europe and the Problem of a Lesitimacy Deficit: An lsraeli Perspective; *European Foreign Affairs Review*, 12(1):89-109.

Haukkala, Hiski (2008) 'The European Union as a Regional Normative Hegemon: The Case of European Neighbourhood Policy', *Europe-Asia Studies*, 60 (9): 1601-1622.

Hill, Christopher (1990) 'European foreign policy: Power bloc, civilian model – or flop?', In Rummel Reinhardt (ed.), *The Evolution of an International Actor*, Boulder, CO: Westview Press.

———— (1993) 'The capability-expectations gap', *Journal of Common Market Studies*, 31 (3): 305-28.

———— (2001) 'The EU's capacity for conflict prevention', *European foreign affairs review*, 6 (3). 315-334.

Hyde-Price, Adrian (2006) '"Normative" Power Europe: A Realist Critique', *Journal of European Public Policy*, 13 (2): 217-234.

———— (2008) 'A "tragic actor?" A realist perspective on "ethical power Europe"', *International Affairs*, 84 (1): 29-44.

Kagan, Robert (2003) *Of Paradise and Power: America and Europe in the New World Order*. New York: Alfred A. Knopf.

Kupchan, Charles (2002) *The End of the American Era: US Foreign Policy and the Geopolitics of the Twenty-First Century*, New York: Alfred A. Knopf.

Laïdi, Zaki (ed.) (2008) *EU Foreign Policy in a Globalized World: Normative Power and Social Preferences*. London: Routledge.

Leonard, Mark (2005) *Why Europe Will Run the 21st Century*, Public Affairs

Linklater, Andrew (2005) 'A European Civilising' Process?', in Christopher Hill and Michael Smith (eds.) *International Relations and the European Union*, Oxford: Oxford University Press, 365-87.

Manners, Ian (2002) 'Normative Power Europe: a contradiction in terms?', *Journal of Common Market Studies*, 40 (2): 235-58.

———— (2006a) 'The constitutive nature of values, images and principles in the European Union' in Sonia Lucarelli and Ian Manners (eds.) *Values and Principles in European Union Foreign Policy*, London: Routeledge.

———— (2006b) 'Normative Power Europe reconsidered: beyond the crossroad' *Journal of European Public Policy*, 13 (2): 182-99.

———— (2006c) 'The European Union as a Normative Power: A Response to Thomas Diez', *Millennium - Journal of International Studies*, 35 (1): 167 - 180.

———— (2006d) 'European Union "normative power" and security challenges', *European Security*, 15 (4): 405-21.

———— (2008a) 'The normative ethics of the European Union', *International Affairs*, 84 (1): 45-60.

―――― (2008b) 'The normative power of the European Union in a globalised world', in Laïdi, Zaki (ed.) (2008) *EU Foreign Policy in a Globalized World: Normative Power and Social Preferences*. London: Routledge.

Maull, Hans (1990) 'Germany and Japan: The New Civilian Powers,.' *Foreign Affairs*. 69 (5): 91-106.

Mayall, James (2005) 'The Shadow of Empire: The EU and the Former Colonial World', in Christopher Hill and Michael Smith (eds.) *International Relations and the European Union*, Oxford: Oxford University Press, pp. 292-316.

Mayer, Hartmut (2008) 'Is it still called "Chinese Whispers?" The EU's rhetoric and actions as a responsible global institution', *International Affairs*, 84 (1): 61-80.

Mouritzen, Hans and Anders Wivel (eds.) (2005) *The Geopolitics of Euro-Atlantic Integration*. London: Routledge.

Nicolaïdis, Kalypso (2004) 'The Power of the Superpowerless', in Tod Lindberg (ed.) *Beyond Paradise and Power*, London: Routledge.

Nicolaïdis, Kalypso and Robert L. Howse (2002) '"This is my EUtopia ...": Narrative as Power', *Journal of Common Market Studies*, 40, 767-792.

Nye, Joseph S., Jr. (2004) *Soft Power*, New York: Public Affairs.

―――― (2008) 'Notes on a soft-power research agenda' in Felix Berenskoetter and Michael J. Williams (eds) *Power in World Politics* London: Routledge.

Øhrgaard, Jacob C. (2004) 'International Relations or European integration: is the CFSP *sui generis*?', in Ben Tonra and Thomas Christiansen (eds.), *Rethinking European Union Foreign Policy*. Manchester, Manchester University Press.

Postel-Vinay, Karoline (2008) 'The historicity of European normative power', in Laïdi, Zaki (ed.) (2008) *EU Foreign Policy in a Globalized World: Normative Power and Social Preferences*. London: Routledge.

Reid, Tom (2004) *The United States of Europe: The New Superpower and the End of American Supremacy*, London: Penguin Press.

Sangiovanni, Mette E. (2003) 'Why a common security and defence policy is bad for Europe', *Survival* 45 (3): 193-206.

Scheipers, Sibylle and Sicurelli, Daniela (2007) 'Normative Power Europe: A

Credible Utopia?'. *Journal of Common Market Studies*, 45 (2): 435-457

Sjursen, Helene (2006) 'What Kind of Power? European Foreign Policy in Perspective'. *Journal of European Public Policy*, 13 (2): 169-71.

Smith, Karen (2000) 'The End of Civilian Power EU: A Welcome Demise or Cause for Concern?', *International Spectator*, 35 (2): 11-28.

Stavridis, Stelios (2001) '"Militarising" the EU: the Concept of Civilian Europe Revisited', *the International Spectator*, 36 (4): 43-50.

Tocci, Nathalie (ed.) (2008) *Who is a Normative Foreign Policy Actor? The European Union and its Global Partners*. Brussels: Centre for European Policy Studies.

Twitchett, K. (ed.) (1976) *Europe and the World: The External Relations of the Common Market*, New York: St. Martin's Press.

Wallerstein, Immanuel (2006) *European Universalism: The Rhetoric of Power*. New York: The New Press.（邦訳：山下範久『ヨーロッパ的普遍主義 近代世界システムにおける構造的暴力と権力の修辞学』明石書店〔2008〕）

Weiler, Joseph and Wolfgang Wessels (1988) 'EPC and the challenge of theory,' in Alfred Pijpers, Elfriede Regelsberger and Wolfgang Wessels (eds.) *European Political Cooperation in the 1980's: A Common Foreign Policy for Western Europe?* Dordrecht: Martinus Nijhoff.

Whitney, Nick (2008) 'Re-Energising Europe's Security and Defence Policy', European Council on Foreign Relations policy paper, July.

Wiener, Antje (2008) 'European Response to International Terrorism: Diversity Awareness as a New Capability?', *Journal of Common Market Studies*. 46 (1): 195-218.

Zielonka, Jan (1998) *Explaining Euro-Paralysis: Why Europe is Unable to Act in International Politics*, Basingstoke: Macmillan.

〈和文文献〉

植田隆子（2007）「共通外交と安全保障」植田隆子編『EU スタディーズ 1：対外関係』勁草書房

中村英俊（2004）「『民生パワー』概念の再検討――EU の対イラク政策を事例として」『日本 EU 学会年報』第 24 号

鶴岡路人（2005）「国際政治におけるパワーとしての EU――欧州安全保障戦略

第 3 章　「規範的パワー」としての EU をめぐる研究動向についての一考察

と米欧関係」『国際政治』第 142 号

## ◆第4章
## 2005年ブリュッセル・コンセンサスへの道程
### ――EU開発協力政策の再構築

大 隈　　宏

　はじめに
　I　バイ＋1――EU開発協力の半世紀
　II　コンセンサス・ビルディングの模索
　III　2005年ブリュッセル・コンセンサス
　　　――*European Consensus on Development*
　むすびにかえて

　欧州共同体は、独自の援助供与主体として、開発途上国に直接援助を行っている。同時にそれは、EUを構成する諸機関および加盟国との間における（援助政策の）「調整・連携」（federating）という重要な役割も担っており、DACの中では特異な存在である。共同体および加盟27カ国によるODAは、総計でDACメンバーによるODA総額の半分以上を占めている。他の多国間援助機関と比較した場合、共同体によるODAだけでも、国際開発協会（第二世界銀行）の援助額を上回っており、国連開発計画の援助額の数倍の規模に達している。……（略）……こんにち共同体は、開発計画および開発システムを、歴史の桎梏から解放された、より能動的かつ戦略的なEU開発協力ビジョンへと発展させようと試みている。これまでの10年間、EUは自己主張を強め、政治的存在としての地歩を強化していった。同時にこの時期、EUは、2001年9月11日を契機として世界の平和と安全の重要性が再認識されたのを受けて、世界テロリズムの脅威に対する敢然たる挑戦という決意を新たにした。こうしてEUは、以前にも増して、開発協力を外交政策手段の一環として位置づけるようになり、その結果、こんにちEU開発協力にかかわる諸機関は、ますます複雑化し、かつ政治化した環境の下で活動することになった。
　2005年、EUの開発政策は、共同体と加盟国の双方が依拠すべき共通のビジョンとなる*European Consensus on Development*の採択により、時代の変化に対応する新しいものへと改められた。それは、委員会が開発協力において担うべき二重の役割――委員会による開発協力が、加盟国による開発協力に比べて保持しう

第4章　2005年ブリュッセル・コンセンサスへの道程

る付加価値（独自性）の明確化、および委員会が援助供与主体として行う開発協力の改善——を重視するものであった。前回の *Peer Review*（2002年）以降、EUはさまざまな改善策を講じているが、なかでも *European Consensus* の採択は、戦略的にきわめて重要な成果といえよう。もっとも、その実現には幾多の難問が待ち構えている。……（略）……コンセンサスの実現に向けて、ビジョンを実効的な戦略へと、より明確なかたちで発展させることが次なる課題といえよう。制度的には、委員会による援助と加盟国によるバイラテラルな援助のそれぞれが保持する比較優位を、EU開発アプローチの全体的文脈においてどのように位置づけるかが、コンセンサスを実現する上での課題となろう。2007年5月、閣僚理事会は、委員会と加盟国との分業に関する新政策を決定した。

(OECD/DAC 2007, pp. 12-13)

### ◆はじめに

2009年3月30日、OECD/DACは、*Development aid at its highest level ever in 2008* と題して、2008年におけるDACメンバーによるODA実績（支出純額ベース／暫定値）を公表した。それによれば、2008年、DACメンバーによるODA総額は、対前年比10.2％増の1198億ドルと、史上最高額を記録した。それは、DACメンバーのGNI総額の0.30％に相当するものであった。ちなみに、ODA絶対額において上位5カ国を占めたのは、アメリカ、ドイツ、イギリス、フランス、日本であった。また、ODAの対GNI比0.7％という国際目標を達成したのは、デンマーク、ルクセンブルク、オランダ、ノルウェー、スウェーデンの5カ国であった。

なおDACに加盟するEU15カ国によるODA総額は、対前年比8.6％増の702億ドルを記録した。それは、DACメンバーによるODA総額の59％を占めるものであり、ODAの対GNI比は、0.42％であった。ちなみに、欧州委員会によるODAは、対前年比6.8％増の134億ドルに達した。それは主として技術協力および人道援助の増大によるものであった。

これらのハード・データから窺われることは、＜加盟国（15）＋欧州委員会（1）＞から構成されるEUが、OECD/DAC（事実上のGlobal Donor

はじめに

Community) において、絶対的に大きな存在となっているという事実である。それではEU自身、このような現実（2008年におけるODA実績）をどのように認識しているのであろうか。欧州委員会の第9次年次報告書の序文は、それを次のように総括している(European Commission 2009b, pp. 6-7)。

　2008年、EUのODAは、2006年実績から4ポイント増加――。世界ODA全体に占めるEUのシェアはほぼ60％に達し、引き続き世界第1位の援助供与主体としての地位を確保した。委員会による援助は、120億ユーロと、EU全体による援助の5分の1強に達した。EUの援助は、世界全体で160を超える国家や領域に供与されており、それは、貧困に対する闘い、および経済発展と民主主義の促進を目的としている。EUの援助においては、民主的なガバナンス（democratic governance）の構築が最優先課題とされており、世界中に派遣されている選挙監視ミッションの存在は、そうしたEUの決意を目に見えるかたちで示している。EUは、2007年と同じく2008年も、2005年3月2日に採択されたパリ宣言のガイドラインに沿って、そしてまた*European Consensus on Development*の原則に依拠して、より効果的な援助の実施に向けて、また多元的な開発アプローチの強化を目指して努力を積み重ねていった。EUは、国際フォーラムにおける牽引者として、ODAの効果的実施を目的とするAccra Agendaの準備作業に深く関与した。委員会は、2005年12月に採択された*European Consensus*のフォローアップの一環として、特に気候変動、エネルギー、研究、移民等の分野に焦点を当て、EU対外援助政策が、開発に影響を及ぼす他のEU諸政策との間に齟齬をきたすことのないよう、整合性の確保に努め、援助の実施に関しては、委員会は財政支援という形態による援助を精力的に試みており、現在ではそれが39％を占めるまでになっている。財政支援は、被援助国に自己の行動に責任を負うというオーナーシップを定着させ、より効果的かつ持続可能な援助を可能とするものである。……（略）……委員会は、加盟国と手を携えて（in unison with the Member States）、そしてまた国際援助共同体との緊密な連携の下に（in close liaison with the international donor community）、"more, better and faster aid"の実現に向けて邁進する決意である。

## 第4章　2005年ブリュッセル・コンセンサスへの道程

　フェレロ＝ヴァルトナー（B. Ferrero-Waldtner）対外関係／欧州近隣政策／EuropeAid 担当・欧州委員会委員がミシェル（L. Michel）開発／人道援助担当・欧州委員会委員の「合意の下に」公表したこの年次報告書――。それは、新しいミレニアムにおける欧州委員会による開発協力政策――＜EU 開発協力政策＞――の地殻変動を象徴的に物語っている。そもそも、この年次報告書の公刊自体、EU 開発協力政策の抜本的改革に向けた動きを内外にアピールするという政治的効果を狙ったものであった。

　それは、2000 年の活動を総括した第 1 次年次報告書（実際の公刊は、2002 年）の創刊の辞において、5 名の欧州委員会委員（対外関係、開発／人道援助、拡大、通商、経済／財務を所管する各委員）が、連名で以下のように EU 開発協力政策の根本的改革に向けた決意を披瀝したことに示されている。――①域外第三国に対する資金援助は、EU が基本的諸価値を実現し、21 世紀におけるグローバルな挑戦（課題）に立ち向かう上での重要な手段である。②欧州委員会による援助は、1990 年の 33 億ユーロから、2000 年には 93 億ユーロへと大幅に増加した。これは、世界 ODA 総額のほぼ 10％に相当する。③ 2000 年に欧州委員会は、委員会の全面的な行政改革の一環として、対外援助政策の抜本的な改革に着手した。それは、（特定の開発途上国ではなく）すべての開発途上国を対象として、貧困削減という包括的な目標の下に、優先分野を絞り込んで集中的に援助を行い、開発途上国の世界経済へのよりスムーズな統合を図ろうとするものである。④厳格な財務管理の下に、援助の質を向上させ、時機に適ったプロジェクトが確実に実施できるような体制を構築することも、援助政策改革の重要な課題である（European Commission　2002b, p. 3）。

　かりに開発協力を、従属変数（開発協力の目標）、媒介変数（目標達成のための手段）、独立変数（開発協力の主体）という 3 つの位相に区分した場合、従属変数と媒介変数に関しては、第 9 次報告書は、第 1 次報告書の基本的スタンスをさらに推進・強化させるものであった。すなわち、両報告書を貫く基本的な問題意識は、欧州委員会を取り巻く域内環境および域外環境の構造変動に対応して、EU 開発協力政策を抜本的に再構築することが急

はじめに

務の課題であるという強い危機意識であり、それは具体的には、開発協力の政治化（経済的コンディショナリティ＋政治的コンディショナリティ）、ひいては安全保障という文脈における開発協力の積極的な位置づけ（securitisation）に他ならなかった[1]。歴史的に、アメリカひいてはブレトン・ウッズ機構（IMF・世界銀行）主導による国際開発協力レジームからは敢えて一線を画してきたEUも、南北開発協力の新モデル（ロメ・レジーム）というブランド価値を投げ捨てて、東西冷戦構造崩壊後のGlobal Donor Communityの基本潮流──＜ワシントン・コンセンサス＞──への傾斜を深めていったのである[2]。ただし第9次報告書において強調しているように、EUはたんなるTop Donorの地位に甘んじることなく、さらにLeading DonorとしてGlobal Donor CommunityにおけるEUの影響力強化（ハイジャック？）を模索していったのである。

　独立変数に関しては、第9次報告書は、第1次報告書を飛躍的に充実させ、具体的な成果を列挙する内容となっている。それはいうまでもなく、この間におけるEU開発協力「体制」の抜本的改革に向けたダイナミックな動きを反映している。すなわち、第1次報告書においては、開発協力体制の改革は、あくまでも欧州委員会の機構改革という大枠に限定されていた。もちろんそれ自体、当時の時代状況の下においてはきわめて挑戦的な試みであった。歴史的に聖域視されてきた開発協力の伏魔殿にメスを入れることは、ほぼ半世紀にわたり構築されてきた既得権益の構造に真っ向から反旗を翻すことに他ならなかったからである。第9次報告書によれば、EUは、それに満足することなく、＜加盟国＋欧州委員会＞というEU開発協力における二重構造の問題にまで、構造改革の対象を外延的に拡大していったのである。2005年の *European Consensus on Development* の採択は、その1つの到達点であり、引き続きEUは、OECD/DACのパリ宣言およびAccra Agendaを梃子として効果的な援助の実現を追求し、その

---

[1] 開発協力の政治化、ひいては超政治化に関しては、大隈（2008）を参照。
[2] 構造調整政策に象徴されるワシントン・コンセンサス、およびそれに対するEU、とりわけフランスの反発に関しては、Brown（2004）を参照。

第4章　2005年ブリュッセル・コンセンサスへの道程

一環として、加盟国によるバイラテラルな援助と委員会による援助の算術的総和というダブル・トラック・システムからの超克を宣言したのである。

本章は、こうした新ミレニアムにおけるEU開発協力政策をめぐる新たな動きを、ブリュッセル・コンセンサスの構築、すなわち欧州委員会主導によるEU開発協力政策再編成の試みとして位置づけ、その政治過程を浮き彫りにしようと試みるものである。

# I　バイ＋1──EU開発協力の半世紀

周知のように、こんにちのEUの原点はEECであり、それはローマ条約（EEC設立条約）を法的根拠の1つとしている。それでは、1957年3月に調印されたローマ条約において開発協力の問題はどのように位置づけられたのであろうか。その規定は、EECがEC、さらにはEUへと発展（変容）する過程でどのように変化していったのであろうか。その変遷の過程で、欧州委員会と加盟国は、どのような政治力学を展開したのであろうか。その基本構図は、以下のとおりである。

### 1　歴史的偶然の制度化

海外の地域及び領土の連合（Association of the Overseas Countries and Territories）と題するローマ条約第四部は、その冒頭で、「構成国は、ベルギー、フランス、イタリア及びオランダと特別の関係を有する非欧州の地域及び領土を共同体に連合させることに同意する。……この連合の目的は、これらの地域及び領土の経済的及び社会的発展を促進すること、並びにこれらの地域及び領土と共同体全域との間に緊密な経済関係を樹立することにある」と高らかに宣言した。そのうえで、「連合の詳細及び手続きは、本条約の効力発生後最初の5年間は、本条約に附属する適用協定により定められる」と規定した。こうしてEEC加盟国は、有効期間5年の適用協定を締結し、連合の名の下に、①海外の地域及び領土（OCT, Overseas

Countries and Territories) に対して、②その発展に向け、かつその実現に第一義的責任を保持する宗主国の活動を補完 (supplement) する目的で、③共同体予算からは独立し、各加盟国が5年間にわたり自発的に拠出する年次分担金から構成される開発基金 (Development Fund for the Overseas Countries and Territories[3]) を設立し、④委員会による管理運営の下に、包括的な支援を行うことに合意したのである。

　これが、こんにちの EU 開発協力のルーツ（原型）である。それは、「後進的な低開発地域」に対し、EEC 加盟国がそれぞれ独自に展開する支援（バイ）に加えて、新たに設立される EEC が、加盟国の植民地に対して、委員会の所管の下に、追加的な支援（＋1）を行おうとするものであった。とはいえそれは十分な検討を経て下された決定ではなかった。むしろそれは、歴史的偶然の所産であった。すなわち、第四部規定は、植民地経営の負の遺産（コスト負担）に苛まれていたフランスが、西ドイツおよびオランダに対して展開した政治力学（恫喝外交）の産物であった。EEC の設立を人質としてフランスは、ローマ条約締結交渉の最終段階において、EEC が加盟国の植民地（その大部分は、フランス植民地）を「連合させる」ことを強硬に主張し、それを明文化させることに成功したのである。フランスは、EurAfrica 構想の一環として、連合（L'association）を梃子に、＜バイ＋マルチ＞という政策手段を通じて、植民地経営のコスト負担軽減と植民地との関係の維持・強化という一石二鳥を図ったのである[4]。

　とはいえ、この第四部連合（対象とされた OCT は、31 を数えた）は、あくまでも政治的妥協の産物であり、暫定的なものでしかなかった。それは、適用協定の有効期間が5年間に限定されたことにも示されている。そもそも、OCT の多くは、1960 年の＜アフリカの年＞に象徴されるように、つぎつぎと植民地支配から離脱し、独立国家として国際的当事者能力（主権）を獲得していった。それは、EEC が一方的に OCT を連合させるという第四部連合の基本原理そのものを根底から覆すものであった（ただし現在でも、

---

(3) 適用協定に基づき設立された開発基金が、欧州開発基金となった。
(4) 詳細は、前田（2009）および Claeys（2004）を参照。

## 第 4 章　2005 年ブリュッセル・コンセンサスへの道程

デンマーク、フランス、オランダ、イギリスに属する約 20 の OCT が第四部連合に組み込まれている)。こうして EEC は、ほどなくして、「共同体は、第三国、国家連合又は国際機関と、相互主義的な権利及び義務、共同の行動及び特別の手続を特色とする連合を創設する協定を締結することができる」と規定したローマ条約第 238 条を根拠規定とする連合協定の締結を模索していった。その 1 つの到達点が、1963 年 7 月、EEC6 カ国と 18 カ国の AASM (Associated African States and Madagascar) 諸国が、カメルーンの首都ヤウンデで調印したヤウンデ協定である。それは、一方に EEC、他方にローマ条約第四部に基づき EEC に連合された旧植民地国が、対等な主権国家として、自由意志に基づき、それまで積み重ねてきた特別な関係を、あらためて国家間の契約というかたちで継続させる決意であることを内外に表明するものであった (同協定は、1969 年 7 月、第 2 次ヤウンデ協定として更新された)。

それからほぼ 10 年後の 1975 年 2 月、EEC 9 カ国と 46 カ国の ACP 諸国 (African, Caribbean and Pacific States) は、トーゴの首都ロメでロメ協定に調印した。第 1 次拡大 (1973 年 1 月) により新たにイギリスを加盟国として迎え入れた EEC は、旧フランス植民地国と旧イギリス植民地国 (コモンウェルス諸国) を ACP 諸国グループとして大同団結させ、そのうえで、EEC との間に、包括的な「地域間」経済協力協定を締結したのである。それは、対話と交渉による合意の形成、協定に基づく法的安定性の確保、共同運営を担保する諸制度の設立、貿易と援助の一体化、非相互主義原則に基づく逆特恵の廃止、一次産品輸出所得安定化制度 (STABEX) の創設……等を特徴とするものであり、南北開発協力における新しいモデル、あるいはミニ NIEO として国際社会から大きな注目を集めていった。

さらにそれから 25 年を経過──。2000 年 6 月、EEC15 カ国と 77 カ国の ACP 諸国は、ベナンの首都コトヌでコトヌ・パートナーシップ協定に調印した (有効期間 20 年。2005 年 6 月改訂。EEC：25 カ国、ACP 諸国：78 カ国)。それは形式的には、第 4 次ロメ改訂協定の失効にともなう措置であり、5 次にわたり積み重ねられてきたロメ協定の成果 (Lomé aquis) の継承

を謳うものであった。しかしその実態は、ロメ・レジームに対する訣別宣言に他ならなかった。新国際経済秩序の樹立が叫ばれた1970年代後半に一世を風靡した Lomé Spirit は、東西冷戦構造の弛緩・崩壊により国際社会が激しく揺れ動いた1990年代には Lomé Fatigue に主役の座を譲った。やがて新ミレニアムへの移行とともに、ロメ・レジームは、＜連合からパートナーシップへ＞と主導原理を大転換させ、新たなレジームへと移行していったのである。

　ローマ、ヤウンデ、ロメ、そしてコトヌ――。欧州防衛共同体構想の挫折というトラウマを追い風として、フランス主導の下に産声をあげた EEC 開発協力は、旧植民地国との特別な関係の展開という地域連合政策を基軸として制度化を積み重ねていった[5]。それは、地域連合政策の財政基盤を構成し、EEC 開発協力の象徴的存在となった欧州開発基金（EDF, European Development Fund）が、10次にわたり中断されることなく設立されたことからも窺われる。とはいえその軌跡は決して平坦ではなかった。加盟国間で5年ごとに繰り返される分担金交渉は、回を重ねるごとに熾烈なものとなっていった。それは、現象的には＜リージョナル・アプローチ vs. グローバル・アプローチ＞という EEC 開発協力の基本哲学をめぐる対立であった。しかしその背後に、複雑なナショナル・インタレストが介在していた。ロメからコトヌへの移行は、ドイツやオランダを中心とするグローバル・アプローチの勝利宣言に他ならなかった。いうまでもなくそれは、域内・域外環境の変化を梃子とするものであった[6]。

---

(5)　地域連合政策の歴史的変遷に関しては、European Commission (2008a) を参照。
(6)　1990年代以降、旧植民地国の囲い込みを柱とする地域連合政策は、急速にその比重を低下させていった。それは、ACP 諸国をピラミッドの頂点とする特権構造の崩壊を意味し、かわりに中・東欧諸国を頂点とする新たなピラミッド構造が構築された。こうした変化に関しては、大隈 (2007) を参照。

第 4 章　2005 年ブリュッセル・コンセンサスへの道程

## 2　マーストリヒト条約による新たな制度化

　6 カ国間のパワー・ポリティックスの産物として誕生し、確固たるグランド・デザインなしにアド・ホックな対応を積み重ねていった EEC 開発協力——。とはいえそれは、現象的には、制度化への道を着実に進むものであった。とりわけ、ロメ・レジームは、開発協力における新しい実践的パラダイムとして国際社会の強い関心を集めていった。ただしそれは、高く設定された所期の目標（期待値）に応えるだけの成果を生み出さなかった。ほどなくしてロメ・フィーバーは過去の神話となり、Lomé は、南北開発協力の＜モデル＞の地位から、実体をともなわない政治的＜シンボル＞へと転げ落ちていったのである[7]。25 年間におよぶロメ・レジームの後半生は、理想主義から現実主義への転換（Splendid Isolation の放棄、および Global Donor Community への合流）、ひいては新しいレジームへのスムーズな移行を模索する残務整理（清算）の時代であった。それでは、EEC 開発協力を挫折へと追いやった構造的要因は何であろうか。いうまでもなくその 1 つは、EEC 開発協力に固有の、＜バイ＋1＞という二重構造（Shared Competencies）の問題であった[8]。

　そもそも EEC 開発協力は、現実が先行するかたちで後追い的に制度化を積み重ねており、必ずしも厳密な意味での根拠規定に裏付けられるものではなかった。すなわち、ローマ条約第四部および第 238 条は、いずれも既成事実を事後的に正当化（合法化）するための法的擬制としての性格を色濃く保持していた。EEC 開発協力が、正式に法的基盤を付与されたのは、1992 年 2 月のことであった。すなわち、マーストリヒトで調印された欧州連合条約（Treaty on European Union）により初めて EEC 開発協力は、明確な根拠規定を獲得したのである。それは、委員会（＋1）と加盟国（バイ）との協同関係に関して、初めて公式かつ法的にマンデートを付与するものであった。

---

(7)　Arts and Dickson eds.（2004）は、このような観点からのアプローチを試みている。
(8)　この点に関しては、Grimm（2008）を参照。

一般にマーストリヒト条約と呼ばれる欧州連合条約においては、開発協力に関する諸規定（第130u条－第130y条）が、第XVII編として設けられた。まず冒頭の第130u条において、＜共同体の開発協力政策は、加盟国により追求される政策を補完するものである（complementary）＞との基本認識が宣言された。それは、ともすれば二次的（周辺的）イシューとして法的真空状態のまま放置され、加盟国が繰り広げる域内政治のアリーナで取り上げられることも稀であったEEC開発協力政策を、加盟国が、EU共通政策の一翼を担う重要かつ独立した活動領域へと格上げし、その政治的効用を正式に認知するものであった。いうまでもなくその背景には、マーストリヒト条約においてEUの第2の柱と位置づけられたEU共通外交安全保障政策（CFSP, Common Foreign and Security Policy）の構築があった。すなわち、政府間主義（Inter-Governmentalism）を主導原理として、＜連合およびその加盟国は、外交および安全保障政策のすべての領域を対象とする共通外交および安全保障政策を策定し、実施する＞ことを謳ったCFSPは、その目的として、伝統的な外交安全保障目的に加えて、①あらゆる方法による（in all ways）連合およびその加盟国の安全保障の強化。②国際協力の促進。③民主主義および法の支配の発展と強化、ならびに人権および基本的自由の尊重を掲げており、それは必然的にEEC開発協力政策との緊密な連携を不可欠としたからである。

　その上で同規定は、共同体開発協力の具体的な目的として、優先順位をつけずに、並列的に、①開発途上国、とりわけ最貧開発途上国の持続的な経済的および社会的発展。②開発途上国の世界経済への円滑かつ漸進的な統合。③開発途上国における貧困に対する闘い（挑戦）を推進することを掲げた。それはまさに、1980年代から1990年代への移行の時期におけるGlobal Donor Communityの基本戦略を忠実に反映するものであった。さらに、同規定においては、そうした狭義の開発協力目的に加えて、東西冷戦構造崩壊後に顕在化した開発協力の政治化（政治的コンディショナリティの強化）を反映して、次のように高度に政治的な課題、すなわち①民主主義の発展・強化および法の支配に対する貢献。②人権および基本的自由の尊

重に対する貢献も、共同体による開発協力の目的として謳われた。いうまでもなくそれは、CFSPと連動するものであり、またこれまでEEC開発協力が享受してきた政治的中立性という効用（付加価値）を放棄するものであった。

つづく第130v条においては、＜共同体は、共同体が実施する政策が開発途上国に影響を及ぼす可能性がある（likely to affect developing countries）政策においては、第130u条において掲げられた目的を考慮する＞旨が規定された。それは、共同体が追求するさまざまな共通政策相互間に整合性を確保することの必要性を確認するものであり、開発協力政策の外延的拡大への道を開くものであった。さらに第130x条において、開発協力の分野における委員会と加盟国の協同関係が、以下のように規定された。――①共同体と加盟国は、開発協力に関する政策を調整し（coordinate）、相互の援助プログラムに関して協議を行う（consult）。なおそこには、国際機関や国際会議における政策の調整やプログラムの協議も含まれる。②共同体と加盟国が、共同行動を展開することも可能である。③加盟国は、必要に応じて共同体による援助プログラムの実施を支援する。④委員会は、加盟国との政策調整の促進（promote the coordination）に向けて、有効と考えられるさまざまな手段を講ずる（take any useful initiative）ことができる。なお最後の第130y条では、共同体と加盟国が、それぞれの権限の範囲内において、第三国および当該国際機関と協力すべき旨が謳われた。

このように、EEC開発協力の歴史において、1992年マーストリヒト条約の締結は、重要な分水嶺となった。これによりEEC開発協力は、法的基盤の整備という新たな制度化を達成したのである。それはまた、従属変数の政治化に対応しうる、媒介変数、ひいては独立変数の根本的変革に法的お墨付きを付与するものであった。こうして委員会は、マーストリヒト条約第XVII編の諸規定を武器として、二重構造の克服に向け、積極的にイニシアティブを行使することが可能となったのである。

## Ⅱ　コンセンサス・ビルディングの模索

　＜バイ＋１＞というダブル・トラック・システムが、EEC 開発協力の効果的・効率的な遂行に対する構造的阻害要因となっており、Global Donor ／ Top Donor としての EU の国際的存在感（visibility）の希薄化を招いているという点においては、＜バイ＞（加盟国）と＜＋１＞（委員会）との認識に大きな食い違いは存在しなかった。ただし、そのような状況に対する危機意識は、両者間で著しく異なっていた。いうまでもなく、二重構造の根本的な変革を強く志向したのは、委員会であった（ただし、委員会を構成する諸総局間には、その重要性・緊急性に関して温度差が存在した）。他方、加盟国の大勢は、そうした委員会のイニシアティブに対して、むしろ消極的であった。こうして委員会は、加盟国という大きな壁を相手に、＜一方的に心情を吐露し、不毛な独り相撲を繰り返す＞（double monologue）羽目となったのである。とはいえ、そうした加盟国の姿勢は、新しいミレニアムへの移行と軌を一にして顕在化した域外環境の激変により、二重構造の是正という積極姿勢へと転じていった。こうして、EEC 開発協力の「正常化」に向けて、委員会と加盟国はそれぞれの思惑を内に秘めながら、コンセンサス・ビルディングへの道を一挙に加速していったのである。その軌跡は、以下のとおりである。

### 1　モノローグからモノローグへ

　EEC 開発協力の財政基盤を構成する EDF ——。5 年ごとに繰り広げられる設立交渉の場は、加盟国間のナショナル・インタレストを調整する高度に政治的かつ閉鎖的なアリーナであり、委員会には参加資格が付与されなかった。さらに、コンセンサスに基づき、各国毎に割り振られた分担金は、各年度毎、プロジェクトの進捗状況に応じて、3 段階に分けて委員会に振り込まれるものとされ、プロジェクトの停滞により予算の執行が遅れた場合には、各加盟国はそれぞれの国内規定に基づき、未使用の資金を自

## 第4章 2005年ブリュッセル・コンセンサスへの道程

由に処理する権限を保持した[9]。委員会が、Budgetisation（Communitisationや Europeanisation という表現が用いられる場合もある）の名の下に、繰り返し主張したのは、このような加盟国により規定・拘束される財政基盤の抜本的な改革であった。すなわち委員会は、EDF の財政基盤を共同体予算へと一元化することにより、①真の意味での、EEC 共通開発協力政策の推進が可能となる。② EEC 開発協力政策に対する欧州議会のコントロールが可能となる。③分担金比率をめぐり5年毎に繰り広げられる加盟間の対立（非生産的な駆け引き）が根本的に解消される。④柔軟な資金運用が可能となる——という論拠の下に、EDF の構造改革を強く求めたのである。とりわけ、こうした委員会の Budgetisation の主張は、独自財源による EU の運営および欧州議会の予算権限強化を謳った1970年以降、繰り返し強調されていった（第4次 EDF－第6次 EDF）。それはちょうど、EEC がロメ・レジームを発足させ、南北開発協力のリーダーとして国際社会にその存在をアピールしていった時期。そしてまた、EEC 開発協力において地域連合政策、すなわち旧植民地国（ACP 諸国）との関係が圧倒的に大きな比重を占めていた時期と軌を一にするものであった。

それではこのような委員会（＋1）の働きかけに対して、加盟国はどのように対応をしたのであろうか。そもそも加盟国にとって、主たる問題関心は EEC という枠組みにおける域内協力関係の強化であり、域外関係の比重はきわめて小さなものでしかなかった。とりわけ、開発協力は歴史的偶然の産物であり[10]、開発問題を担当する委員会委員のポストが1958年から1985年まで一貫してフランスにより独占されてきたという事実（なお開発総局長のポストは、バランスをとるために西ドイツの指定席とされた）に端的に示されるように、＜フランスが、フランスのために、制度、人材、資金、理念、政策＞を EEC に提供（移植）することにより成立したものであった。その意味でも、開発協力の問題は、加盟国の強い関心を集めるものではな

---

(9) 詳細は、Goodison（2006）を参照。

(10) *Courier* とのインタビューにおいて Frisch はこの点を強調している。European Commission（2008a）, pp. 11-14.

かった。さらに 1960 年代以降、南北問題の発見によりバイラテラル・レベルで開発協力を開始した多くの加盟国にとって、国民から集めた税金を原資とする開発協力は、ナショナル・インタレストに対する寄与というかたちで納税者に還元されてしかるべきであるとの考え方が支配的であり、その限りにおいて国家主権の中枢（聖域）として位置づけられるものであった。もちろん、加盟国は二重構造のデメリットを無視するものではなかった。とはいえ、委員会主導による「正常化」の試みは、大きなリスクを孕むもの（国家主権に対する侵害）として加盟国から拒絶される運命にあった。それは、マーストリヒト条約の締結により、委員会に加盟国との政策調整という法的マンデートが付与された 1990 年代半ば以降においても例外ではなかった。政策調整という法的マンデートが現実のものとなるためには、域外環境からの強力なインパクトを必要としたのである。

## 2　ミレニアム・チャレンジ

　新千年紀への移行前夜の 1990 年代後半──。EEC 開発協力を取り巻く域内・域外環境は激しく揺れ動いた。とりわけ、委員会を襲った機構改革の嵐は、それまで聖域視されてきた開発協力の牙城に鋭いメスを入れ、開発協力の基本理念および基本戦略そのものを根底から問い質すものとなった。こうして、国連ミレニアム・サミット（2000 年 9 月）の余韻がまださめやらぬ 2000 年 11 月、閣僚理事会と委員会は、*The European Community's Development Policy*（DPS, *Development Policy Statement*）と題する＜共同宣言＞（全 44 パラグラフ）を採択した。それは直接的には、一連のスキャンダルにより当事者能力を低下させ、加盟国からの信認を喪失した委員会所管による開発協力の再構築を図るものであった。すなわちそれは、コトヌ・パートナーシップ協定の調印（2000 年 6 月）に象徴される EEC 開発協力の新たなベクトルを失速させることなく持続させ、それを求心力として EEC 開発協力の全面的なオーバーホール（overhaul）を加速させようという加盟国の強い政治的意思を示すものであった[11]。それは二重の意味においてグローバル・アプローチを追求するものであった。すなわち DPS は、

*113*

## 第4章 2005年ブリュッセル・コンセンサスへの道程

＜すべての開発途上国＞を対象として、きわめて＜包括的な＞開発協力を展開することを宣言したのである。

共同宣言において、＜委員会の人的資源（能力）には限界がある。従って、委員会の開発協力は、貧困の削減という主要課題の実現に向けて、委員会が付加価値をもたらしうる得意な分野に特化・限定されるべきである。……このような観点から、閣僚理事会は、開発協力を6分野に集中させようという委員会の提案を承認（approve）する＞と謳い[12]、さらに＜委員会による開発協力をより効果的かつ効率的なものとするためには、① EEC開発協力政策とその他の EEC 共通政策との間、および② EEC 開発協力政策（＋1）と加盟国の開発政策（バイ）との間に、より緊密な関係（closer link）を構築することが必要である＞と強調したのは、新たな挑戦を行おうとする加盟国の強固な現実主義を物語っている[13]。こうして宣言では、第一に、「調整」（coordination）の名の下に、①委員会と加盟国との間の緊密な政策調整の推進。②ブレトン・ウッズ機構や国連諸機関、さらには被援助国との対話の促進。③ EU 全体としての首尾一貫した、かつ一元的な行動の推進。④国際社会における EU の存在（visibility）の強化が謳われた。ついで第二に、「相互補完性」（complementarity）の名の下に、①＜バイ＞と＜＋1＞との相互補完的関係の強化、および分業関係（division of labour）の改善。② Global Donor Community（ブレトン・ウッズ機構や国連諸機関、および他の援助国）との関係強化が謳われた。第三に、「整合性」（coherence）の名の下に、持続可能な開発という究極目標の実現に向け、① EEC が展開するさまざまな共通政策が相互に矛盾しないようにする。②開発途上国に影響を及ぼしうる共通政策の策定および実施においては、常に開発政策目標を考慮に入れる旨が謳われた。

いうまでもなく、この DPS の内容それ自体は、基本的に1992年マース

---

[11] Council of the European Union and the European Commission (2000), 第5パラグラフ。
[12] *Ibid.*, 第13パラグラフ。
[13] *Ibid.*, 第23パラグラフ。

トリヒト条約第 XVII 編の再録であり、必ずしも新規性に富むものではなかった。とはいえ、閣僚理事会と委員会が、法的拘束力はないとはいえ、＜共同宣言＞というかたちでその重要性を再確認したことの政治的意義は小さくなかった。この＜バイ＞と＜＋1＞との＜コンセンサス＞は、新ミレニアムを彩る、以下の一連の動きと連動して強力な政治的ダイナミズムを獲得し（ポジティブ・フィードバック）、EEC 開発協力の基本的方向性を指し示すベンチマークとしての地歩を確立していった。それは、新たなコンセンサスの構築、すなわち 2005 年ブリュッセル・コンセンサスへの道を切り開くものとなった。

2001 年 2 月、閣僚理事会は、Everything but Arms Initiative の実施を決定した。それは、最貧開発途上国の EU 市場向け輸出産品のうち、武器以外のすべてを関税および輸入数量制限の対象から除外し、EU 市場への自由アクセスを保証するものであった。いうまでもなくそれは、目前に迫った国連最貧開発途上国会議へのアピールを狙ったものであり、さらには来るべき WTO ラウンド交渉を視野に入れるものでもあった[14]。

2001 年 5 月、第 3 回国連最貧開発途上国会議がブリュッセルで開催された。それは EU がホストを務める初めての大規模な国連会議であり、貧困削減および最貧開発途上国問題に対する EU の熱意を国際社会にアピールする政治的シグナルとなった。

2002 年 3 月、バルセロナで開催された欧州理事会は、目前に控えた国連開発資金会議（3 月 18 日 - 22 日、メキシコ・モンテレイ）に向けて、① EU は、一丸となって国連ミレニアム・サミットで合意されたミレニアム開発目標（MDGs, Millennium Development Goals）の達成に努力する。② EU は、具体的な数値目標および達成期限を設定して、ODA の量的・質的改善に努力する。③各加盟国は、ODA の対 GNI 比 0.7％という国連目標の達成に努力する。④ 2006 年までに、EU 全加盟国の ODA 総額の対 GNI 比が

---

[14] 2001 年 11 月 14 日、ドーハで開催された WTO 閣僚会議は、開発途上国問題を中心課題とする多角的貿易自由化交渉（Doha Development Agenda）の開始を決議した。

## 第4章 2005年ブリュッセル・コンセンサスへの道程

少なくとも 0.33％に達するよう努力する。⑤委員会は、2004 年までに、OECD/DAC の基準等に基づき、開発協力政策の調整（coordination）および諸手続きのハーモナイゼーション（harmonization）に向けて、その進捗状況をモニターするための具体的な措置を講ずることを確認した（バルセロナ・コミットメント）。

2003 年 12 月、欧州理事会は、*A Secure Europe in a Better World: European Security Strategy* を採択した。それは、2001 年 9 月 11 日の米国同時多発テロの勃発、およびその後のアメリカの単独行動主義への傾斜という未曾有の事態に直面した EU が、新たな包括的安全保障ドクトリンでそれに立ち向かおうとするものであった。そこでは、＜安全の確保こそ開発の前提条件であるが、多くの国々や地域は、≪紛争・不安定・貧困≫という悪循環に陥っている＞との基本認識の下に、More Active, More Capable とならぶ第 3 の柱として、More Coherent な政策展開の必要性が強調された。それは、＜ EEC 開発協力政策、EDF、加盟国の保持する軍事力や民生力等の諸手段をフルに動員して、EU が新たな脅威に挑戦すべき＞旨を訴えるものであった[15]。

2005 年 3 月、OECD/DAC は、*Paris Declaration on Aid Effectiveness: Ownership, Harmonisation, Alignment, Results and Mutual Accountability* と題する宣言を採択した。それは、2015 年という MDGs の達成期限に向けて、Global Donor Community と開発途上国の双方が、効果的援助の実施を共通の目標として、実践的かつ具体的なロードマップの作成を試みるものであった。

2005 年 4 月、委員会は、*Policy Coherence for Development* と題する文書を発出した。それは、MDGs を達成するためには、開発協力政策と非開発協力政策（Non-development policies）との Policy Coherence の確保が不可欠との認識に基づき、貿易、環境、安全保障、農業、漁業、労働・雇用、移民、研究開発、情報化、運輸、エネルギーの諸分野を優先分野として位置づけ、開発協力政策との Coherence 確保に向け、具体的な行動を提起す

---

[15] European Council（2003），p. 13.

るものであった。なお、この委員会による政策提言に応えるかたちで、5月には、閣僚理事会において Policy Coherence の重要性が改めて確認され、併せて委員会に対し、MDGs の達成に向けた EU のコミットメントの進捗状況をモニターし、定期的に報告書を作成するよう求めた。いうまでもなく、こうした委員会と閣僚理事会の共同歩調は、同年9月に開催予定の国連ミレニアム宣言の「レビュー・サミット」（Millennium Summit ＋ 5）を念頭に置くものであった。

## III 2005年ブリュッセル・コンセンサス
### —— *European Consensus on Development*

　2005年11月－12月、閣僚理事会と委員会による採択、およびそれに続く欧州議会による承認――。このような手順を経て成立した EU 開発政策に関する「共同声明」が、*The European Consensus on Development*（ECD）である。それは、ブリュッセルを拠点として EU を構成する3機関の合意という点において、文字通り＜ブリュッセル・コンセンサス＞であった。またそれは、＜バイ＞に付属する＜＋1＞として、あるいは "Just Another Donor" としてともすれば加盟国から疎んじられ、長い間モノローグを強いられてきた委員会が、加盟国の「パートナー」として正式に認知され、自らのイニシアティブの下に、ダブル・トラック・システムの構造的再編成という悲願を大きく前進させた瞬間であった[16]。閣僚理事会と委員会による ECD の採択を報じた委員会プレス・リリースは、次のようにその歴史的意義を強調している[17]。――50年におよぶ開発協力の歴史において初めて、委員会、欧州議会、そして閣僚理事会が、EU 加盟25カ国および共同体が開発協力を行うに際して準拠すべき共通の中核的目的、諸価値、諸原則、およびリソースについて合意に到達した。この合意は、"more consistent, coordinated and effective" な援助を行うための前提条件である。それはまた、世界最大の援助供与主体としての EU のグローバル・パ

---

(16)　OECD/DAC（2002a）を参照。
(17)　European Commission（2005e）.

第4章 2005年ブリュッセル・コンセンサスへの道程

ワーとしての政治的役割の強化を可能とするものである。

以下、ECD の成立過程およびその基本構造を概観してみよう。

## 1　通過儀礼

2000年11月に閣僚理事会と委員会が採択した EEC 開発協力に関する共同宣言、すなわち DPS は、内容的にはきわめて包括的であり、歴史的にも画期的な政策文書であった。とはいえ、EEC 開発協力に固有の二重構造の問題に対するチャレンジという点においては、それはあくまでも1つの通過点でしかなかった。そもそも DPS は、委員会所管の開発協力に対して加盟国が与えたマンデートという性格が濃厚であり、委員会内部における DPS の重要性に対する認識は決して高くはなく、かつ所掌する活動領域により、総局間の温度差が顕著であった。また OECD/DAC が 2002 年に行った *Peer Review* も、一方において DPS の歴史的意義を評価しつつも、他方で、①委員会と加盟国との戦略的役割分担の明確化。②閣僚理事会や欧州議会に対する説明責任の強化。③ EEC 共通政策相互間の整合性確保。④閣僚理事会や欧州議会のコミットメント強化……等を、今後の検討課題として勧告するものであった。さらに DPS の改訂は、次のような実践的な要請に応えるものでもあった。すなわち第一に、DPS では、時間的制約により、新ミレニアムにおける南北開発協力の最優先課題である MDGs が言及されておらず、後追い的とはいえ、早急に MDGs に対する EU としての基本的立場を明確にすることが必要であった。第二に、新たに EU のメンバーとなる予定の中・東欧 10 カ国（第五次拡大／2004年5月）に対して、開発協力に対する EU としての基本的なスタンスを提示することが必要であった。これら諸国は、OECD/DAC のメンバーではなく、開発協力に関する Global Donor Community の基本的なルールを知りうる立場になかったからである[18]（やがて、2005年3月の *Paris Declaration on Aid Effectiveness* に関する情報提供が具体的かつ喫緊の課題となった）。

こうして DPS の採択からほどなくして委員会は、その改訂に向け、着々

---
[18] Grymm (2008), pp. 19-20.

と動き始めていった。それは、＜新ミレニアムを襲う未曾有の危機に対して、いまこそヨーロッパ（EU）が総力で立ち向かう時である＞（We need both to think globally and to act locally）という、2003年12月の *European Security Strategy* の採択に象徴される、新たな機運を追い風として活用するものであった[19]。またそれは、さまざまな利害関係主体との緊密な協議の積み重ねに腐心するものであった。というのも、DPSに対するオーナーシップの欠落をもたらした主要原因として、DPS策定過程における参加および透明性の欠如、DPS策定後における説明努力の欠如が、委員会に対する批判として投げかけられたからである。

やがて2005年——。DPSの改訂に向けた委員会の活動が一挙に加速された。まず2月、開発問題を専門とするヨーロッパ有数のシンクタンクであるECDPM, ODI, ICEIが連名で、*Assessment of the EC Development Policy: DPS Study Report*（*Final Report*）と題する共同研究の成果を公表した。それは委員会の委託に基づき、DPSの包括的なレビューを試みるものであった。ただしそれは、プロディ委員会から引き継いだDPSを再編成して、開発協力に関する独自のマニフェストを作成しようとする、バローゾ委員会の政策イニシアティブの一環であった。ついで7月、委員会は、*Proposal for a Joint Declaration by the Council, the European Parliament and the Commission on the European Union Development Policy "The European consensus"* と題する政策文書を発出した。こうして、秋の政治の季節が到来すると、この委員会提案をたたき台として、3機関はいうにおよばず、欧州経済社会評議会や地域委員会をも巻き込んだ、密度の高い、白熱した、時として喧々諤々たる議論が闘わされていった。それはやがて文字通り、＜ブリュッセルを舞台とする、ヨーロッパのコンセンサス＞へと収斂していったのである。

## 2 基本構図

*European Consensus on Development* は、2部／全126パラグラフから

[19] European Council（2003），p. 6.

## 第4章　2005年ブリュッセル・コンセンサスへの道程

構成されており、その内容は、基本的に委員会が提出したプロポーザル（素案）を踏襲している。まず序文に相当する冒頭の4パラグラフにおいては、＜開発に対する挑戦＞として、開発に対するEUの基本的な問題意識が次のように再確認された。――①開発政策は、EU（加盟国＋欧州共同体）がすべての開発途上国との間に展開する関係の中核として位置づけられる。②開発協力において、欧州共同体と加盟国は、権限を共有しており、両者の開発協力政策は相互補完的（complementary）でなければならない。③効果的な援助の実施に向けて、加盟国と欧州共同体は、政策のcoordinationとharmonisationを推進する。

つづく本論の第1部においては、＜開発に関するEUのビジョン＞と題して、開発協力においてEUが追求すべき共通の目的と原理（共通のビジョン）が謳われた[20]。それは、貧困の撲滅、オーナーシップ、パートナーシップ、援助の量的・質的な強化拡充、およびpolicy coherenceの促進を再確認するものであり、さらにこの宣言が、相互補完性の精神（spirit of complementarity）に基づき、すべての開発途上国を対象として、共同体と加盟国が開発協力を行う場合の指針となるものである旨があらためて確認された。

いうまでもなく、この第1部では、36パラグラフにわたり、格調高い文言が散りばめられているが、とりわけ＜ブリュッセル・コンセンサス＞という観点からみた場合、注目されるのは、以下の主張である。――①EU開発協力の第一義的な目的は、貧困の撲滅であり、MDGsの達成である。②開発は、それ自体が目標価値を具現している[21]。③共同体と加盟国は、policy coherenceの促進に努める。④EUは、各加盟国のそれぞれが比較

---

[20]　Frischによれば、当初はstrategyという言葉が用いられていたが、加盟国が難色を示した結果、トーンダウンしてvisionという表現に落ち着いたとのことである。Frisch (2008), p. 57.

[21]　こうした表現は、国連ミレニアム・サミット宣言や2005年「国連レビュー・サミット」での「成果文書」にもみられる。それは、開発協力政策の超政治化の進行により、開発協力政策が安全保障政策に取り込まれ、独自性を喪失させることに対する強い危機意識を反映するものである。

優位を保持し、貧困に対する挑戦において得意とする分野あるいは地域に対して重点的に援助を行うことを有意義なものと認識する。⑤EUの第三国とのパートナーシップや対話は、人権の尊重、基本的自由、平和、民主主義、良い統治、ジェンダー、法の支配、連帯と正義という、われわれが共有する諸価値の実現を図るものである。⑥EUは、世界のすべての国家が開発に向けて責任を分かち合うべきであるとの立場から、実効的な多国間主義の促進に積極的にコミットする[22]。⑦EUは、紛争予防を重視する。またガバナンスの改革、法の支配、汚職撲滅等の措置を通じて、未然に破綻国家の出現を防止する[23]。⑧EUは、緊急援助、復興援助、さらには長期的な開発援助を有機的に結合して、開発途上国、とりわけ最貧開発途上国の貧困からの脱却を支援する。⑨EUは、自然災害、気候変動、環境破壊、国際経済環境の変動に対して脆弱な国家に関しては、国家としての強靭性強化に向けた援助を行う。⑩加盟国は、援助を増大させて2015年までに、ODAの対GNI比0.7％目標の達成を図る。なお増加分の少なくとも半分は、アフリカ諸国に振り向けられるべきである。ただし、各加盟国独自の援助政策（優先分野等）に最大限の配慮を払う。⑪援助の配分は、被援助国のニーズやパフォーマンス（成果・実績）に基づき、客観的に、かつ透明性を担保して行う。⑫EUは、効果的な援助の実施に向けて、実施状況をモニターする。⑬EUは、率先してOECD/DACと協力し、効果的な援助の実施や援助の質的改善を図る。⑭EUは、新たに加盟した中・東欧諸国の「移行」に関する経験（ノウハウ）を活用し、またこれら新規加盟国が重要な役割をはたしうるようにする。⑮EUは、非開発協力政策が、MDGsの達成に重要な役割を担うとの認識に基づき、さまざまな政策間のpolicy coherence強化を図る。⑯EUは、すべての先進工業国が、最貧開発途上国の輸出産品に対して完全な輸入自由化を行うよう求める。⑰EUは、＜貧困、戦争、環境破壊、経済・社会・政治構造の崩壊＞という悪循環を

---

[22] これは、アメリカの単独行動主義に対する批判的なメッセージである。
[23] 2009年に公刊されたEuropean Report on Development（第1号）は、アフリカにおける破綻国家の克服がテーマとなっている。

断ち切り、開発を可能とする安全な環境の構築に努める。⑱EUは、保護する責任（responsibility to protect）という考え方を強く支持する。

　第2部においては、＜ECの開発政策＞と題して、第1部で展開された＜共通のビジョン＞を具体的に実行するための行動計画が、詳細に規定された（第41パラグラフ－第126パラグラフ）。ただしそれは、対象を委員会が所管する開発協力政策に限定しており、加盟国の開発協力に適用され、それを「政治的」に拘束するものではなかった。その意味では、第2部の諸規定は、2000年に策定されたDPSを改訂・拡充するものであり、＜ブリュッセル・コンセンサス＞という観点から、とりわけ注目されるのが、以下の主張である。――①共同体の開発協力政策は、加盟国の開発協力政策を補完（complement）するものとする。②委員会は、開発において広範な役割をはたすことが期待される。とりわけ、委員会の超国家的な属性に加えて、委員会が国際社会において有する存在感、その独特の権限や蓄積した経験、調整能力……等は、きわめて重要である。③委員会の開発協力は、保持する比較優位と付加価値を発揮して、加盟国によるバイでの活動や、その他の国際的ドナーの活動を補完するものとなりうる。④委員会が発揮しうる付加価値として、世界規模でのプレゼンス、多様な政策間の整合性確保、開発協力におけるロール・モデル（ベスト・プラクティス）の体現、国際社会における3Cs（coordination, complementarity, coherence）の提示……等が挙げられる。⑤開発という目的は、それ自体が価値を具現している。したがって、他の諸価値に従属させられてはならない。⑥効果的な開発協力の実施に向けて、委員会は次の9分野（貿易と地域統合、環境および天然資源の持続可能な管理、インフラストラクチャー・コミュニケーション・運輸、水およびエネルギー、農村開発・国土利用・農業・食糧安全保障、ガバナンス・民主主義・人権および経済改革・制度改革の支援、紛争予防と破綻国家、人間開発、社会統合と雇用）を重点的活動領域とする。⑦共同体は、次の4テーマ（民主主義・良い統治・人権・子供および先住民の権利、ジェンダー、持続可能な環境、HIV/AIDS）をさまざまな分野に共通する横断的な課題として積極的に追求する。⑧共同体は、MDGsの達成、ひいては国際公共財の

供給と密接に関連する基金の創設やイニシアティブを支援する。⑨委員会は、この開発協力政策を共同体における開発協力の基礎と位置づけ、その進捗状況を定期的にモニターする。

## ◆ むすびにかえて

　2005年10月、委員会は、*European Union Strategy for Africa* と題する新アフリカ戦略を採択した。それは、EUとアフリカ（AU）との間に、"One Africa, One Europe"を主導原理として、安全保障と開発を一体化した戦略的パートナーシップを構築するよう訴えるものであった[24]。採択に際して、ミシェル開発／人道援助担当・欧州委員会委員は、その意義を次のように強調した[25]。――やがて理事会により採択されれば、EUのアフリカ戦略は、大きな転機を迎えることになろう。というのも、26ドナー（25加盟国と欧州委員会）がそれぞれ独自に展開してきた26の開発協力政策を、coherent かつ effective なものへと発展させることこそ、EU開発協力における最大の課題であったからである。

　2005年12月、欧州理事会は、閣僚理事会による決議の承認というかたちで、*The EU and Africa: Towards a Strategic Partnership* を採択した。それは、*European Consensus on Development* の適用第1号となった。

　2007年2月、委員会は、*EU Code of Conduct on Division of Labour in Development Policy* と題する文書を発出した。それは、開発協力における委員会と加盟国の有機的分業に関する実践的な規範作りを目的とするものであった。ただし、それはあくまでも「ソフト・ロー」にとどまる旨が強調され、その遵守は、加盟国の自発性に委ねられるものとされた。

　2007年3月、ローマ条約調印50周年に際し、開発協力を所管する加盟国および委員会の代表は、EU開発協力に関するコミュニケを採択した。

---

[24] サハラ以南のブラック・アフリカ諸国に加えて、新たに地中海南岸のアラブ諸国もアフリカと規定された。

[25] European Commission（2005d）.

第4章　2005年ブリュッセル・コンセンサスへの道程

それは、*European Consensus on Development* の歴史的意義を再確認し、加盟国と委員会の協同を強調するものであった。

2007年5月、閣僚理事会は、2月の委員会提案を受けて、*EU Code of Conduct on Complementarity and Division of Labour in Development Policy* と題する決議を採択した。それは、開発協力政策における complementarity 強化に向けて、委員会と加盟国が遵守すべき11の行動規範（operational principles）を定めるものであった（ただしその実行は、あくまでも "voluntary, flexible, and self-policing" を基本原理とする旨が強調された）。いうまでもなくそれは、ECD および OECD/DAC の *Paris Declaration on Aid Effectiveness* を具体的に適用するものであった。

2007年6月、委員会は、*Towards a European Consensus on Humanitarian Aid* と題する文書を発出した。それは、人道危機の頻発という状況下にあって、世界最大の人道援助主体であるEUが、＜バイ＞と＜＋1＞の complementarity の強化、ひいては効果的な人道援助の推進に向け、加盟国と委員会の人道援助に関するビジョンおよび行動計画を、*EU Consensus* として確立することを訴えるものであった[26]。

2007年12月、閣僚理事会、欧州議会、および委員会は、上記委員会提案に基づき *The European Consensus on Humanitarian Aid* と題する共同宣言を採択した。それは基本的にECDで確認された路線を踏襲するものであった。すなわち、＜バイ＞および＜＋1＞がそれぞれダブル・トラックで行ってきた人道援助を、より complementary なものとし、EU全体としての援助効果の強化を図るものであった。またそれは、3部／全101パラグラフから構成されており、第1部では、＜人道援助に関するEUのビジョン＞として、人道援助においてEUが全体として追求すべき共通のビジョンが謳われた。つづく第2部では、＜ECと人道援助＞と題して、ECDと同様に、＜＋1＞、すなわち委員会が志向すべき行動計画が規定された。

このように、2005年ブリュッセル・コンセンサスの成立を契機として、

---

[26] 欧州委員会によれば、2006年におけるEUの人道援助は、20億ユーロを記録し、世界全体の人道援助の40％強を占めた。European Commission（2007c），p. 4.

加盟国と委員会は、EEC 開発協力の基本構造（二重構造）の克服に向けて、ECD のフォロー・アップというかたちで、その内実化を着実に積み重ねている。それは、ECD をたんなる政治宣言に終わらせることなく、開発協力に関する実効的かつ実践的なプラットホームへと発展させようという、＜バイ＞と＜＋１＞の強固な「コンセンサス」に裏付けられるものである。

　　　　●　　　　●　　　　●

　2009 年 12 月に発効したリスボン条約は、EU 対外関係の一般的目的を定めた EU 条約第 21 条 2 項において、＜貧困の撲滅を主要な目的として、開発途上国の持続可能な経済、社会および環境の開発の促進を図る＞旨を謳った。それは、貧困の撲滅を、EU 開発協力政策という各論的な政策目的から、EU 全体が追求すべき包括的な課題へと発展させるものであった。
　また EU 運営条約第 208 条 1 項では、＜連合および加盟国の開発協力政策は、相互に補完し、かつ強化する (complement and reinforce each other)＞旨が謳われた。それは、共同体に対して一方的に補完義務を課していたマーストリヒト条約から一歩踏み込んで、加盟国に対しても共同体の開発協力政策を補完するよう義務づけるものであった。
　このようにリスボン条約は、マーストリヒト条約の基本路線を堅持しながら、同時に、幾つかの規定を部分的に改訂することにより、2005 年ブリュッセル・コンセンサスを法的に支援するものとなった。とはいえ、リスボン条約を法的基盤とする EU 開発協力の前途には、不透明かつ流動的な域内政治環境という、大きな不確定要素が待ち構えている。すなわちリスボン条約により、EU 開発協力政策は、EU 対外関係における重要な構成要素へと格上げされ、いままで以上に EU 共通外交安全保障政策とのより緊密な連携が求められるものとなった。それは、EU における開発協力の政治的基盤強化への道を開き、CFSP との共鳴作用というシナジー効果を期待させるものである。
　とはいえそこには大きな隘路が存在している。そもそも CFSP は、政府間主義を基本原理としており、それはリスボン条約においても堅持された。その結果、開発協力政策が CFSP に従属する政策手段として位置づけら

れ、CFSPによる開発協力政策の吸収合併（ハイジャック）、ひいては開発協力政策の独自性の希薄化という状況の出現も十分想定される。はたしてどちらのシナリオが優位となるのであろうか。その方向性を規定する重要な要素の１つは、リスボン条約により新設された、欧州理事会理事長、連合外交安全保障上級代表、ひいては欧州対外活動局の動向といえよう[27]。

図：EUの援助全体に占める委員会所管による援助の割合：1970-2005

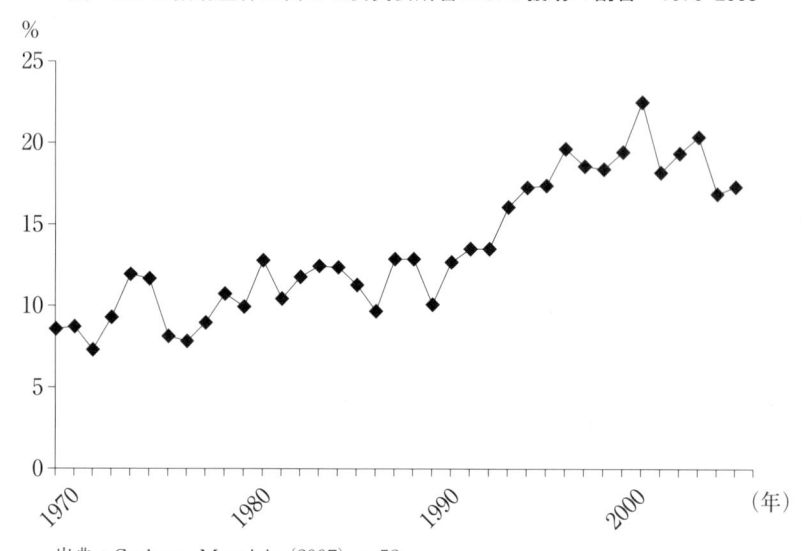

出典：Carbone, Maurizio (2007), p. 52.

◆ 参考文献

〈欧文文献〉

Arts, Karin and Anna K. Dickson eds. (2004) *EU development cooperation*, Manchester University Press.

Arts, Karin and Anna K. Dickson (2004a) "EU development cooperation: from model to symbol?" in Karin Arts and Anna K. Dickson eds.

―――― (2004b) "Conclusions: the potential and limits of EU development cooperation policy," in Karin Arts and Anna K. Dickson eds.

---

[27] 詳細は、Koeb (2008) を参照。

# 参 考 文 献

Bilal, Sanoussi and Roman Grynberg eds. (2007) *Navigating New Waters: A Reader on ACP-EU Trade Relations* (Volume 1), Commonwealth Secretariat.
Brown, William (2004) "From uniqueness to uniformity?"in Karin Arts and Anna K. Dickson eds.
Carbone, Maurizio (2007) *The European Union and International Development*, Routledge.
Carbone, Maurizio ed. (2009) *Policy Coherence and EU Development Policy*, Routledge.
Claeys, Anne-Sophie (2004) "'Snse and Sensibility': the Role of France and French interests in European development policy since 1957," in Karin Arts and Anna K. Dickson eds.
Dearden, Stephen (2008) "Delivering the EU's development policy," *Perspectives on European Politics and Society*, Vol. 9, No. 2, pp. 114-127.
ECDPM, ODI and ICEI (2005) *Assessment of the EC Development Policy (Final Report)*.
Farrell, Mary (2008) "Internationalising EU development policy," *Perspectives on European Politics and Society*, Vol. 9, No. 2, pp. 225-240.
Frisch, Dieter (2008) *The European Union's development policy: A personal view of 50 years of international cooperation*, ECDPM Policy Management Report 15.
Goodison, Paul (2006) "EU Assistance to ACP Countries since 1975," in Roman Grynberg and Alice Clarke eds.
Grimm, Sven (2008) "Reform in the EU's Aid Architecture and Management," *d·i·e Discussion Paper*.
Grynberg, Roman and Alice Clarke eds. (2006) *The European Development Fund and Economic Partnership Agreements*, Commonwealth Secretariat.
Hewitt, Adrian and Kaye Whiteman (2004) "The Commission and development policy: bureaucratic politics in EU aid," in Karin Arts and Anna K. Dickson eds.
Hoebink, Paul and Olav Stokke eds. (2005) *Perspectives on European Development Co-operation*, Routledge.
Koeb, Eleonora (2008) "A more political EU external action," ECDPM,

第4章 2005年ブリュッセル・コンセンサスへの道程

*InBrief*, No. 21 - June 2008.
Mackie, James, Jonas Frederiksen and Celine Rossini (2004) "Improving ACP-EU Cooperation: Is 'budgetising' the EDF the answer?" *ECDPM Discussion Paper*, No. 51.
Mold, Andrew ed. (2007) *EU Development Policy in a Changing World*, Amsterdam University Press.
Olsen, G. Rye (2005) "The European Union's Development Policy: Shifting Priorities in a Rapidly Changing World," in Paul Hoebink and Olav Stokke eds.
Silva, Sacha and Roman Grynberg (2006) "Overview: European Aid, the European Development Fund and Adjusting to Economic Partnership Agreements," in Roman Grynberg and Alice Clarke eds.

ECDPM (2005) "Towards a Common European Development Policy Statement?" *InfoCotonou*, No. 8.

OECD/DAC (2002a) "European Community (2002), DAC Peer Review: Main Findings and Recommendations."
―――― (2002b) *Development Co-operation Review: European Community 2002*.
―――― (2006) *Development Co-operation Report 2005*.
―――― (2007) *European Community ―― Development Assistance Committee (DAC) Peer Review 2007*.
―――― (2009) *Development aid at its highest level ever in 2008*, 30/03/2009.

United Nations (2003) *Monterrey Consensus on the International Conference on Financing For Development*.

EU Documents:
European Commission (2001a) *Development co-operation with the least developed countries: Fighting Poverty*, DE 109.
―――― (2001b) *Communication from the Commission to the Council and the European Parliament on the 3rd United Nations Conference on Least*

# 参考文献

*Developed Countries*, COM(2001) 209 final.

―――― (2002a) *Communication from the Commission to the Council and the European Parliament: Trade and Development*, COM(2002) 513 final.

―――― (2002b) *Annual Report on the Implementation of the European Commission's External Assistance: Situation at 01. 01. 2001*.

―――― (2003) *Communication from the Commission to the Council, the European Parliament and the European Economic and Social Committee: Governance and Development*, COM(2003) 615 final.

―――― (2004) *Communication from the Commission to the Council and the European Parliament: Building our common future*, COM(2004) 101 final/2.

―――― (2005a) *Communication from the Commission to the Council, the European Parliament and the European Economic and Social Committee: Policy Coherence for Development*, COM(2005) 134 final.

―――― (2005b) *Communication from the Commission to the Council, the European Parliament, the European Economic and Social Committee and the Committee of the Regions: Proposal for a Joint Declaration by the Council, the European Parliament and the Commission on the European Union Development Policy "The European Consensus"*, COM(2005) 311 final.

―――― (2005c) *Commission Staff Working Document - Annex to the : communication from the commission: Accelerating progress towards achieving the Millennium Development Goals —— Financing for Development and Aid Effectiveness*, SEC(2005)454.

―――― (2005d) *European Commission adopts "European Union Strategy for Africa"*, Brussels, 12 October 2005.

―――― (2005e) *Council green light for the "European Consensus" proposed by the Commission to strengthen the consistency, coordination and effectiveness of aid*, Brussels, 22 November 2005.

―――― (2006a) *Communication from the Commission to the European Council of June 2006: Europe in the World —— Some Practical Proposals for Greater Coherence, Effectiveness and Visibility*, COM(2006) 278 final.

―――― (2006b) *Annual Report 2006 on the European Community's Development Policy and the Implementation of External Assistance in 2005*.

第4章　2005年ブリュッセル・コンセンサスへの道程

　　　　(2006c) *The European Consensus on Development*, DE 129.
　　　　(2006d) *European Union Strategy for Africa*, DE 130.
　　　　(2006e) *Compendium on development cooperation strategies*, DE 133.
　　　　(2007a) *EU Report on Policy Coherence for Development*, COM(2007) 545 final.
　　　　(2007b) *Communication from the Commission to the Council and the European Parliament: EU Code of Conduct on Division of Labour in Development Policy*, COM(2007) 72 final.
　　　　(2007c) *Communication from the Commission to the European Parliament and the Council: Towards a European Consensus on Humanitarian Aid*, COM(2007) 317 final.
　　　　(2007d) *A European Consensus on Humanitarian Aid: working together to help people in need*, Brussels, 18 December 2007.
　　　　(2008a) "50 Years of ACP-EU Cooperation," *Courier* (Special Issue) March 2008.
　　　　(2008b) *Commission Staff Working Paper: European Consensus on Humanitarian Aid —— Action Plan*, SEC(2008) 1991.
　　　　(2009a) *Communication from the Commission to the Council, the European Parliament, the European Economic and Social Committee and the Committee of Regions: Policy Coherence for Development – Establishing the policy framework for a whole-of-the-Union approach*, COM(2009) 458 final.
　　　　(2009b) *Annual Report on the European Community's Development and External Assistance Policies and their Implementation in 2008*.

Council of the European Union (2005) *Millennium Development Goals: EU Contribution to the Review of the MDGs at the UN 2005 High Level Event*, DEVGEN 91/RELEX 256/ONU 60/FIN 181.
　　　　(2007a) *Petersberg Communiqué on European Development Policy*, 13 March 2007.
　　　　(2007b) *EU Code of Conduct on the Complementarity and Division of Labour in Development Policy*.
　　　　(2007c) *Press Release 2800th Council meeting: General Affairs and*

*External Relations*, Brussels, 14-15 May 2007.

Council of the European Union and the European Commission (2000) *The European Community's Development Policy: Statement by the Council and the Commission.*

Council, the European Parliament and the Commission (2005) *Joint Statement by the Council and the Representatives of the Governments of the Member States meeting within the Council, the European Parliament and the Commission —— The European Consensus on Development.*

Council, the European Parliament and the European Commission (2007) *Joint Statement by the Council and the Representatives of the Governments of the Member States meeting within the Council, the European Parliament and the European Commission —— The European Consensus on Humanitarian Aid.*

European Council (2002) *Presidency Conclusions: Barcelona European Council 15 and 16 March 2002.*

―――― (2003) *A Secure Europe in a Better World*, Brussels 13 December 2003.

European Union (The Group of heads of the EU Member States' development cooperation evaluation services and the European Commission) (2007) *Evaluating Coordination, Complementarity and Coherence in EU development policy: a synthesis,* Studies in European Development Co-operation Evaluation, No 8.

European Report on Development (2009) *Overcoming Fragility in Africa: Forging the New European Approach.*

〈和文文献〉
大隈宏（1983）「EEC 開発援助の原動力」『成城法学』第 15 号，45-82 頁.
―――（2007）「開発協力政策」植田隆子編『EU スタディーズ 1：対外関係』勁草書房.
―――（2008）「ミレニアム・チャレンジの 10 年」『社会イノベーション研究』第

## 第4章 2005年ブリュッセル・コンセンサスへの道程

  3巻第1号，1-70頁．
前田啓一(2010)「EU開発協力政策は果たしてEUの政策と言えるのか？」『大阪商業大学論集（社会科学編）』第155号，1-13頁．
鷲江義勝編著(2009)『リスボン条約による欧州統合の新展開』ミネルヴァ書房．

◆ 第5章
日本・EU 経済統合協定（EIA）
——新たなパートナーシップの可能性

渡　邊　頼　純

　　　　はじめに——「経済統合協定」（EIA）の位置付け
　Ⅰ　EIA を巡る議論
　Ⅱ　日本の FTA/EPA 政策
　Ⅲ　EU の FTA 政策
　Ⅳ　日 EU 関係、今後の展望

## ◆ はじめに——「経済統合協定」（EIA）の位置付け

　2008 年 7 月 4 日、日・EU ビジネス・ダイアローグ・ラウンドテーブル（BDRT）[1]の佐々木（元 NEC 会長）、ジェイコブス（UCB 会長）両共同議長による BDRT 提言の両政府首脳への手交式が総理官邸で行われた。その機会に、日 EU 経済統合協定（EIA）に関する日・EU 各タスクフォースの大川三千男（東レ顧問）、ベルジュラン（ルノー）両座長から EIA についての合同報告書が提出され、両タスクフォースによる作業について報告が行われた。
　こうして約 1 年に及ぶ EIA についての検討プロセスはとりあえず収束した。そもそものきっかけは 2007 年 6 月にベルリンで開催された BDRT でこの EIA についてその実現可能性について調査研究するためにタスクフォースの設立が提言されたことにその起源がある。それでは EIA 検討

---

[1] BDRT は、1999 年 6 月に「日欧産業人ラウンド・テーブル」と「日・EU ビジネスフォーラム」が合併して発足した。1999 年 10 月から 2007 年 7 月までに 10 回、東京とブリュッセルで交互に本会合（plenary）を開催してきた。日欧財界トップ約 50 人で構成し、政策立案に効果的な提案を行うことを目的とし、討議の結果を踏まえて「共同提言書」を日欧首脳に提出することが慣例となっている。

第 5 章　日本・EU 経済統合協定（EIA）

### 表 1：〔年表〕日 EU 経済関係の展開

| 1955 年 | 日本、GATT に加盟。英仏など西欧諸国、GATT 第 35 条を援用し、GATT 原則の対日不適用を宣言 |
|---|---|
| 1961-62 年 | 英仏など対日数量制限を日本との通商条約に規定することで GATT 第 35 条の援用を撤回 |
| 1976 年 | 土光経団連ミッション訪欧。各地で貿易不均衡を批判される。 |
| 1986 年 | 日米半導体協定、日本の酒税問題などで欧州委員会が GATT 提訴（EC 勝訴） |
| 1988 年 | EC の反ダンピング迂回措置について日本が GATT 提訴（日本勝訴） |
| 1991 年 | 「日・EC 共同宣言」 |
| 1995 年 | WTO 協定発効、対日数量制限、自動車の自主規制等終了<br>酒税問題再び WTO 提訴 |
| 1999 年 | 「日・EU ビジネス・ダイアログ・ラウンドテーブル」（BDRT）発足 |
| 2001 年 | 「日・EU 行動計画」 |
| 2010 年 | 「日欧協力の 10 年」終了予定 |

出典：筆者作成

の背景にはどのような経緯があるのだろうか。

### 1　日欧関係：摩擦から協調へ

　日 EU 関係は 1970 年代後半から 1990 年代初頭まで激しい貿易摩擦を経験した。1973 年秋の石油ショックで世界経済は 1974-75 年に戦後初めてのマイナス成長を記録、エネルギー供給サイドからの締め付けは消費者に省資源・省エネルギー型の耐久消費財への志向を促した。時代は「重厚長大型産業」から「軽薄短小型産業」へのシフトを求め、欧米諸国でも家電から自動車までエネルギー効率の優れた日本製品に人気が集まるようになる。その結果日本側の大幅輸出超過、米国や EU の大幅対日輸入超過となり、経済問題は「政治問題化」し貿易摩擦が頻発した。（表 1 参照）

　このような対立の歴史に大きな転換点となったのが 1991 年 7 月にオランダのハーグで採択された「日 EC 共同宣言」であった。これは日 EC 間で対話と協力を推進していくための初めての包括的な枠組みを提供するものであった。その 10 年後、2001 年 12 月には「日・EU 協力のための行動計画」（以下、「行動計画」）が小泉首相とプロディ欧州委員会委員長のもとで採択され、2010 年までの 10 年間を「日欧協力の 10 年」として政治・経済両面を含む幅広い分野での協力と対話を促進させることが合意された。

### 2 再活性化を必要とする日欧関係

こうして日EU関係は「摩擦」から「協力と対話」に大きく転換し、通商紛争はすっかり沈静化する。もちろん通商を巡る問題が消えてなくなったわけではないが、日EU間バイ協議の枠組みやWTOの紛争解決メカニズムを活用することにより通商問題が「政治化」する前に解決を見出すことができるようになった。このように日EU関係は「成熟した関係」に発展していったが、他方では「問題ないことが問題」と言われるような状況も生じた。貿易摩擦という嵐が過ぎ去ったあと、やっと順風満帆で沖に出たヨットがすっかり風の吹かない「凪」状態に遭遇したようなイメージである。貿易不均衡が主因で「日本叩き」(ジャパン・バッシング) が横行した1980年代に対して、1990年代は「日本問題」(the Japan Problem) が影を潜めた一方で、中国の台頭が世界の注目を集めたことで欧米の関心は「日本通過」(ジャパン・パッシング) の傾向を強めた。その後バブル崩壊後の長期的景気後退で「日本、恐れるに足らず」(ジャパン・ナッシング) という声さえ聞こえるようになった。

このような日EU関係を再活性化しようとする動きがまさに2001年12月の「行動計画」であり、民間レベルのBDRT発足であった。そして現在、日EU双方は2010年以降の「次の10年」に向けて新たな関係強化の枠組みを模索し始めている。その一つが本稿で取り上げているEIAである。では、このEIAについて検討する日欧双方のタスクフォースはどのような議論をしたのだろうか。

# I EIAを巡る議論

### 1 野心的だった日本側

2007年6月のBDRTの提言を受けて日本側の動きは速かった。同年10月には東レ顧問の大川座長を筆頭に産業界を中心に13名の委員から成る日本側タスクフォースが立ち上がり、事務局機能はジェトロによって提供されることとなった。筆者もこのチームの末席に加えて頂いたことはたい

第5章　日本・EU経済統合協定（EIA）

へん光栄なことだったと感じている。日本側は2008年2月までに5回の会合を開き「中間報告」をまとめた。同報告はEIAについてその基本的理念を次のように謳っている。

（1）日本とEUは自由、民主主義、法の支配、市場経済など「共通の価値観」を有しており、共に開放的な国際経済システムの維持強化に貢献すべき重要なパートナーであって、双方の産業界は大きな責任を負っている。

（2）日本が欧米と、また、EUがアジアとの経済連携強化を打ち出している今日、日EU経済関係を、世界経済への貢献も視野に入れつつ、より緊密な次の段階に推し進めること時期が来たと確信している。

（3）日本、EUともにイノベーションを軸に国際競争力の強化を目指しており、日EU間の経済統合推進は双方の国際競争力向上に資するものであり、アジアをはじめとする第三国市場での関係強化に寄与する。

（4）日EU/EIAは、モノとサービスの貿易における高度な自由化をWTOルールに準拠して達成しようとするものであるが、それに留まらず、WTOでカバーされていない分野での新制度の共同構築などを通じて、環境対策をはじめとするグローバルな課題への取り組みについても世界のモデルとなるような貢献を行うべきである。

　以上のような考え方に基づき、日EU/EIAの柱として次の4項目と提示し、日EU両政府当局にその検討を求めた。

（1）世界最高峰のイノベイティブ社会の共同構築：特許制度改革、知的財産権保護の執行強化、著作権補償金制度の見直しと適正化、イノベーション促進のための技術標準化に向けた協力、次世代ネットワークに関する協力、人的交流の拡大、異分野技術交流における協力等

（2）新次元の環境親和社会の共同構築：環境規制ならびに環境関連ルール策定・調和に向けた協力、環境親和性物品の関税撤廃、化学物質の管理における相互協力、気候変動・環境対策における相互協力等

（3）安全は社会インフラの共同整備：貿易の安全確保、相互承認の対象範囲拡大、生活用品・食品安全についての規則の共通化および協力、電

子商取引における個人情報保護等

（4）相互の貿易投資環境の改善：関税撤廃、反ダンピング措置運用の適正化、投資交流の更なる促進、EU 域内での安定した法制度環境の実現、日 EU 間の国境を越えた事業再編の容易化、公正かつ自由な競争の促進、資本市場インフラの整備、租税協定ならびに社会保障協定の締結等。

このように日本側タスクフォースは EIA を構成する要素について極めて野心的であり、日 EU 間の経済関係に存在するあらゆる問題を包括的に EIA の中に盛り込もうとした。上記 4 本柱の内、（4）は租税協定や社会保障協定を除けば FTA（自由貿易協定）や我が国が進めて来ている EPA（経済連携協定）の範疇に収まるイッシューであるが、（1）から（3）まではそれを超える「共同作業」が必要とされる分野であり、まさに伝統的な FTA や EPA さえも超える「経済統合協定」（Economic Integration Agreement = EIA）の名に値する内容を提案していたといっても過言ではなかった。

## 2　EU 側タスクフォースの立場

全般的に作業が迅速かつ順調であった日本側に比べ、欧州側の動きは初動の段階から遅れがちであった。2008 年の早い段階で「中間報告」の素案が出来上がっていた日本側に比べ、欧州側はそもそもタスクフォースのメンバーリストさえ提出できない状況であった。座長についてはルノーのベルジュラン氏が就任するとの情報に接していたもののタスクフォースの全体像については 2 月初旬になってもはっきりしていなかった。そしてこの座長の人選は既に EIA の多難な道のりを暗示するものであった。ベルジュラン氏は欧州自動車工業会（ACEA）の要職を占める人であり、ACEA は EU の 10％ という自動車関税の撤廃に強く抵抗していたからである。

自動車のほかにもプラズマ・テレビの 14％ という高関税、本来 ITA 対象製品であるため関税ゼロになるべき複合機能プリンター等への関税賦課

## 第5章　日本・EU 経済統合協定（EIA）

などEUには保護主義的な関税措置が散見される。日本に対する関税撤廃はあり得ないというのがEU側の立場であった。関税を含めないことの論拠としてEU側が主張したのは、WTOのドーハ開発アジェンダ（いわゆる「ドーハ・ラウンド」）が重要な局面を迎えている中、EU・日本という二つの貿易大国が多国間の交渉をさておいて二国間の関税譲許を行うことはドーハ・ラウンドに悪影響を及ぼすという理屈であった。

　関税撤廃を頑なに拒む一方で、3月末にブリュッセルで開催された日本側タスクフォースとの第1回合同会合にEU側が提出したポジションペーパーには、農産品に関する日本側の輸入制限の削減、サービス貿易拡大のための規制緩和、政府調達市場の更なる開放などドーハ・ラウンドと大いに関係を有するイッシューを盛り込んできた。この合同会合で日本側タスクフォースからはこの矛盾を指摘するとともに、モノの分野で日EUが進んで関税撤廃を行うことはドーハ・ラウンドに対してもポジティブなインプットになりうると反論したが、議論は平行線を辿った。

### 3　新たな協議メカニズムを提案したEU側

　EU側はEIAの実現可能性を検討することがタスクフォースの主たる任務であるはずにもかかわらず、EIAについては明示的な言及を避け、"BETTER REGULATION, BETTER INTEGRATION"（より良い規制、更なる統合）といったスローガンで産業協力や環境協力などを呼びかけてきた。EU側は更なる関係強化のために閣僚級の「経済連携評議会」（Economic Partnership Council）を提案してきた。この提案は日EU両タスクフォースの合同報告書にも盛り込まれており、かかる新たな閣僚級協議体を設置するかどうかはまさに両政府当局の交渉に委ねられることになった。

### 4　合同報告書

　以上の議論から明らかなように、従来型FTA・EPAを超えるEIAを目指す日本と、関税撤廃というFTAの大前提を排除した「統合」を志向するEU側とのあいだには大きな認識の相違が存在したと言わざるを得な

Ⅰ　EIA を巡る議論

表2：日本・EU EIA 検討タスクフォース合同報告の構成と内容(1)

| |
|---|
| 1．背景（Background）<br>　日本・EU EIA 検討タスクフォースは 2007 年 6 月の BDRT 提言を受け、EIA のフィージビリティ検討を目的に設立された。<br>2．報告書の構成（Structure of the report）<br>　短期的・中期的に具体的な、実現を義務付ける目標に焦点を当て、長期的課題については協議を継続することを提言。<br>3．合同報告（Joint report）<br>　a）日本と EU の貿易関係<br>　　日本と EU は共通の課題に直面しているとの認識に立ち、これらに効果的に取り組んでいくために、規制面での協力、イノベーション、環境、安全性、貿易・投資環境の分野での協力強化を提言。<br>　b）日本・EU 双方の関心課題【詳細は次ページ】<br>　　Ⅰ．イノベーション　　Ⅴ．規制面での協力<br>　　Ⅱ．環境　　　　　　　Ⅵ．人の移動<br>　　Ⅲ．投資　　　　　　　Ⅶ．安全確保<br>　　Ⅳ．サービス　　　　　Ⅷ．公共調達<br>　c）貿易交渉<br>　　日・EU 双方は、WTO ドーハ開発ラウンドを成功させるために、継続的な支援を行うことを確認。二国間の関税撤廃については双方が異なる見解を持つことを認識。非関税障壁（NTB）に関しては、上述の関心課題に関する協力を強化することが、多大な利益を生む。<br>4．次のステップ（Next step）<br>・双方の閣僚レベルが主導し、関係政府当局と経済団体が参画する協議体を設立することを提言。日本・EU 当局に対し、長期的な課題を念頭に置きつつ、上記 3．b）に挙げた、短期的・中期的に成果を実現し得る課題から着手することを要請。<br>・毎年の BDRT 総会で進捗を検証する機会を設けることを提案。 |

出典：筆者作成

い。その意味で「合同」報告書を作成するプロセスはたいへん困難なものであったことは想像に難くない。

　最終的には表2のような構成になったが、あくまでも日 EU 双方が合意した分野を短・中期的な取り組み課題と位置づけ、そこから議論を始めることになっている。関税問題は「長期的課題」と位置付けられ、日本側が一方的に将来取り上げる余地があるとの理解を示すに終わっている。今後どのような形式の「統合に向けた枠組み」にするかについては閣僚級の協議体で議論するということで、いわば政治的イニシアチブに「丸投げ」された形になっている。

　他方で短・中期的な課題については「拘束力のある」ルールを策定していくとあり、民間セクター間の協力という「拘束力」には必ずしも馴染まないことをどのように実施していくのか、細心の注意を払いながらの議論が続けられることになろう。

第5章　日本・EU経済統合協定（EIA）

# II　日本のFTA/EPA政策

## 1　東アジアで進むFTAネットワーク構築

　東アジアにおける経済統合の特徴は日本からの直接投資を軸にした国境を越えた生産ネットワークの構築であり、自動車やエレクトロニクス等の部品が域内各国で生産され、それらが国境を越えて活発に貿易された結果できあがった「事実上の、ビジネス先導型市場統合」(de-facto business-driven integration) である。FTAや日本の経済連携協定（EPA）は国際条約の形でこのような事実上の統合を法的枠組みの中に流し込み、透明性と予見性そしてビジネスに必要な安定性を高める手段となる。

　東アジアにおいてはASEANが自らのFTA化を進め、この地域のFTAネットワークのハブ的存在になっている。このASEANを軸に日本、中国、韓国、豪州・ニュージーランド、インドなどがそれぞれ「ASEANプラス1」のFTAを締結しようとしている。問題は、中国・ニュージーランドのFTAを唯一の例外として、ASEANを取り囲む日中韓、豪州・ニュージーランドの間にはFTAが締結されていないことである。東アジアで継ぎ目のない（シームレスな）FTAネットワークを構築するためにはこの残された課題を片付ける必要がある。

　これまで進めたて来た日本のEPAにはいくつかの特徴がある。一つは日本の製造業が東アジア地域において展開してきた「生産ネットワーク」をより競争的にするために各国の貿易障壁を撤廃し、投資環境を整えることに力点が置かれていることである。1985年9月の「プラザ合意」以降円高が定着したが、これに対応するために製造業の多くはASEAN諸国に部品の生産拠点を移した。そこで製造された部品は国境を越えて取引され、製品化され、そこから欧米諸国や日本などに輸出された。日本のEPAはこのような日本企業の海外における生産活動を諸外国との条約の形で保全し、発展させる手立てなのである。言い方を変えると、EPAは日本からの直接投資をきっかけとして形成されてきた生産と流通のネットワークに基

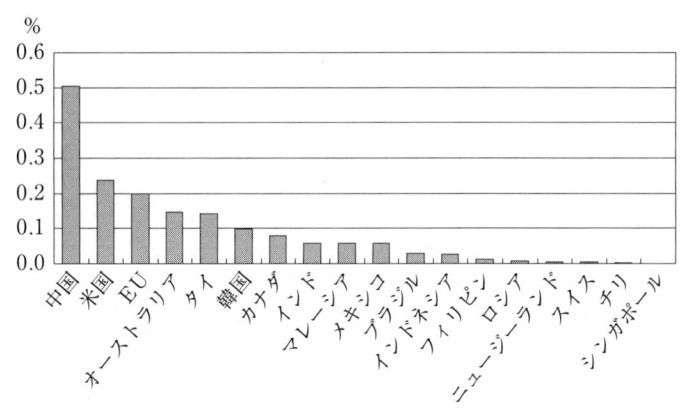

表3：実質GDPの変化──日本の2国間EPA

出典：内閣府（2006年）

礎をおく「事実上の統合」（de-facto integration）をさらに維持・強化するための法的手段（legal instrument）ということができよう。ASEAN諸国とのEPAにおいてまさにこれが当てはまる。

メキシコやチリとのEPAに顕著な特徴は、両国がEUやアメリカなど40か国以上の国々と10件以上のFTAを通じて特恵関係にあり、日本が両国とEPAを結ばなければ日本の企業に不利益が生じていたことである。そのため逸失利益を取り戻し、競争条件を平準化するためにEPA締結が急がれた。その意味で両国とのEPAは防御的な「守りのEPA」と呼べるかもしれない。メキシコの政府調達市場にはFTAパートナー国の企業でないと入札すら参加できなかったし、チリにおいては韓国がチリとのFTAを締結した結果、韓国製の自動車や電子機器が無関税でチリに入るようになり、日本製品は苦境に立たされていた。メキシコ、チリ共にアメリカ市場や南米市場への重要なゲートウェイであるだけに、日本企業からは両国とのEPAを早急に締結するよう要望が相次いだ。

これまでのEPAについてもう一つの特徴は貿易パートナーとして大きなシェアを持つ国、つまり中国、アメリカ、EUとは交渉をして来なかったことである。中国については中国がWTOに加盟してまだ日が浅いこと

第 5 章　日本・EU 経済統合協定（EIA）

があり、当面は中国が WTO に慣れ親しみ、中国が WTO 加盟国としてその規定を順守することを確認したいとの考えがあった。アメリカと EU については世界第一の経済大国、世界貿易第一のパートナーとの特恵的通商関係の形成が WTO の多国間貿易体制にマイナスの影響を当たることが懸念された。他方、貿易量の大きい国々との EPA はそれだけ我が国の経済成長にプラスの影響を及ぼす。（表 3、「EPA の経済成長率へのインパクト」）これまでの EPA が「第 1 世代」だったとすると、今後は主要貿易相手国との「第 2 世代」EPA を目指すべきである。

## 2　日本の FTA/EPA 戦略の課題

日本は 2002 年 11 月発効のシンガポールとの EPA を皮切りに今日まで既に 16 の国及び地域と EPA 交渉を行い、その内 11 か国・地域との EPA を発効させて来ている。（表 4 参照）その中には大筋合意まで 23 か月かかったメキシコのケースや、9 か月でまとまったチリなども含まれている。韓国や豪州、インドなど 5 か国とは依然交渉中であるが、これら全てを合わせると我が国の対外貿易の約 35% を占めることになる。

日本の EPA には 2 つのパターンがある。一つは前述の生産ネットワークを基礎とする「事実上の統合」に法的枠組みをかぶせることでその安定化を図る「現状確保型 EPA」で、ASEAN 諸国との EPA がこれに相当する。もう一つのパターンは、FTA が相手国との間に存在しないことによって日本企業にとって競争上不利な状況が生じる場合に、そのような劣勢を挽回するために締結される EPA である。このような EPA はいわば「防御的 EPA」であり、メキシコやチリとの EPA がこれに相当する。

これら二つのタイプの EPA では既に一定の成果を収めてきたが、今後はさらに日本経済に貢献するようなより戦略的な EPA が必要とされている。「戦略的」という意味は、第一に日本経済にとってインパクトの大きい国との EPA ということがある。これまで交渉してきた EPA はいずれも日本経済の成長にとってそれ程大きなインパクトを持つものではなかった。（表 4 参照）今後はアメリカ、EU、中国など我が国の経済成長により大

表4：日本のFTA・EPAの締結・交渉状況

| 状況 | 国と地域（対外貿易に占める比率、2007年） |
|---|---|
| 締結済み | シンガポール（02年発効、2.3%）、メキシコ（05年発効、0.9%）、マレーシア（06発効、2.4%）、チリ（07年発効、0.5%）、タイ（07年発効、3.4%）、インドネシア（08年発効、2.7%）、ブルネイ（08年発効、0.2%） |
|  | ASEAN全体（08年4月署名、6月国会承認、12月以降順次発効）、フィリピン（06年署名、同年12月国会承認、08年比上院で承認、12月発効、1.5%） |
|  | ベトナム（09年10月発効、0.7%）、スイス（08年9月大筋合意、09年7月発効、0.6%） |
| 交渉中 | 韓国（04年11月以来交渉中断、6.4%）、GCC（湾岸協力理事会諸国、07年1月第2回交渉会合、8%）、インド（07年1月交渉開始、10月6日―9日に第10回交渉会合、0.6%）、豪州（07年4月交渉開始、09年7月第9回交渉会合、3.3%）、ペルー（09年5月交渉開始） |

出典：筆者作成

きな効果を有する諸国とのEPA締結を目指すべきである。

「戦略的」EPAという第二の意味は、EPAによりエネルギー資源や食糧安全保障の確保という点である。これまでもチリとのEPAでは銅鉱石が意識されていたし、GCCとの交渉でも石油資源の持続的確保が課題である。途上国の人口増加や中国における食生活の変化により将来の穀物需給が逼迫する危険も指摘されていることから、今後は持続的な食糧供給源の確保とその多様化が喫緊の課題である。また、レアメタルやウラン鉱石など希少資源の供給源確保は安全保障にも絡む重要なイッシューであり、EPAを締結することで長期的かつ安定的な供給態勢を構築することが求められている。このような観点からは、現在交渉中の豪州（鉄鋼石、ウラン鉱石、食糧）とのEPAやブラジル（鉄鋼石、食糧）、モンゴル（レアメタル、ウラン鉱石）等とのEPAを積極的に推進することが肝要である。

# III　EUのFTA政策

EUの財およびサービスの対域外貿易の総額はそのGDP（国内総生産）の15%に相当する。アメリカ並びに日本はそれぞれ12%で、EUは日米両国に比べてより国際貿易に対するエクスポージャーが大きいことが分かる。同時にEUは財とサービスの最大の輸出国群であり、また、投資においても最大の投資者である。このような対外経済関係のゆえにEUは従来

第5章　日本・EU 経済統合協定（EIA）

から多国間の貿易交渉を重視してきた。

　2006年10月に欧州委員会が発表した新たな対外通商戦略「グローバル・ヨーロッパ」が多国間貿易制度の構築を唱え、「ドーハ開発アジェンダ」（Doha Development Agenda=DDA、いわゆる「ドーハ・ラウンド」）を最優先課題としたことは、この従来の路線を踏襲するものであった。「グローバル・ヨーロッパ」は世界レベルでの競争を強く意識し、EU の競争力強化および経済改革と通商政策を統合しようとする試みである。

　WTO 交渉を最優先するとする一方で WTO ルールを構築する主要貿易相手国との二国間 FTA の締結も示唆している。EU 企業に域外諸国での市場開拓を促し、進出先での公正な競争条件を保証させるとの趣旨から、欧州委員会は ASEAN、韓国、MERCOSUR（南米共同市場）、インド、ロシア、GCC を優先対象国・地域として挙げている[2]。

　その後2006年12月には欧州委員会が ASEAN、韓国、インドとの FTA 交渉権限を理事会に要請し、2007年4月にはこれら諸国・地域との交渉権限を理事会が採択したことで交渉のマンデートを獲得している。その1ヶ月後には韓国との第1回交渉を行い、合計8回の交渉会合を経て、2009年7月には韓国 EU・FTA の最終合意案がまとまったことが確認されており、2010年中には発効することが見込まれている。韓国の他、インドとは2007年6月、ASEAN とは7月から FTA 交渉を開始している。

　OECD 諸国との FTA ということでは、カナダとの FTA が取り沙汰されている。既に2004年に EU 理事会から交渉権限を付与する勧告を得ており、これに基づいて共同研究の報告書をまとめ、2009年3月には「EU・カナダ経済連携協定の範囲に関する共同報告」を公表、2009年5月からの交渉開始を決定している。

　このように見てくると、OECD 諸国で EU と特恵的な関係にないにもか

---

(2) European Commission, External Trade, "GLOBAL EUROPE: competing in the world. A Contribution to the EU's Growth and Jobs Strategy, October 2006
　浦田秀次郎、石川幸一、水野亮『FTA ガイドブック2007』JETRO、2007年6月、224-244頁

かわらずFTAを交渉していないのはアメリカと日本のみということになる。日本とのFTA/EPAについて、EUは世界経済第二位の国との間でこれを締結することがWTO体制にとってマイナスになりかねないとの懸念を度々表明している。工業品関税の代表例である乗用車の関税は日本は０％であるが、EUは10％であり、またプラズマテレビなども日本は０％であるのに対し、EUは14％である。このように工業品関税の全般的水準は日本の方が圧倒的に低く、EU側が関税撤廃のコストをほぼ一方的に負うことになることが予想される。EU側としては、彼らの主張する日本市場における医薬品分野や医療機器分野などにおける非関税障壁で相当程度の「見返り」がない限りは、工業品関税の撤廃には応じてこないことが予想される。

# Ⅳ　日EU関係、今後の展望

　EIAは2007年6月のBDRTで提案された用語であるが、1年間の議論を経てEU側が関税撤廃が含まれるEIAは拒否するとの姿勢を貫いたため、次のステップをEIAとして推し進めることは余程強力な政治的イニシァチブがEU側から発揮されない限り現実的ではない。そのような強力な政治的イニシァチブが発揮されるきっかけは、EUに匹敵する日本の経済パートナーであるアメリカとのEPAに日本が動き出した時以外には考えられない。それが日米二国間のEPAなのか、あるいはアジア太平洋におけるたとえばAPECワイドのFTA（FTAAP）なのかは別にして、とにかく日本とアメリカとの間で何らかの特恵的な経済取決めに向けた交渉が動き出した時にEUはその重い腰を上げるかもしれない。そのためには日本側にも農業市場の開放や農政の再構築など相当の覚悟と準備が必要である。かかる準備の間、日EU間の新たな閣僚級協議体は信頼醸成と協力の深化のために一定の役割を果たすかもしれない。
　重要なことはEIAへ向けた一連の動きを「シングルアンダーテーキング」（a single undertaking＝一括受諾）の原則で捉えることである。これはウ

第5章　日本・EU経済統合協定（EIA）

ルグアイ・ラウンドの交渉原則として採用され、それ以来多方面にわたる通商交渉を行う際のいわば「鉄則」になっている。たとえ部分的な合意が先に成立しても、他の分野を含めた交渉全体が合意されるまでは何も合意されていないとする考え方である。（英語では、Nothing is agreed until everything is agreed.）この交渉原則を交渉のスタート時に確認することで交渉結果の包括性と得失のバランスが担保される。EU側が日本側の重要関心事項である工業品関税の撤廃を「長期的課題」と位置付けている以上、このような交渉上の「保険」をかけることは極めて重要である。

◆ 参考文献

〈和文文献〉
内田勝敏・清水貞俊（2001）『EU経済論』ミネルヴァ書房
田中素香・長部重康・久保広正・岩田健治（2006）『新版 現代ヨーロッパ経済』有斐閣
柏倉康夫・植田隆子・小川英治（2006）『EU論』放送大学
植田隆子編（2007）『EUスタディーズ1：対外関係』勁草書房
白井さゆり（2010）『欧州迷走』日本経済新聞社

## ◆第6章
## 第5次拡大実現以降のEU拡大プロセス
## （2007-2009年）

東野篤子

はじめに
I　EU拡大をめぐる状況
II　トルコの加盟プロセス
III　西バルカン諸国の加盟プロセス
むすびにかえて

## ◆はじめに

　2007年に欧州委員会が発表した『拡大を理解する―EUの拡大政策』と題する小冊子では、「今後は（2004年および2007年の第5次拡大と）類似の大規模な拡大は、予見されうる将来には起こらない」と明確に述べていた（European Commission 2007: 16）。第5次拡大で合計12カ国もの新規加盟国を受け入れたEUにおいては、拡大に対する飽和感が現時点においても極めて強く残っており、それが今後の拡大プロセスに対する抑制的なトーンに結びついていることは想像に難くない。

　このようななか、現時点の拡大プロセスは、3カ国の「加盟候補国（candidate countries）」（クロアチア、マケドニア旧ユーゴスラビア共和国（本章では以下「マケドニア」と記載）、トルコ）、および5カ国の「潜在的な加盟候補国（potential candidate countries）」（アルバニア、ボスニア＝ヘルツェゴビナ、セルビア、モンテネグロ、コソボ、アイスランド）の、合計9カ国を抱えて進展している。加盟候補国のうち、トルコとクロアチアについてはすでに加盟交渉を開始しており、マケドニアについては2010年の加盟交渉開始が目指されていた。潜在的加盟候補諸国については、アルバニアとモンテネ

第 6 章　第 5 次拡大実現以降の EU 拡大プロセス（2007-2009 年）

グロが加盟申請を行い、アルバニアについては 2010 年中にも加盟候補国認定を受ける可能性がある。セルビアは 2009 年末に加盟申請を行い、これで本稿脱稿までに EU 加盟申請を行っていない西バルカン諸国はボスニア＝ヘルツェゴビナとコソボのみとなった。さらにアイスランドに関しては、国際金融危機の影響を受けて 2009 年以降に同国の加盟問題が浮上し、非常に短期間のうちに加盟申請を行って注目されている。

　本章では第 5 次拡大実現以降の拡大プロセスについて、対象諸国の EU 加盟準備進捗状況および EU のスタンスの両面から検討する。具体的には、第 1 節で EU の拡大プロセスをめぐる全体的な状況を紹介した上で、第 2 節でトルコの加盟交渉進捗状況と同国の EU 加盟をめぐる諸問題を概観する。第 3 節では、まず西バルカン諸国全体に対する EU の立場について整理した上で、各国別の加盟準備進捗状況と EU をめぐる諸問題について検討する。最後に第 4 節では、アイスランドの EU 加盟問題に焦点を当てる。

　第 5 次拡大実現以降の拡大プロセスについての本章における主要な議論は、拡大実現に向けた熱意や機運が第 5 次拡大時と比較して大きく損なわれている一方、技術的な加盟準備作業が粛々と進むという状況になっているということにある。さらに、アイスランドおよび西バルカン諸国に対してはこれら諸国の「将来がヨーロッパのなかにある」ことを繰り返し確認する一方、トルコとの加盟交渉停滞に対してはトルコのキプロス問題の解決にすべてがかかっているとして、EU 側から具体的な打開策が示されることはなく、EU の対トルコ姿勢とそれ以外の加盟候補国・潜在的加盟候補国に対する姿勢との間の差異が、ますます大きくなりつつある。これらの点を検討した上で、今後の拡大プロセスが抱えうる問題について考察しつつ、結びとしたい。

# I　EU 拡大をめぐる状況

　第 5 次拡大以降の拡大をめぐる状況については、主に以下の三つの特徴

I　EU拡大をめぐる状況

がみられた。第一に、第5次拡大実現後の拡大は、拡大実現に向けてのEU側の熱意や機運が著しく欠如したなかで進められているといえる。このことは、中・東欧諸国を主な対象とした第5次拡大が様々な賛否両論の中、少なくとも政策レベルでは冷戦時の東西分断を解消し、冷戦後の新秩序を形成するという規範意識や使命感に裏打ちされて達成されたこととは対照的である（東野 2006）。欧州委員会は2009年2月に、第5次拡大は政治・経済の両面で成功を収めたとする報告書を発表しているが（European Commission 2009a）、このような報告書が公表された最大の動機は、第5次拡大および今後の拡大に対するEU市民の間で根強い反発を解消することであった可能性が高い。

さらに、第5次拡大以降の拡大プロセスがリスボン条約発効までの紆余曲折と同時平行で進められたことも、拡大そのものに対する注目や熱意をそぐ結果となった。EUの拡大は過去においても、同時に進行する深化のプロセスからの大きな影響を常に受けてきたのだが（東野 2006; 2007b; 2007c）、本章が対象とする時期においてもそれは例外ではなかった。とりわけ、2008年6月にアイルランドがリスボン条約を否決したことで、拡大全般に対する機運は著しく低下した。このことは、アイルランドの否決により、2008年後半の議長国であったフランスをはじめとして、新条約の発効まで新規加盟国の受け入れは不可能との立場をとる加盟国が大幅に増加することからも明らかであった。結局アイルランドは2009年10月にリスボン条約を批准したため、リスボン条約発効に向けての最大の障害は取り除かれたものの、欧州憲法条約草案の頓挫からリスボン条約の策定、アイルランドの批准に至るまでの疲労と消耗の感覚はEU全域において顕著である。これにヨーロッパにも深刻な影響を与えた金融危機などといったマイナス条件も加わり、次なる拡大への大きな機運はまだ生じていない状況である。

第二に、原則的には等しくEU拡大プロセスに参加しているトルコと西バルカン諸国に対するEUのスタンスの違いが、ここ数年で益々顕著になりつつある。トルコについては後述するように、加盟交渉の重要部分は、

第6章　第5次拡大実現以降のEU拡大プロセス（2007-2009年）

キプロス問題を理由として2006年末以降凍結されているが、こうした停滞状況を積極的に打破しようとする顕著な動きは、EU加盟諸国政府、欧州委員会、欧州議会のどこからもみられない。これに対して西バルカン諸国については、これら諸国の将来的なEU加盟が規定路線であることが様々なEUの声明や文書を通じて何度も確認されており、西バルカンの拡大プロセスに特化した欧州委員会の政策文書も、2005年12月以降は3度にわたって公表されている（European Commission 2005c; 2006; 2008）。トルコについてはこうした政策文書は公表されていないこととは対照的である[1]。また西バルカン諸国については後述するとおり、ビザ自由化に向けた動きが本格化するなど、人の移動に関してEUとの一体性を強化する試みも着実に進展している。いうまでもなくトルコについては、1963年の連合協定締結および1996年の関税同盟形成時にも一定程度EUとの経済的一体性が目指されてきてはいたが、今回の西バルカン諸国対象のビザ自由化はトルコ国民に対しては適用される予定はなく、西バルカンとトルコに対するEUの姿勢の違いを際立たせる結果となっている。

第三に、拡大プロセス参加諸国が抱える二国間問題が、加盟交渉を大きく阻害する状況が散見されてきた。トルコとキプロスおよびギリシャとマケドニアとの二国間問題は、トルコとマケドニアの加盟プロセスを大きく阻害してきたが、本章でも後述するとおり、スロベニアとクロアチアの二国間問題も、当初スムーズに進展すると思われてきたクロアチアの加盟プロセスを1年に渡ってブロックするに至った[2]。EUはこれら諸国が二国間問題を早期に解決するようたびたび声明を出した一方で、2009年後半議長国のスウェーデンは加盟候補諸国の二国間問題に積極的に関与しないと

---

[1] たとえば、2007年12月の欧州理事会は「西バルカン諸国の将来はEUのなかにある」こと、そしてEUがこれら諸国の加盟準備支援を加速していくことを再確認している（European Union 2007ec）。同会合において、トルコについて同様の言及が行われていないことは示唆的である。

[2] 二国間問題がEU拡大プロセスの大きな障害となっている状況については、'EU must find the courage to remove blocks on enlargement', *Financial Times*, 25 March 2009.

の方向性を強調していたし[3]、2009年の欧州委員会「拡大戦略」は「二国間の問題は加盟プロセスを妨げるべきではない。二国間の紛争は当事者同士で解決されるべきであり、当事者らには善隣関係の精神と大局的なEUへの関心を念頭において解決への道を探る責任がある」と強調していた（European Commission 2009b: 18）。レーン欧州委員も同戦略発表後、「西バルカン諸国のEU加盟は、二国間問題の解決と法の支配（の定着）という2つの部門に、いかにすべての関係者が取り組んで行くかにかかっていくだろう」と発言している（Rehn 2009c）。EU側としては、これらの二国間問題が拡大プロセスを大きく阻害していることは望ましくないとの認識を有する一方、EUの責任を超えたところで生じている問題が拡大プロセスの進展を阻んでいることは、今後の拡大ペースを鈍化させるという観点から、ある意味では好都合であったという側面も否定できない。次節では上記のような傾向を踏まえつつ、各国向けの拡大プロセスの進展状況を検討していくこととする。

# II　トルコの加盟プロセス

　トルコは2005年にEUとの加盟交渉を開始しているが、加盟国であるキプロスの航空機、船舶に空港・港湾を開放していないことへの制裁措置として、モノの自由な移動、起業およびサービス提供の自由、金融サービス、農業、運輸など重要8項目の交渉開始は凍結すること、その他の項目についても、加盟交渉が完了したとは認定されないことが2006年12月の欧州理事会で決定されている（東野　2007c）。
　それ以降のトルコの加盟プロセスにおいては、2008年2月には理事会で「加盟パートナーシップ」改訂版が採択され（European Union 2008）、また、2008年から2009年には、凍結された8項目以外の領域で新たに開始した交渉もあった（2008年6月に「会社法」と「知的所有権」、2008年12月に「資本の自由移動」、「情報社会・メディア」、2009年6月に「税制」の加盟交渉開始

---

[3]　'Sweden plays down Balkan EU hopes', *Financial Times*, 22 June 2009.

第 6 章　第 5 次拡大実現以降の EU 拡大プロセス（2007-2009 年）

でそれぞれ合意）。しかし 2009 年末の時点では、35 に上る交渉項目のうち、少なくとも交渉を開始することが出来たのは 11 項目にとどまっており、このうち交渉を暫定的に完了するに至ったのは 1 項目のみとなっている[4]。

　トルコ国内の加盟準備でとりわけ注目すべきなのは、2008 年 5 月に、これまで EU 側から強く非難されてきた刑法 301 条の「国家侮辱罪」の改正案を施行したことである。2008 年 11 月の欧州委員会「拡大戦略」は、この改正を言論の自由の改善をもたらすものとして歓迎した。また、その 1 年後の 2009 年 10 月の欧州委員会「拡大戦略」は、とくに 24 時間放送のクルド語テレビ局が開設されたことを「非常にポジティブな前進」と評価した。ただし同報告は、表現および宗教の自由の確保、女性の権利の保護、労働組合などの権利の保護などの領域で改革に遅れが見られており、さらに政治基準の領域全般で引き続き努力が必要とも指摘している（European Commission 2009b: 16-17）。また、経済基準に関しては、国際的不況に対し、同国の金融部門が耐性を示したことが評価されている。ただし全般的に、政治基準や経済基準の充足状況については、従来の欧州委員会定期報告の内容から大きく変わるような評価はなされていない。

　こうしたことから、2006 年 12 月の欧州理事会決定以降、トルコの EU 加盟をめぐる状況は大枠では変わっていないといえる。最低条件として、トルコがキプロスに対して空港、港湾を開放しない限り、8 項目の交渉凍結は解除されないからであるが、現在のところトルコ側でこうした動きは見られていない。2009 年欧州委員会報告では、EU 加盟国であるキプロスとの二国間関係改善が「全く進んでいない」と批判しており、この点において突破口が見られない限り、加盟交渉はこのまま停滞せざるを得ないことを示唆している。

　さらに、米国によるトルコの EU 加盟支持と、それに対する一部の EU

---

[4]　2009 年 6 月末時点での同国の加盟交渉進捗状況については、http://ec.europa.eu/enlargement/pdf/enlargement_process/accession_process/how_does_a_country_join_the_eu/negotiations_croatia_turkey/overview_negotiations_tr_en.pdf

Ⅱ　トルコの加盟プロセス

加盟国からの反発という構図も、米国における政権交代前後を通じて全く変わっていない[5]。2008年1月には当時のブッシュ米大統領とトルコのエルドアン首相が会談し、ブッシュ大統領はその場でトルコのEU加盟を改めて支持していたし、2009年1月に就任したオバマ大統領も、2009年4月に、大統領就任後初の訪問国としてトルコを選び、同国のEU加盟を支援することを強調した。またオバマ大統領は、その直後にプラハで開催された自身にとって初の米・EU首脳会談で、米国がトルコのEU加盟を支持していることをEU加盟国の首脳らに伝えている[6]。これに対し、フランスのサルコジ大統領およびドイツのメルケル首相は強く反発したことも広く報じられている[7]。サルコジ・メルケル両氏はまた、2009年5月にベルリンで行われた独仏首脳会合でも、トルコがEUに加盟せずにEUとの密接な関係を築く「特権的パートナーシップ」案への支持を確認しあっている。こうした独仏両国に対してエルドアン首相が「こうした一部の偏狭な政治家らはトルコを（欧州議会）選挙の具にしようとしている。きわめて間違っており、きわめてポピュリズム的である」として反発したが、こうした応酬もEU・トルコ関係においてはもはやすっかり定着したといえよう[8]。

　この意味では、2008年前半に顕在化したトルコの「地中海連合（The Union for the Mediterranean）」参加問題や、2008年5月のEU・トルコ連合理事会でのフランスとトルコの衝突も、従来の論争の枠を超えるものではないといえよう。前者の地中海連合構想はフランスのサルコジ大統領の提唱によるもので、当初は地中海沿岸のEU加盟7カ国（キプロス、ギリシャ、フランス、イタリア、マルタ、スペイン、ポルトガル）と、中東および北アフリカ諸国を対象とし、地中海諸国の結束を強化することを目的としていた。

---

(5) 米国によるトルコのEU加盟支持と、それに対する一部EU加盟国の反発については、以下を参照。（八谷　2007；森井　2007）
(6) 'Obama urges EU to welcome Turkey', *Financial Times*, 5 April 2009.
(7) 'EU old boys play politics with Turkey', *Financial Times*, 8 April 2009.
(8) 'Erdogan hits out at efforts to derail Turkey's EU entry', *Financial Times*, 27 June 2009.

第6章　第5次拡大実現以降のEU拡大プロセス（2007-2009年）

しかし、同構想に参加するのが一部のEU加盟国のみであったことに対してドイツからの反発があったことから[9]、2008年3月の独仏首脳会談での協議を経て、すべてのEU加盟国と、地中海沿岸の非EU加盟国が参加する枠組みに軌道修正された。同案についてはトルコのEU加盟の代替措置としての提案であるとの憶測が常にあったため、トルコは同構想への参加には断固として反対してきた[10]。最終的に、2008年7月に発足した地中海連合の共同宣言で、同連合が「EUの拡大政策、加盟交渉、加盟前プロセスからは独立したものであること」を確認し（The Union for the Mediterranean 2008: para. 13）、トルコが同連合に参加して行くことで一応の決着を見た。

さらに2008年5月には、トルコとEU関係の最高意思決定機関である連合理事会（Association Council）の会合のために用意されたEUの書類から「加盟」という文言を削除しようとした経緯をめぐり、トルコととくに議長国フランスとの関係が大きく険悪化した。トルコ側が「加盟」の文言が削除されるのであれば会合自体を取りやめると主張し、また他の加盟国からの反対もあったため、「加盟」の文言が削除されることは最終的にはなかったものの、トルコ側とEU側はこの一件をめぐり、公然と非難しあうに至った。トルコのババジャン外相はEUに対し、自らの約束を否定し、信頼を損なうような行為は慎むべきだと批判したのに対し、レーン欧州委員は、加盟プロセスが進まないのはトルコに一義的な責任があるのであり、トルコ政府は「言葉ではなく、改革に注意を向ける」べきであると、厳しい言葉を返したと報道されている[11]。地中海連合参加問題も連合理事会での問題も、トルコのEU加盟を規定路線とすることに対するEU内部の反

---

[9] 'Merkel criticises Sarkozy's Mediterranean Union plans', *EUObserver*, 6 December 2007.

[10] 'Sarkozy's proposal for Mediterranean bloc makes waves', *New York Times*, 10 May 2007; 'Turkeyangered by Sarkozy "Mediterranean Union" idea', *EUObserver*, 18 May 2007; 'Sarkozy dilutes plans for Mediterranean bloc', *Financial Times*, 5 March 2008.

[11] この一連の騒動については'Turkey bids to assuage EU critics', *Euractiv*, 29 May 2008.

## II　トルコの加盟プロセス

発が、現時点においてもきわめて強いことを如実に示している。

　この一方で、本章が対象とする時期においては、ナブッコ・パイプライン問題や、NATOの新事務総長選任問題など、本来的にはEU拡大プロセスとは直接的な関係を有さない事柄とトルコのEU加盟問題がリンクされ、トルコの加盟プロセス全体に複雑な影響をもたらしつつあることも指摘しておきたい。

　ナブッコ・パイプラインをめぐる問題は2009年1月以降に浮上している。ナブッコ・パイプラインとは、カスピ海および中央アジアの天然ガスを、トルコを経由してEU域内に輸送するパイプライン計画のことであり、EUはエネルギー安全保障の観点から同計画を極めて重視していた。しかしトルコは、「エネルギー」の領域における加盟交渉がキプロスの反対により凍結されている状況を問題視し、同領域での加盟交渉が開始も出来ない状況であれば、同パイプラインの国内通過を認めるという「我々の立場を当然見直さざるをえない」(エルドアン首相)とする立場を打ち出した[12]。これに対し、EU側は、「エネルギー安全保障の問題は、加盟交渉の特定の問題に結び付けて論じられるべきではない」(バローゾ委員長)として、同パイプラインへの協力をEU加盟交渉進展の条件として用いようとするトルコを牽制していた[13]。結局7月に、EU4ヵ国とパイプライン建設に向けた政府間協定に署名し、それに伴ってエネルギー共同体加盟のための正式な交渉を開始している。結局この問題で、トルコは「エネルギー」領域の加盟交渉を開始するには至らなかった。ただし、この経緯は2009年の欧州委員会「拡大戦略」の対トルコ評価に少なからぬ影響を与えたと見ることが出来る。同報告では、トルコのナブッコ・パイプライン協定への署名を大きく評価したうえで、同国の南コーカサスや中東の安定化への貢献、そして第一次大戦時のアルメニア人大量虐殺問題の歴史認識をめぐって対立してきたアルメニアとの国交樹立などを挙げ、ヨーロッパ政治におけるトルコの役割を積極的に評価している (European Commission 2009b: 17)。

---

[12] 'Turkey links gas pipeline to EU talks', *Finantial Times*, 20 January 2009.
[13] *Ibid*.

第6章　第5次拡大実現以降のEU拡大プロセス（2007-2009年）

　2009年「拡大戦略」のトルコ評価が前年の「拡大戦略」と比して、格段に好意的なトーンとなった背景としては、ナブッコ・パイプラインをめぐるトルコとEUとの確執を受け、欧州委員会が同国の「エネルギー供給」上の、そして「文明間の対話を促進する上での」重要性を強調したとも見られており[14]、結果としてトルコの戦略的重要性に関する議論を補強することになったといえるであろう[15]。

　また、NATO新事務総長選任をめぐる混乱は2009年3月から1ヶ月に及んだ。同ポストにはデンマークのフォー＝ラスムセン首相が最有力候補として挙がっていたが、トルコのエルドアン首相は2006年に生じたムハンマド風刺画事件で、当時デンマーク首相であったフォー＝ラスムセン氏がイスラム諸国に対する謝罪を拒否したという理由で、同氏のNATO事務総長就任を拒否していた。この問題は当然のことながら、EU拡大プロセスそのものとは本来無関係ではあったが、トルコがNATO事務総長問題をEU拡大プロセス進展のための取引材料とする意図があるのではないかとの憶測が取りざたされていた。エルドアン首相自身もインタビューで「同盟諸国政府が知りたがっているのは、トルコが（事務総長問題に）根本的に反対しており、その反対を死守するつもりなのか、それともトルコのEU加盟実現時期などの問題について譲歩を引き出すための交渉材料を得ようとしているのかの、どちらなのかということであろう」と語り、他のNATO諸国が、トルコがNATO事務総長問題をEU加盟問題の交渉材料としているとみていることを認識していた[16]。最終的にトルコは、2009年4月のNATO首脳会合でラスムセンの事務総長就任への反対を取り下げ

---

[14] 'EU gives green light for Macedonia accession talks', *EUObserver*, 14 October 2009.

[15] 現に、アハティサーリを座長とする賢人会議である「トルコについての独立委員会」が2009年9月に発表した報告書では、エネルギー安全保障の観点からのトルコの重要性を強く主張している（Independent Commission on Turkey 2009）。また、Tony Barber 'Brussels attacked on Turkish accession', *Financial Times*, 7 September 2009. も参照。

[16] 'Turkeybar on NATO candidate sparks rift', *Financial Times*, 31 March 2009.

たものの、トルコの EU 加盟に積極的であった数少ない EU 加盟国内部の政治指導者らが、NATO 事務総長問題をきっかけとして対トルコ認識を著しく悪化させたとの指摘もあり[17]、この一件は同国の拡大プロセスには決してプラスには作用しなかったとみてよいであろう。

以上、本節で述べてきたように、トルコの加盟プロセスはキプロス問題により数年にわたって停滞状態にあり、また 2005 年の加盟交渉開始から丸 4 年を経た現在においても、トルコの加盟の是非をめぐる EU 内部での原則論的な意見対立はその中身を大きく変えてはいない。こうした膠着状況は、今後もしばらく継続されるものと思われる。とくに、2009 年 12 月 1 日のリスボン条約の発効と同時に初代の欧州理事会常任議長に就任することとなったベルギーのファンロンパウ首相がトルコの EU 加盟にきわめて懐疑的であることで知られ、「トルコはヨーロッパの一部ではないし、今後も決してそうはならない」と明言し[18]、トルコから激しく反発されていることは、今後もこうした応酬が継続されていくことを示唆しているといえる。

# III 西バルカン諸国の加盟プロセス

### 1 西バルカン地域全体に対する EU のアプローチ

2003 年 6 月の欧州理事会で採択された「西バルカン諸国のテッサロニキ・アジェンダ」文書では、同地域の諸国が EU 拡大プロセスに参画するためには、第 5 次拡大で用いられたコペンハーゲン基準と、1999 年以降実

---

[17] たとえばフランスのクシュネル外務大臣は、「トルコの EU 加盟を支持する、フランスで数少ない政治家の一人」であったが、NATO 首脳会議におけるトルコの態度には「大きな衝撃を受けた」として、従来のトルコの EU 加盟賛成の立場を修正したことを示唆している。'Turkey reaps rewards of high regional profile', *Financial Times*, 8 April 2009; 'EU old boys play politics with Turkey', *Financial Times*, 8 April 2009. また、クシュネルの従来の親トルコ的な立場を示すものとして、'Turkey bids to assuage EU critics', *Euractiv*, 29 May 2008. も参照。

[18] 'Van Rompuy : "Turkey will never be part of Europe"', *EUObserver*, 18 November 2009.

## 第6章　第5次拡大実現以降のEU拡大プロセス（2007-2009年）

施されている安定・連合プロセス（Stabilisation and Association Process: SAP）で示されたコンディショナリティを充足することが必要条件であることが確認されている（European Union 2003）。第5次拡大実現以降のEUの対西バルカン政策も、上記の原則に照らして進められてきた。

　第5次拡大実現以降の重要な動きとしては、第一に、欧州委員会は2008年3月に政策文書「西バルカン諸国―ヨーロッパへの見通しを高める」を発表し（European Commission 2008a）、西バルカン諸国が民主的改革、経済発展、善隣関係を推進するための、EUによる支援策を提示した。同文書の重要な要素とは、西バルカン諸国間の地域協力促進の進展についての評価であった。そもそもSAPおよび「テッサロニキ・アジェンダ」の中核的目標の一部には西バルカン諸国間の地域間協力の促進があり、西バルカン諸国との拡大プロセスにおいて、地域的協力の推進は事実上の「条件」とみなされてきたといえる（Batt 2004: 19）。さらに、西バルカン諸国の多くが隣国との間で領土問題をはじめとした二国間問題を抱え、この問題が同地域の諸国のEU加盟プロセスを阻んできたという経緯もあるため（詳細については後述）、西バルカン地域内部での協力関係の進展は同地域全体のEU加盟見通しに大きくかかわる問題となっていた（東野2007d）。今回の欧州委員会の政策文書では、2008年1月にEUの協力のもと新設された地域協力評議会（Regional Cooperation Council: RCC、事務局はサラエボ）などを中心とした「地域協力促進を自らの一義的な責任として取り上げた」として、2007年から2008年にかけての西バルカン地域における協力関係の促進を高く評価している点が注目される。

　第二に、西バルカン諸国に対するビザ自由化計画が2007年以降に大きく進展した。これは、欧州委員会が2007年の「拡大戦略」で、西バルカン諸国のビザ自由化に向けた道筋を整えるための準備を開始する意図を有していることを発表し（European Commission 2007）、これを受けて理事会が2008年1月に、西バルカンのすべての国家とビザ関連の対話を開始することで合意したことに端を発する。その後欧州委員会はビザ自由化を西バルカン諸国の「EU加盟準備の一環」と位置づけるようになる（European

Commission 2008a: 8)。その第一歩として、EUと西バルカン諸国との間でビザ簡素化協定が2007年9月に署名され、2008年1月に発効している。さらに2008年に「ロードマップ」が策定され、ビザ自由化のための条件(パスポートの安全の確保、国境管理の改善、腐敗および組織犯罪との戦いの強化など)と具体的な改革準備作業が提示された。これを受け、欧州委員会は2009年7月にビザなし渡航計画(通称「ホワイト・シェンゲン」)を発表した。これによると、マケドニア、モンテネグロ、セルビアは2010年1月1日から生体認証パスポートのみでシェンゲン諸国に入国できることになる。アルバニアとボスニア・ヘルツェゴビナについても、「ロードマップ」の条件を充足し、とくに生体認証パスポートを導入すれば、早ければ2010年半ばを目途に同様の措置が採られるようになる[19]。レーン欧州委員は同計画について「西バルカン諸国の市民社会を一層ヨーロッパ化する」試みであり、「ヨーロッパ統合が国家間の統合だけではなく、人々や市民の間の統合に関するもの」であることを示すものだと語っている (Barrot and Rehn 2009)。同案は2009年11月に欧州議会および欧州理事会でそれぞれ承認され、当初の予定よりも前倒しして2009年12月19日から実施されている。

　上記の二点からも明らかなように、EUは地道ながらも着実に西バルカン諸国全体を包括する加盟前支援を進めている。そしてトルコへの加盟支援と比較すると、そのコミットメントの温度差が近年益々如実になってきているといえる。

## 2　クロアチア

　クロアチアは2005年に加盟交渉を開始している。2009年末までに28章で交渉を開始、うち15章で交渉を暫定的に完了している[20]。このため2009年の「拡大戦略」では、「クロアチアとの加盟交渉は最終段階に近づきつつある」と評価されている (European Commission 2009b: 2)。

---

[19]　ただしコソボについては、これまでのEUとのビザ対話の対象となってこなかったこともあり、同計画についても対象外とされた。

第 6 章　第 5 次拡大実現以降の EU 拡大プロセス（2007-2009 年）

　ただし、2007 年から 2009 年までのクロアチアの拡大プロセスにおいては数々の問題が浮上した。欧州委員会は 2008 年中には 2 度にわたり、同国は 2009 年中にはすべての章で加盟交渉を終えることが可能との見通しを示していたが（European Commission 2008a; 2008b）、同国の加盟交渉は実際には数多くの問題を抱えてしばしば停滞したのであった。以下では、クロアチアの EU 加盟をめぐる問題を時系列的に整理する。

　第一に、EU は 2007 年 12 月に、同国の EU からの支援金の管理が不十分であることが理由として、同国に対する加盟前支援資金の一部（6,600 万ユーロ）を凍結した。この凍結は 2008 年 7 月に、同国の EU 資金支援管理状況が改善したことを理由に解除されたが、この問題は EU からの加盟前支援の扱いをめぐり、同国のクレディビリティを大きく損なう結果をもたらした。

　第二に、同国が一方的に設定したアドリア海における漁業保護水域が、近隣諸国との間に問題をもたらした。同国はアドリア海での乱獲を防ぐため、2003 年に漁業保護水域を設定していたが、同措置開始当初は EU 加盟国にはこれを適用していなかった。しかし同国政府は 2008 年 1 月に方針を変更し、イタリアおよびスロベニアの漁船を同水域から排除するに至った。EU は同年 2 月の外相理事会で、同措置を「EU の精神に反する」と非難し、欧州委員会に問題解決を委託した。最終的にクロアチア議会は同年 3 月、アドリア海の漁業保護水域を EU 加盟国に適用しない法案を賛成多数で可決した。

　第三に、2008 年後半には造船業界の再編成・近代化をめぐって EU との交渉が難航した。EU 側は老朽化した造船所については売却や民営化など、競争力を高める措置を採ることを提案していたが、クロアチアがこれを拒否し、交渉が長期にわたって滞った。

---

⒇　2009 年 10 月時点でのクロアチアの加盟交渉進捗状況については http://ec. europa. eu/enlargement/pdf/enlargement_process/accession_process/how_does_ a_country_join_the_eu/negotiations_croatia_turkey/overview_negotiations_hr_10- 2009_en.pdf

Ⅲ　西バルカン諸国の加盟プロセス

　第四に、2008年10月にスロベニアが、クロアチアの間でアドリア海沿いのイストリア半島における境界線問題を抱えていることを理由に、クロアチアとの新たな交渉開始を拒否した。これによりクロアチアの加盟交渉をほぼ1年にわたって停止することになる。欧州委員会は当初、スロベニア・クロアチア間の領土・領海権問題は、EU拡大プロセスとは無関係であり、あくまでも2国間で解決されるべき問題であるとの立場を表明していた。しかし、問題が全く進展しなかったため、欧州委員会は2009年1月23日に、EUが調停委員会を設けて仲裁を行う意向を表明した。調停委員会は3人の専門家で構成され、委員長にはフィンランドのアハティサーリ前大統領が就任した。

　その後、調停委員会は仲裁による解決を数度にわたり提案したが、具体的な進展はなかった。2009年前半議長国のチェコも何度か加盟交渉を再開しようと試みたが[21]、加盟交渉が実際に行われることはなく、2009年後半議長国のスウェーデンも、同問題は基本的にスロベニアとクロアチアの二国間で解決されるべきものとして、積極的な仲介はしない方針を採っていた[22]。

　結局、両国は2009年9月に政治合意に至り、スロベニアがクロアチアの加盟交渉における拒否権の発動を撤回したため、2009年10月にはそれまで滞っていた加盟交渉が集中的に行われ、新たな領域での加盟交渉の開始と交渉の暫定的締結が相次いだ。この結果欧州委員会は2009年の「拡大戦略」文書で、「仮にクロアチアが残された条件をすべて充たせば、来年（2010年）加盟交渉を終了することが可能になる」との見通しを示した（European Commission 2009b: 19）[23]。拡大戦略発表後、レーン委員も、「クロアチアはゴールに近づきつつある」と述べている（Rehn 2009c）。

　スロベニアとクロアチアの二国間問題は最終的に、2009年11月上旬に

---

[21] 'EU officials tire of Croatia-Slovenia dispute', *EUObserver*, 24 June 2009.
[22] 'Swedendeclines EU trouble-shooting role', *Euractiv*, 23 June 2009.
[23] 2009年11月4日には、スロベニア、クロアチアの両首脳が同問題をめぐる同意文書に署名している。

第6章　第5次拡大実現以降のEU拡大プロセス（2007-2009年）

両国政府が、領土問題の解決をクロアチアのEU加盟交渉終了後に国際調停に委ねる旨の合意文書に署名したことにより、一定の解決を見た。スロベニアはこの合意に基づき、今後はクロアチアの加盟交渉には介入しないとの姿勢を明確にしているため、クロアチアがスロベニアとの二国間問題にかかわらず、加盟交渉を進めるための素地は整ったといえる。

### 3　マケドニア

マケドニアは2001年に安定・連合協定（Stabilisation and Association, Agreements：SAA）に署名した。その後4年間のSAAの履行状況および2001年のオフリド枠組合意の立法枠組構築を達成したことが評価され、2005年12月に加盟候補国として正式認定された。この認定は、マケドニアが今後EU加盟を目指すにあたり、EUとの「緊密な関係を有しているという政治承認」であり（European Commission 2005b: 7）、ただちに加盟交渉の開始を認めるものではなかった。

マケドニアの加盟交渉開始が長らく決定されなかった理由としては、以下の点が挙げられる。第一に、そして最大の理由として、同国が「マケドニア」という国名をめぐって北部にマケドニア州があるギリシャと対立し、ギリシャがマケドニアとの加盟交渉開始を拒否し続けてきたことがある。これについては、マケドニア政府は2008年以降、NATOおよびEUへの加盟を重視する観点から国名問題に柔軟に対処する意向を明確にしており[24]、また同国議会も2008年11月に国名問題の解決に向けた戦略的対応を政府に求める決議を採択しているが、これまでのところ具体的な進展はない。第二に、同国は「機能する民主主義」は有すると判断されたものの、依然として「政治基準の充足に向かっている」段階であると判断されてきた。とりわけ、国内多数派のマケドニア人とアルバニア系住民との民族対立による政情不安などが問題視されてきた。

このことからEUは、同国の加盟交渉開始の具体的条件として、以下の二点を挙げてきた。第一に、2001年にEUの仲介で締結されたオフリド枠

---

[24] 'Macedonia ready to bend on name dispute', *Financial Times*, 16 March 2008.

組合意（マケドニア政府とアルバニア人代表との間で締結された、マケドニア紛争終結のための合意）の履行を継続することであった（European Commission 2005b: 4）。第二に、2007年11月の欧州委員会拡大戦略で、加盟交渉開始を認めるかどうかの基準として、政治対話、警察法の実施、汚職対策、司法改革など8項目に加え、選挙の公正かつ円滑な実施を挙げていた。

　2008年の欧州委員会「拡大戦略」は、同国は引き続きこれらの領域での努力を継続すべきであるとして、同国との加盟交渉開始の勧告を見送ったものの、2009年の「拡大戦略」では、欧州委員会は一転してマケドニアとの加盟交渉開始を勧告するにいたる。それでは、2008年から2009年までの間に、同国のEU加盟問題を進展させた要因とはなんであったのだろうか。本書では主に、以下の二点を指摘することにしたい。

　第一に、欧州委員会および欧州議会による同国の改革をめぐる全般的な評価が2008年以降上昇したことがある。欧州委員会は2008年3月の西バルカン諸国に関する報告書で、マケドニア国内の政党間協力や、首相と大統領との間の協力に改善が見られたことで、EU関連の改革についても多くのコンセンサスが見られるようになったと評価しており（European Commission 2008a: 4）、「十分な政治的決断と持続的な努力があれば、2008年中に必要な進歩は遂げられるだろう」との見通しを示していた（Ibid.: 21）。また、欧州議会は2008年4月にマケドニアについての決議を採択した。同決議では、同国が加盟候補国としての地位を獲得した2005年以降、マケドニア政府が着実に改革を進めているにもかかわらず、EU側から加盟交渉開始時期が全く示されたことがなかったのは「フラストレーションと不確実性を増す」結果になっており、「この例外的状況に終止符を打つことが望ましい」と指摘し、EUが2008年中にマケドニアとの加盟交渉開始を決定することを望むとした。このことから、マケドニアとの加盟交渉開始への機運は2008年前半には高まっていたことがうかがえる。

　第二に、これまで同国の政治基準の一層の充足にあたってもっとも重要な課題とみなされていた、「自由かつ公正な選挙の実施」が、2009年前半に達成されたと認定を国際社会から受けるにいたったことがある。2008年

第6章　第5次拡大実現以降のEU拡大プロセス（2007-2009年）

5月に実施された議会選挙では、選挙戦中に銃撃戦が勃発して死者を出したことが問題視された。選挙監視を行ったOSCEも、同選挙は国際基準を充たさなかったと判断した。この一連の選挙をめぐる混乱がEU加盟交渉開始にとってはマイナス要因として働き、マケドニアの改革努力が既述の通り2008年初頭に評価され始めていたにもかかわらず、2008年中の加盟交渉開始は達成されなかった。2008年の欧州委員会「拡大戦略」も、同国の今後の課題として自由かつ公正な選挙が実施されること、異なる政治集団間の対話が改善されることの2つが極めて重要との認識を打ち出していた（European Commission 2008b: 8-9, 13）。これに対し、2009年4月に実施された地方選挙では、大きな混乱や暴力事件がなかったとの評価をOSCEから得ており、このことは2009年の欧州委員会定期報告においても歓迎されるべき発展として指摘されている[25]。

これらの情勢を踏まえ、2009年10月の欧州委員会定期報告書は、同国はEU加盟のためのコペンハーゲン基準の政治基準を十分に充たしており、また経済基準においては「機能する市場経済」の実現に向けて進歩したため、同国はEUとの加盟交渉を開始する準備を整えたと判断した（European Commission 2009b: 19）。欧州委員会のレーン委員（拡大担当）は、マケドニア政府はこの欧州委員会勧告を「国名問題を最終的に解決するようにという非常に強力な奨励」であると受け取って欲しいと発言している（Rehn 2009c）。

ただし、欧州委員会の積極的な評価にもかかわらず、2009年末までにマケドニアとの加盟交渉開始が決定されることはなかった。ギリシャが国名問題解決の前にマケドニアとの加盟交渉を開始することを拒否する姿勢をとり続けたため[26]、2009年12月7-8に実施された総務理事会および外務理事会では、マケドニアに対して一刻も早く加盟交渉開始時期を示すべきであると主張した多くの加盟国と、2010年3月のギリシャ大統領選挙前に

---

[25] なお、上記2点に加え、同国の北大西洋条約機構（NATO）加盟がギリシャの拒否権発動により2008年4月上旬に見送られたことも、EU拡大プロセスに間接的に影響を与えることになるが、これについては稿を改めて論じることにする。

164

マケドニアのEU加盟問題を進めることを拒否すると主張したギリシャとの間で、見解が鋭く対立した[27]結局この会合では、マケドニアとの加盟交渉開始を判断することを先送りすること、同問題について2010年6月末までに改めて協議がなされることで合意がなされたのである。

### 4 モンテネグロおよびアルバニア

　モンテネグロは2006年6月に、セルビアとの国家連合から離脱することにより独立を果たして以降、着々と加盟準備を進めてきた。2007年10月にはSAAに正式署名し、現段階では22のEU加盟国が批准を行っている。またSAA署名を受け、貿易および貿易関連事項についての暫定協定が2008年1月に発効している。

　同国は2008年12月に、EUに対して正式な加盟申請を行った。これを受け、理事会は2009年4月に欧州理事会に対し、同国の加盟申請に関する意見書を準備するよう要請しており、同意見書は2010年秋に公表される予定となっている。2009年の欧州委員会「拡大戦略」では、コペンハーゲン基準については、政治基準、経済基準ともに充足の途上にあるとされ、とりわけ行政上の能力と、法の支配の確立が大きな課題であると指摘されている。ただし、2009年「拡大戦略」におけるモンテネグロ関連の記述は他の西バルカン諸国と比較すると多くはなく、このことは同国のEU加盟をめぐる突出した難問が存在していないことを示唆している。セルビアやボスニア＝ヘルツェゴビナなどのEU加盟問題においては最大の懸念となっているICTYへの協力問題も、モンテネグロについては明示的に求められた条件とはなっていないことも、同国のEU加盟準備に向けた障害が他の西バルカン諸国と比して少ないことを示している。

---

[26] ギリシャはマケドニアが2009年に入って、空港や高速道路にアレクサンダー大王にちなんだ名前をつけたことに強く反発していたという事情もある。'EU must find the courage to remove blocks on enlargement', *Financial Times*, 25 March 2009.

[27] 'Macedonia EU Talks decision postponed until 2010', *Euractiv*, 8 December 2009.

第 6 章　第 5 次拡大実現以降の EU 拡大プロセス（2007-2009 年）

　アルバニアは 2006 年 6 月に SAA に署名し、同協定は 2009 年 4 月に発効している。これまでに欧州委員会により、汚職、組織犯罪対策、司法・行政改革が遅れていることが指摘されてきた。

　同国は 2009 年 4 月に NATO 加盟を達成しており、同じく 2009 年 4 月に EU 加盟申請を行っている。しかし理事会は、同国で 2009 年 6 月に実施された総選挙後の混乱により、欧州委員会に対し、同国の加盟申請に関する意見を作成するよう要請することを見送ってきた。2009 年の欧州委員会「拡大戦略」では、同国の近年の改革努力は評価できるものの、現時点では加盟のための政治基準も経済基準も充足の途上にあるとの見方を示しており、とりわけ、知的所有権、オーディオヴィジュアル、農業、腐敗との戦い、司法の独立、組織犯罪対策、麻薬輸送、マネー・ロンダリング、などの領域における加盟準備を加速させるべきであるとしている。

　これを受け、11 月 16 日に開催された外相理事会では、アルバニアの正式加盟申請と欧州委員会の「拡大戦略」の内容を検討した結果、アルバニアを加盟候補国として認定するか否かを決定するための作業として、欧州委員会が意見文書を作成することで合意された。意見公表後は同国の加盟交渉開始のための条件の充足状況との兼ね合いから、加盟交渉開始の日時が示されることになる。

### 5　ボスニア・ヘルツェゴビナ

　ボスニア・ヘルツェゴビナは 2007 年 12 月に SAA への仮署名を行っている。EU 側は、スルプスカ共和国とボスニア連邦とで分かれている警察機構の統一をはじめとする改革の進展を確認したのちに、同協定の正式署名を行うとしていた。これについては、2008 年 4 月 10 日に同国下院で警察改革の法案が賛成多数で可決し、SAA 正式署名にあたって EU が要求していた条件が充たされたため、EU とボスニア・ヘルツェゴビナは同年 6 月に SAA に正式に署名した。ボスニア側でも、上下両院で 10 月下旬に SAA 批准を終えている。

　しかし、SAA 正式署名後、同国においては加盟準備が滞りがちであり、

2009年の欧州委員会「拡大戦略」では、他の加盟候補国および潜在的加盟候補国に比して、改革の進展状況についてもっとも厳しい評価が下されることになった。とりわけ欧州委員会は、改革に向けた国内における機運が目に見えて低下していること、国内の諸制度が効率的に機能していないこと、EUの法や規則を実施する際の憲法改正プロセスが全く進展していないこと、とくにスルプスカ共和国の政府・議会において、民族主義的・扇動的言説が多く見られることを問題視してきた。

　とくに2008年以降のボスニアのEU加盟問題において最大の問題となってきたのは、セルビア系、ムスリム系、クロアチア系の三民族間の対立が、2005年のデイトン停戦合意から現在に至っても一向に収まる気配がないことと、またそのために同国政府がガバナンス機能を著しく欠いていることであった（Chivvis 2010）。この課題は、EUおよび米国を仲介者とする、以下の2つのイニシャティブに沿って改善への取り組みが模索されてきた。第一に、デイトン合意にしたがって設置され、民生面での和平履行をモニターする上級代表事務所（Office of the High Representative: OHR）の閉鎖と、同事務所の機能のボスニア政府への移管が模索されてきた。EUや米国、カナダなどで構成するボスニア和平履行理事会運営委員会は2007年2月、2008年6月30日を持ってOHRを閉鎖すること、ボスニア・ヘルツェゴビナ政府は閉鎖以前に同委員会で定められた諸条件を充たすこと、そして同国政府はOHR閉鎖と同時に、その活動を完全に引き継ぐことなどを決定していた[28]。このため、2007年以降の同国のEU加盟問題は、同国がいかに円滑にOHRを閉鎖し、それに変わる和平履行体制を確立するかに大きくかかっていると認識されてきた。このことと関連し、EUはOHRの閉鎖と平行して対ボスニアEU特別代表（EU Special Representative: EUSR in Bosnia、2002年2月以降OHRの上級代表を兼任）を通じた対ボスニア関与を強めていく方向性を定めており、駐ボスニア欧州委員会代表部とEUSRによる共同代表事務所を創設し、OHR閉鎖後も同国にとどまる案

---

[28] OHRの概要およびOHR閉鎖プロセスの詳細については、http://www.ohr.int/を参照（最終アクセス）。

第 6 章　第 5 次拡大実現以降の EU 拡大プロセス（2007-2009 年）

を検討してきていた。

　第二に、EU と米国がボスニア・ヘルツェゴビナの EU および NATO 加盟を促進するとの目的から、同国の国家機能改善のための憲法改正と、同国の三民族の関係改善に向けての協議を仲介してきた。EU と米国は、ボスニアの 3 民族の代表が 2009 年 10 月 20 日までになんらかの合意に達するようにとの期限を設け、2009 年 10 月初頭以降二度にわたる会合を共催してきた（通称「ブドミル・プロセス」）。EU と米国は同プロセスへの関与を発表するに当たり、同国の政治的デッドロックに対して「真剣な懸念」を共有しており、ボスニア・ヘルツェゴビナは西バルカンの「他の地域から立ち遅れて行くリスクを冒している」と非難してきた[29]。

　しかし、同国政府による OHR 閉鎖作業の進展は遅く、2009 年の欧州委員会拡大戦略は、OHR 閉鎖が完了しない限り、ボスニア・ヘルツェゴビナからの EU 加盟申請を考慮することは出来ないと明言している（European Commission 2009b: 14）。同様にレーン委員は、EU は同国が「自らの足で立って初めて、同国の EU 加盟を考慮することが出来る」（Rehn 2009b）、（現時点で OHR がほぼ全面的に同国のガバナンス機能を担当せざるを得ない状況について）「『擬似保護領（quasi-protectorate）』は EU に加盟することは出来ない」と、非常に厳しい言葉で改革の遅れを非難している[30]。

　さらに「ブドミル・プロセス」も、全く成果を挙げるに至らなかった。米・EU は同プロセスの失敗を受けて、11 月 19 日には、ボスニアの国際保護国的な立場からの脱却のための諸措置や、EU への統合を加速するにあたって必要な憲法改正などを含む「包括的改革パッケージ」をボスニアに提示していたが、これもボスニアの三民族の代表から拒否され、プロセスは完全に膠着状況に陥っている。ただし、現在のボスニアが完全に自己統治能力を欠いていることの責任は、まさしく EU の長年にわたる介入の方法にあるとの批判が存在していることも忘れてはならない。すなわち、

---

[29] 'EU and US fail to break Bosnia deadlock', *EUObserver*, 22 October 2009.
[30] 'EU gives green light for Macedonia accession talks', *EUObserver*, 14 October 2009.

III　西バルカン諸国の加盟プロセス

2002年の上級代表の任命、2003年のEU警察ミッションの派遣、2004年のSFOR任務のEUFORよる引き継ぎなどといった一連の介入は、およそボスニアが自律的にそのプロセスに関与する余地を与えてこなかったのであり、現在のボスニアの依存体質は、まさにEUによる継続的な「ディスエンパワーメント」の結果であるという（Osland 2004; Manners 2006）。こうした認識がどの程度EUの政策決定者らの間に浸透しているのかについては慎重な検討を必要とするだろうが、いずれにしろ、今後EUの拡大政策はボスニアのガバナンス機能の構築に全面的に関与しながら進めていかざるを得ないであろう。

### 6　セルビア

セルビア・EU関係は2008年初頭以降、大きな混乱の中で展開されてきた。この原因は第一に、同国とのSAA署名をめぐって、さらに同国のICTYへの協力の度合い評価をめぐり、EU加盟国間に少なからぬ見解の相違が存在していたこと、第二にセルビアのEU加盟問題とコソボ独立問題が非常に強くリンクしていたため、大多数の加盟国がコソボを国家承認しているEUとの関係をどのように展開させていくのかをめぐり、セルビア国内で深刻な対立が見られたことなどが挙げられる。

EUは2008年4月に対セルビアSAAと、SAAの貿易関連部分（EUとセルビアとの自由貿易圏の創設）および競争、国家支援などの政策領域を対象とした暫定協定の2つに署名しているが、オランダの反対により、両協定の発効が出来ない状態が長く続いた。これに対してセルビアは、様々な紆余曲折を経てSAAおよび暫定協定を2008年9月に同国議会で批准しており、両協定の内容を、正式発行を待たずして一方的に実施していた。EUが暫定協定の発効でようやく合意したのは2009年末のことであった。以下では、この非対称状況がどのようにもたらされたのかについて検討していくこととする。

EUとセルビアは2007年11月に、SAAに仮署名を行った。正式署名はセルビア政府によるICTYへの「全面的協力」が確認されてからという点

第 6 章　第 5 次拡大実現以降の EU 拡大プロセス（2007-2009 年）

で合意がなされていた。2007 年末に ICTY のデル・ポンテ前首席検察官は自らの退任前に、セルビア政府は元セルビア軍司令官ムラジッチ被告など大物戦犯の身柄を拘束していないことから、全面的に協力しているとはいえないとする見解を打ち出しており、このため EU 内部では、SAA 正式署名および発効は時期尚早との見解が根強かったのである。

　こうした状況の中、コソボの独立問題が急速に浮上し、これに反発するセルビアと EU との関係をどのように構築していくのかが EU にとっての大きな課題となった。2008 年前半の議長国スロベニアを中心として、早期に SAA を正式署名することにより、セルビアのコソボ独立反対の緩和を目指すべきであるとする見解もあったものの、2008 年 1 月末には、セルビアとの SAA 正式署名は当面見送り、その代わりに SAA 暫定協定を 2008 年 2 月 7 日に署名することで、加盟国内のコンセンサスが形成されつつあった。

　しかし、EU が暫定協定署名を目指した 2 月上旬は、セルビア内政とコソボ独立、さらに EU（および加盟国）の対コソボアプローチの 3 つの要素がそれぞれ極めて目まぐるしい展開を遂げ、一時は規定路線かと思われた暫定協定署名までの道のりを著しく複雑にしたのであった。2008 年 2 月 3 日にはセルビアで大統領選の決選投票が行われ、親 EU 路線を強調する現職のタディッチが再選を果たし、EU から「セルビアのヨーロッパへの志向性が確認された」（欧州委員会）と歓迎されるに至る（European Commission 2008a: 6）。しかしその翌 4 日に、EU がコソボへの法の支配ミッション（EULEX Kosovo）の派遣を決めたことに対してセルビアのコシュトニツァ首相が強く反発し、EU との暫定協定に署名すれば、セルビアは将来的にコソボ独立への容認を EU から迫られることになるとして、暫定協定への承認を拒否した。このため EU は暫定協定署名予定の一日前の 2 月 6 日、同協定署名の延期を発表することになった。

　その後、コソボが 2 月 17 日に独立を宣言し、多くの EU 加盟国がコソボの国家承認を行ったことで、セルビアの EU に対する態度はますます硬化することになる。セルビア国内では、EU がコソボをセルビアの一部とし

て扱わない場合、EU 加盟にむけた準備プロセスを停止すべきか否かをめぐって、ついに 3 月に連立政権が崩壊するにいたる。

　セルビアの総選挙が 5 月 11 日に予定される中、EU は対セルビア政策の早急な立て直しを迫られることになった。セルビア総選挙で対 EU 強硬派が勝利することもありえる情勢ではあったが、選挙実施以前に同国との間で SAA 正式署名をしておくことが、セルビア国内の親 EU 勢力に対する支援のサインとなりうるとの見方が、EU 内部において支配的となりつつあった。このことから EU とセルビアは、4 月 29 日に開催された総務・対外関係理事会終了後、SAA と暫定協定の双方に正式署名を行った。ただし EU 側は、両協定の各国議会における批准は、今後理事会において、セルビア政府が ICTY に対して完全な協力を行っていることが確認されたあとに行われることが確認された。ICTY のブラメーツ首席検察官は 2008 年 4 月のセルビア訪問時に、戦犯逮捕に関する政府の取り組みが不十分との見解を示しており、ブラメーツ氏による対セルビア評価が向上することが、EU が両協定の発効を決定する上できわめて重要であるとみなされたのである。

　この SAA および暫定協定の署名ののち、セルビアの対 EU 姿勢は徐々に軟化し始める。結局 5 月 11 日の総選挙ではタディッチ首相率いる民主党が勝利し、EU との関係強化が継続されることが確認された。さらにセルビアは 7 月下旬に、コソボ独立を承認した EU 諸国から召喚した大使を帰任させることを決定した。セルビアは米国など、EU 外部の国でコソボ独立を承認した国については召還を継続したため、この措置は EU 加盟問題を強く意識したものとみられた。また、SAA および暫定協定も、9 月上旬にはセルビア議会で批准された。

　この一連の動きと前後するかたちで、ICTY への戦犯引渡し問題も大きな展開を見せた。2008 年 6 月と 7 月に、ICTY から起訴されている 4 人の大物戦犯のうち、ストヤン・ズプリャニン被告（セルビア警察元司令官）とカラジッチ被告（元セルビア人勢力指導者）がセルビア当局に逮捕されたのである。

第 6 章　第 5 次拡大実現以降の EU 拡大プロセス（2007-2009 年）

　両被告の逮捕をきっかけとし、9 月 15 日の総務・対外関係理事会は、セルビアとの間で暫定協定を発効させることの是非について議論を行った。しかしオランダが、残りの 2 人の戦犯が引き渡されること、そしてブラメーツ首席検察官が、セルビアは ICTY に対し完全な協力を行っていることを確認されることが、暫定協定発効のための条件だと主張し、EU 内部での合意は形成されなかった。こうした事態を受け、レーン欧州委員はセルビアに対し、暫定協定の内容を一方的に実施するよう呼びかけ[31]、セルビアはこれを了承した。

　その後、2009 年 12 月までの約半年間、EU のセルビアへのアプローチは、本来加盟の大前提であったはずの SAA および暫定協定問題を棚上げしつつ、セルビアの EU 加盟候補国認定問題に言及するという、奇妙な形態をとることになる。2008 年 11 月の欧州委員会「拡大戦略」は、同国の改革進展が極めて遅いと厳しく指摘しつつ、ICTY への戦犯引渡し問題が完全に解決し、改革が十分に進展すれば、「2009 年中に加盟候補国認定を行うことは可能」との見方を示していた（European Commission 2008b）。これに伴いセルビア政府側も、EU への正式加盟申請を行う時期について、EU 側に打診を開始するようになる。2009 年 2 月にセルビアのダジッチ副首相と会談したレーン欧州委員は、当時においてはセルビアの早急な EU 加盟に好意的な加盟国は少なく、また拡大全般に関する政治的環境は必ずしも良好とはいえないため、同国の EU 正式加盟申請も現段階では望ましくないとの意向を伝えたと報じられている[32]。

　その一方で、暫定協定を一方的に実施し、さらに EU 加盟申請の実施を視野に入れたセルビアの改革は、2009 年中を通じて大きく評価されることになった。2009 年の欧州委員会「拡大戦略」は、セルビアの EU 接近のための改革努力に対しては、「野心的な計画」という言葉で高く評価された。そのトーンは、改革がほとんど進展していないと評価されたボスニア＝ヘルツェゴビナやモンテネグロと比較すると極めて顕著であった。具体的に

---

[31]　European Commission, *Enlargement Newsletter*, 26 Sep 2008.
[32]　'Serbia told to hold back EU application', *Euractiv*, 10 February 2009.

は、汚職対策および人権・マイノリティの権利の向上については引き続き努力が必要とされたが、ICTY への協力は（ムラジッチやハジッチなどの大物戦犯が依然として拘束されていないという問題は残るものの）一層改善されたと評価された。さらに「拡大戦略」は EU に対し、少なくとも暫定協定を実施に移すべきであると提案した（European Commission 2009b: 15）。ただし「拡大戦略」はセルビアの対コソボ姿勢について、コソボの西バルカン諸国間の各種会合、イニシャティブ、協定への参加をセルビアが拒んできたことが「地域協力にとっての障害」となってきたとの苦言を呈している（Ibid.: 6）。ただし、コソボへの EULEX に対し、セルビア側から初めて協力の姿勢が示されたことを評価し、今後もコソボ問題に対し、セルビアが一層建設的な関与を行って行くべきであること、とりわけ北部コソボにおける EULEX のオペレーションにセルビアがより強力な協力を行うべきであると指摘されている。

　欧州委員会の「拡大戦略」がセルビアに対して好意的な評価を下したことに加え、2009 年 11 月には ICTY のブラメーツ主席検察官が国連安全保障理事会に対して提出した報告書において、セルビアの対 ICTY 協力が大幅に改善したとの評価が示されたことが（United Nations Security Council 2009: 28）、EU・セルビア関係にとっての突破口となった。まず、ブラメーツ報告を受けたオランダ政府が態度を軟化させたため 2009 年 12 月 7 日の総務理事会および外相理事会では、EU が可能な限り早朝に暫定協定を発効させることで合意し、同協定は 2010 年 2 月 1 日に発効した。さらにセルビアは、この理事会決定を重要な契機ととらえ、2009 年 12 月 22 日に EU への正式加盟申請を行った。SAA 完全実施前の正式加盟申請は EU 拡大プロセスにおいては異例であり、同国が加盟候補国認定されるためには当然のことながら SAA 完全実施が前提条件となるが、同国政府は 2010 年末までに加盟候補国認定を得たい考えであると見られている。

　ともあれ、セルビアは「経済および政治の観点から、（西バルカン）地域における最も重要な役割を担っている」（European Commission 2008a: 6, 21）国家であるということが EU における主流の認識である。このため、短期

第 6 章　第 5 次拡大実現以降の EU 拡大プロセス（2007-2009 年）

的にはコソボ問題における適切な着地点を見出すためにも、そして長期的には西バルカン地域全体の安定のためにも、セルビアとの SAA 発効問題や EU 加盟問題のハンドリングを誤ってはならないとの意識はとりわけ欧州委員会に強く、今後も慎重に関係構築を進めて行くと思われる。

## 7　コソボ

EU は 2007 年 3 月に、コソボを SAP のメカニズムの中に統合しており、また 2007 年 12 月の欧州理事会では、他の西バルカン諸国と同様、コソボの将来の EU 加盟を視野に入れながらその政治・経済改革を支援して行くと明言した（European Union 2007: para. 71）。それ以降も一貫して、コソボの将来的な EU 加盟を前提とする立場をとってきた。

コソボ独立宣言をめぐっては、コソボの国家承認をめぐる EU 加盟諸国の対応が二分された一方で、欧州安全保障・防衛政策の枠組みにおける対コソボ行動や、コソボの拡大プロセスへの参加促進などに関する決定は迅速に行われるという、一見相矛盾する対応が共存している。すなわち、コソボが 2008 年 2 月 17 日に独立宣言を行って以降、EU 加盟国のうち 18 カ国（本稿脱稿時までには 22 カ国）が独立を承認したが、キプロス、スロバキア、スペイン、ギリシャ、ルーマニアの 5 カ国が依然として承認を行っていない。これに対し、コソボ独立宣言直前の 2008 年 2 月 4 日には、理事会が EULEX 派遣を共同行動で採択し、独立宣言翌日の 2008 年 2 月 18 日、「ヨーロピアン・パートナーシップ」の枠組みで、コソボの改革プライオリティを策定している。

2009 年の欧州委員会「拡大戦略」には、他の加盟候補国および潜在的加盟候補諸国と同等の分量のコソボ分析が掲載された一方で、コソボのみに特化した『コソボ　ヨーロッパへの見通しを充足する』と題する政策文書が、「戦略文書」と同日付で発表されている（European Commission 2009c）。これは、欧州委員会が 2008 年の「拡大戦略」で、コソボの加盟問題についてのフィージビリティ・スタディを実施することを発表したことを受けたものであり、欧州委員会が 2005 年に発表した政策文書『コソボにとっての

III　西バルカン諸国の加盟プロセス

ヨーロッパという将来』に続いて（European Commission 2005a）、二度目の包括的政策文書となった。同文書で欧州委員会は、「ビザ自由化により、コソボ市民をより EU に接近させる」、「コソボとの防衛協定締結に向けた準備を開始する」、「雇用、企業、教育などの領域で、コソボが EU の活動プログラムの一部に参加する方策を検討する」、「コソボと EU との政治対話を拡大する」、「コソボの SAP プロセスへの参加を強化・進化する」などの柱を打ち出し、コソボの EU 加盟前支援の具体的方策を示している。また、同時に発表された「拡大戦略」では、コソボの安定が「維持されはしたが、依然として不安定」であるという認識が前面に打ち出された。政治基準充足に向けては一定の進歩がみられた一方、法の支配の確率と強化、司法の機能と独立性の改善、セルビア人やその他マイノリティの保護、コミュニティ間の対話の推進と和解、などの領域で「大きな挑戦が残されている」と指摘された。さらに、経済基準関連では進歩が非常に限られており、とりわけ貿易赤字の急速な増加が懸念される旨が指摘されている。

　また、2009 年の欧州委員会「拡大戦略」発表後の情勢としては、セルビアが 2009 年 12 月に、コソボ独立宣言の無効化を求めて国際司法裁判所に提訴している。セルビアとコソボは両者とも、国際司法裁判所がコソボの最終的な地位についての決定を下すことを望んでおり、同裁判所の判断がEU 拡大プロセスにも大きな影響を及ぼすことが考えられる。

　今後のコソボの EU 加盟をめぐる課題としては、コソボが欧州委員会により指摘された改革課題をどれだけ着実に実施して行くかということもさることながら、EU 内部でのコソボの国家承認をめぐる足並みの乱れをいかに解消していくかという点がある。欧州委員会は、EU の加盟諸国はコソボに積極的に「関与して行くという点においては一致して」おり、加盟国間でコソボの地位をめぐる見解が異なっていることは「EU とコソボとの実質的な関係強化の妨げとなるものではない」と強調しているが（European Commission 2009c: 4, 13）、体系的かつ長期的な対コソボ戦略を構築する上で、そもそもコソボを国家とみなすのか、それともセルビアの一地域とみなすのかについて加盟国間の見解が分かれている状況が大きな障

175

第 6 章　第 5 次拡大実現以降の EU 拡大プロセス（2007-2009 年）

害となりうることは自明である。このため、今後のコソボの EU 内部の合意形成を急ぐことが、今後コソボの EU 加盟プロセスへの参加を加速していくための大前提となろう。

### 8　アイスランド

アイスランドではこれまでたびたび国民の間で EU 加盟支持の機運が盛り上がったことがあったが、政府は一貫して EU 加盟に消極的な態度をとってきた。2008 年 2 月にブリュッセルを訪問したホイデ首相も、EU 加盟は当面は検討しないとの立場を明らかにしていた。

しかし、同国が 2009 年以降、世界的金融危機の深刻な影響を受けたことをきっかけとして、同国の EU 加盟の可能性の模索が開始された。同年 4 月に誕生した新政権は EU 加盟とユーロ導入を最優先課題として挙げ、7 月に正式加盟申請を行った。これを受けて欧州委員会は、2010 年 2 月 24 日に同国の加盟申請する意見書を発表し、同国との加盟交渉開始を勧告している。

2009 年の欧州委員会「拡大戦略」は、同国が「しっかりと確立された民主主義国」であること、同国がすでに欧州経済領域（EEA）への参加を通じて EU 市場に統合されており、また、シェンゲン協定にも 1996 年以降参加していること、また EU のノーザン・ディメンジョンの枠組みにおける重要なパートナーとして、EU 対外政策における協働の経験もあることなどを挙げている（European Commission 2009: 17-18）。他の西バルカン諸国などと比較し、アイスランドに関する記述の量は決して多くはなかったが、そのこと自体がアイスランドの EU 加盟に向けた課題がさほど困難なものではないとの欧州委員会の認識を示しているともいえる。また、EU 加盟諸国の反応も大方好意的であるため、加盟申請後の交渉は迅速に進むものと見られている。2009 年後半の議長国であるスウェーデンのビルト外相は、「我々（スウェーデン）の場合、EEA への加盟交渉のほうが、EEA 加盟後から EU への加盟よりも、長い時間を費やしている」として、アイスランドの EU 加盟交渉もスウェーデンのケースと同様にスムーズとなる可能

性が高いことを示唆している[33]。ただし、アイスランド経済の破綻の影響を直接的に被った英国とオランダは、アイスランドの対応によっては同国の加盟申請をブロックする可能性も示唆しており、同国の拡大プロセスにとっての不安材料となっている。すなわち、英国では約30万人、オランダでは約12万人がアイスランドのランズバンキ銀行をネットバンキング利用していたが、同行が2008年9月に経営破たんしたため、英国およびオランダ政府は預金者保護のため、合わせて50億ドルを立替弁済していた。アイスランド政府は2009年末に、この資金を両国政府に対し今後15年で返済すると定めた法案を可決していたが、同法案は2010年3月6日の国民投票で否決されている。アイスランド政府は同日、英国とオランダに対する債務返済の意思を引き続き有していることを確認する声明を出しているが、オランダ政府内では仮に債務が返済されない場合には、アイスランドの加盟は阻止するべきであるとの声も出ており、同国の加盟にとっての大きな障害となりかねないばかりか、同国の国際的信用を一層揺るがす事態となっている。

　さらに同国では、EUの共通漁業政策に参加し、同国の水域を他の加盟国に解放することに対する警戒が根強いため、共通漁業政策でどの程度の例外扱いを求めて行くのかが加盟交渉の焦点になる可能性がある。

## ◆ むすびにかえて

　本章では、第5次拡大実現以降のEU拡大プロセスについて、対象諸国のEU加盟準備進捗状況とEUの拡大プロセスへの取り組みの2つの側面を検討してきた。本章の議論でも明らかになったとおり、EUの対西バルカン諸国へのアプローチと、対トルコへのアプローチの間には、少なからぬ温度差があり、本章が対照とした期間においてはその温度差がさらに広がったと見ることが可能である。トルコの加盟プロセスがほとんど停滞状態にある一方で、西バルカン諸国を対象としたビザ簡素化プロセスは、名

---

[33] 'EU wary of diplomatic fallout from Iceland move', *EUObserver*, 27 July 2009.

第6章　第5次拡大実現以降のEU拡大プロセス (2007-2009年)

実ともに西バルカン諸国とEUとの一体性を高めるのに大きく貢献すると思われる。

　ただし、トルコの加盟プロセスの前にキプロス問題が立ちはだかっているのと同様に、西バルカン諸国の加盟プロセスも、二国間問題の存在によって大きく阻まれてきた。そして、本章で扱ったクロアチアとスロベニア、マケドニアとギリシャ、セルビアとコソボの問題以外にも、西バルカン地域の潜在的加盟候補国の多くにおいて、こうした問題が生じる可能性は十分にある。本章でも紹介したとおり、クロアチアとスロベニアの二国間問題は一定の解決を見たものの、クロアチアの加盟プロセスはこの問題によって約1年近く停滞することになった。今後も同様の問題が生じた場合にも、EUは基本的には当事者同士による問題解決を求めていくと考えられる。しかし、今後も二国間問題の存在によってプロセスの過度に停滞する事態を招いた場合には、中・東欧諸国を対象とした第5次拡大においては顕著であったEU拡大の求心力の低下を示唆するだけではなく、加盟希望諸国からすれば、EUが拡大の「小休止」のために二国間問題の存在を絶好の口実としているとも受け取られかねない。したがって今後のEU拡大戦略は、二国間問題の効率的な解決をいかに拡大プロセスの中に取り入れて行くかが大きな課題となってくるであろう。

◆ 参考文献

〈欧文文献〉

Barrot, Jacques and Olli Rehn (2009) 'Visa Freedom with Europe', press conference on visa liberalization in Western Balkans, Brussels, 15 July.

Batt Judy, (2004) 'Introduction: the stabilisation / integration dilemma', in Judy Batt (ed.) *The Western Balkans: Moving on*. Chaillot Paper, no. 70. Institute for Security Studies. European Union, Paris. pp. 7-19.

Chivvis, Christophers. (2010) 'Back to Brink in Bosnia?' *Survival*, 52:2, 97-110.

European Commission (2005a) 'Communication from the Commission: A

European Future for Kosovo', COM (2005) 156. Brussels, 20 April.

―――― (2005b) 'Communication from the Commission: Commission Opinion on the application from the former Yugoslav Republic of Macedonia for membership of the European Union', COM (2005) 562. Brussels, 9 November.

―――― (2005c) *Regional cooperation in the western Balkans: A policy priority for the European Union*. Brussels, December

―――― (2006) *Communication from the Commission, The Western Balkans on the road to the EU: consolidating stability and raising prosperity*. COM (2006) 27 final, Brussels, 27 January 2006.

―――― (2007) *Understanding Enlargement: The European Union's Enlargement Policy*. Brussels.

―――― (2008a) 'Communication from the Commission: Western Balkans: Enhancing the European perspective', COM (2008) 127 final. Brussels, 5 March.

―――― (2008b) 'Communication from the Commission to the European Parliament and the Council: Enlargement Strategy and Main Challenges 2008-2009'. COM (2008) 674 final, Brussels, 5 November 2009.

―――― (2009a) 'Communication from the Commission to the European Parliament, the Council, the European Economic and Social Committee, the Committee of the Regions and the European Central Bank: Five years of an enlarged EU - Economic achievements and challenges', SEC (2009) 177, Brussels, 20 February.

―――― (2009b) 'Communication from the Commission to the European Parliament and the Council: Enlargement Strategy and Main Challenges 2009-2010'. COM (2009) 533, Brussels, 14 October 2009.

―――― (2009c) 'Communication from the Commission to the European Parliament and the Council: Kosovo- Fulfilling its European Perspective'. COM (2009) 5343, Brussels, 14 October 2009.

European Parliament (2008) 'Resolution on the 007 Progress Report on the former Yugoslav Republic of Macedonia' (2007/2268 (INI)), 23 April.

European Union (2003) 'The Thessaloniki agenda for the Western Balkans', 16 June.

第 6 章　第 5 次拡大実現以降の EU 拡大プロセス (2007-2009 年)

――― (2007) Presidency Conclusions: Brussels European Council, 14 December.

――― (2008) '2008/157/EC: Council Decision of 18 February 2008 on the principles, priorities and conditions contained in the Accession Partnership with the Republic of Turkey and repealing Decision 2006/35/EC', *Official Journal L 051, 26/02/2008 P. 0004 - 0018*

Independent Commission on Turkey (2009) *Turkey in Europe: Breaking the vicious circle. Second Report.* September 2009. (http://www.independentcommissiononturkey.org/pdfs/2009_english.pdf)

Rehn, Olli (2008) 'Constructive dialogue and a spirit of compromise are key for the accession process', speech at a EU-Turkey Joint Paliament Committee, Brussels, 27 May.

――― (2009a) 'EU Enlargement Five Years on - a Balance Sheet and What Next', speech at the European Policy Centre, Brussels, 31 March.

――― (2009b) 'Enlargement package 2009', speech at a press conference, Brussels, 14 October.

――― (2009c) 'Lesson from EU enlargement for its future foreign policy', speech at the European Policy Centre, Brussels, 22 October.

Schimmelfennig, Frank (2009) 'Entrapped again: The way to the EU membership negotiations with Turkey', *International Politics*, 46:4, 413-

Tassinary, Fabrizio (2009) *Why EuropeFears Its Neighbours*. Santa Barbara: Praeger Security International.

The Union for the Mediterranean (2008) Joint Declaration of the Paris Summit for the Mediterranean, Paris, 13 July.

United Nations Security Council (2009) *Letter datad 12 November 2009 from the President of the International Tribunal for the Prosecution of Persons Responsible for Serious Violation of International Humanitarian Law Committed in the Territory of the Former Yugoslavia since 1991. addressed to the President of the Security Council.* S/2009/589, 13 November.

参 考 文 献

〈和文文献〉

植田隆子(2006)「EUの拡大」柏倉康夫・植田隆子・小川英治『EU論』放送大学教育振興会, 149-164頁.

八谷まち子・間寧・森井裕一(2007)『EU拡大のフロンティア――トルコとの対話』, 信山社.

東野篤子(2006)「EU統合と拡大」田中俊郎・庄司克宏編『EU統合の軌跡とベクトル』慶應義塾大学出版会, 59-82頁。

―― (2007a)「西バルカン諸国のEU加盟問題」『ロシア・ユーラシア経済』第901号, 42-52頁.

―― (2007b)「拡大と対外関係」、植田隆子編『EUスタディーズ1:対外関係』勁草書房, 79-98頁.

―― (2007c)「西バルカン諸国、トルコ、欧州近隣諸国政策」植田隆子編『EUの対外関係』勁草書房, 99-122頁.

―― (2007d)「EU拡大における地域間主義」田中俊郎・小久保康之・鶴岡路人編『EUの国際政治』慶應義塾大学出版会, 257-285頁.

◆第 7 章
共通安全保障・防衛政策と EU 構成国の外交政策
──ドイツの事例を中心として

森 井 裕 一

はじめに
Ⅰ　ドイツ外交と EU の共通外交・安全保障政策
Ⅱ　政策の発展と制度の整備
Ⅲ　ESDP の展開とドイツ国内の議論
おわりに

◆はじめに

　リスボン条約が 2009 年 12 月 1 日に発効したことによって、EU の共通外交・安全保障政策（CFSP）および共通安全保障・防衛政策（CSDP）[1]の制度的基盤は強化された。対外的に EU を代表し EU 委員会副委員長でもある外務安全保障上級代表とこの職を補佐する欧州対外活動局（European External Action Service）を設置したように、これまで EU の対外政策において分散していたさまざまな権限を集約し、EU がより一層まとまって行動できるようにするための制度が整えられたと言えよう。しかし、長年にわたった欧州憲法条約の議論とその批准過程における論争、欧州憲法条約の批准失敗を受けて交渉されたリスボン条約に至る過程を振り返ってみると、EU の対外政策活動に関する領域においては確かに制度的基盤が一定

---

[1]　1999 年に欧州安全保障・防衛政策（European Security and Defence Policy: ESDP）の導入が政治的に合意されて以来、実質的に CFSP の軍事・民生両面における手段として ESDP は展開されてきたが、リスボン条約の発効から ESDP 領域は CFSP の不可分の一部と定義され（リスボン条約第 42 条）、共通安全保障・防衛政策（Common Security and Defence Policy: CSDP）と呼ばれるようになっている。本章ではリスボン条約以前の議論については ESDP と記す。

## はじめに

程度整備され、いわゆる「列柱構造」が改称されて一つのEUの屋根の下に全ての政策領域が置かれることになったものの、EUの権限が大きく拡大し構成国の対外政策とのバランスが大きく変更されたわけではない。とりわけ安全保障・防衛政策に関する領域においては、構成国の政治的な役割は依然として重要であり、構成国それぞれの安全保障・防衛政策の展開が今後もEUの政策に大きな影響を与えると考えられる。

本章は、EUの中ではフランスとイギリスと並んで大きな軍事力と政治的影響力を有するドイツの事例を中心として、CFSPとCSDPの展開と国内政治の関係を分析する。EUの対外政策がどのように展開されてきたかに関する議論はかなり多いが、CFSPやCSDPの展開が国内政治から見た場合にどのように位置づけられるかに関する議論は意外と少ない。にもかかわらず、リスボン条約発効後も経済政策領域とは政策形成の構造が大きく異なる外交・安全保障領域においては、構成国国内の外交・安全保障政策の展開が決定的に重要であり続けている。安全保障・防衛政策領域は、EU機関を中心とした統合ではなく、なお政府間協力が基調となっている領域であり続けている。

ドイツはとりわけ歴史的な経緯から、冷戦終焉後に積極的に軍事的な活動をNATO領域外で展開するようになった後も、単独行動を避けて必ずEUやNATOという多角的な枠組みを利用することを行動原則としてきた。そしてその際には国内の政治過程が外交政策および対EU政策に対して重要な役割を果たしてきたのである。特に外交政策の延長として軍事力を利用する場合には、すなわちドイツ連邦軍をNATO域外に派兵する際や、国連やEUの旗の下で行動する際などにも必ず連邦議会の承認が必要となる[2]。議院内閣制であるが故に、政府の政策に対しては議会内では原則的に多数の支持が存在していることが前提となってはいるが、連邦議会の承認が必要であるがゆえに、政府は議会内の議論の展開や世論の動向な

---

(2) ドイツでも連邦議会（Bundestag）と州政府代表から構成される連邦参議院（Bundesrat）の与野党議席のねじれ現象がしばしば問題となるが、連邦軍の対外派遣に関しての承認は連邦議会のみに権限があり、連邦参議院は関与しない。

第7章　共通安全保障・防衛政策と EU 構成国の外交政策

どを慎重に見極めなければならなくなり、EU において CSDP のミッションの展開が議論される場合にも、必ず国内政治の展開に十分な配慮が必要となっている。

　以上のような状況認識を前提として、本章では EU における CFSP と CSDP の展開と国内政治との関連について、ドイツを事例として分析していくこととする。以下では、まず第 1 節において CFSP と CSDP がドイツのこれまでの欧州統合政策および対外政策においてどのように位置づけられているかを整理する。第 2 節では EU レベルの ESDP の発展と展開に対応するドイツにおける安全保障政策の変容と連邦軍の改革問題を議論する。第 3 節においては、ESDP のオペレーションの展開とドイツ国内の政治的議論の関係について検討していくこととしたい。

# I　ドイツ外交と EU の共通外交・安全保障政策

　2009 年 10 月 28 日、第二次メルケル政権が発足した。メルケル首相は 2005 年末からキリスト教民主同盟・社会同盟（CDU/CSU）と社会民主党（SPD）による大連立政権を率いてきたが、2009 年 9 月の連邦議会選挙によって、CDU/CSU と自由民主党（FDP）との連立政権が成立したのであった。メルケル首相は政権発足後の施政方針演説において、ドイツ外交の方向性が新政権においても変わらないこと、すなわちドイツが EU との関係を重視すると同時にアメリカ・NATO との大西洋同盟を基盤とすることを表明している。また第二次メルケル政権の政策を規定している CDU/CSU と FDP の連立合意文書（CDU/CSU, FDP 2009）でも、外交・欧州政策に関する第 5 章の基本的政策内容には従来のドイツの外交政策との強い継続性が見られる。リスボン条約発効後 EU がより良く機能し、外交政策分野においても一致して行動できるようドイツとしても外務安全保障上級代表や欧州対外活動局の活動を積極的に支援していくことが謳われている。

　以下ではこのような継続性が常に見られるドイツ外交・安全保障政策の

I　ドイツ外交とEUの共通外交・安全保障政策

基調とEUのCFSPおよびCSDPの展開の関係について簡潔に整理しておくこととする。近年のCSDPの展開も長期にわたって歴史的に確立されたドイツ外交の方向性を理解した上で初めて理解され得るものであるからである。

### 1　ドイツ外交における欧州統合政策と安全保障政策

1989年の「ベルリンの壁崩壊」、1990年10月のドイツ統一から20年以上を経てもなお、1950年代に確立されたドイツの外交の基本方針、すなわち欧州統合へのコミットメントと大西洋同盟の重視という原則は変化していない。もちろん、冷戦終焉後に欧州のみならずグローバルな安全保障環境が大きく変化したことによって、ドイツの安全保障政策も欧州統合政策もさまざまな調整が必要とされてきたことは言うまでもないが、その基本部分は変化していない。しかし、外交・安全保障政策展開の手段と方法は冷戦終焉後、時間の経過と共に大きく変化してきた。

冷戦期のドイツにとって連邦軍の存在は純粋に自国の領土と同盟国の領域の防衛任務のための存在であった。そのためにドイツ連邦軍はNATOに組み込まれた形でのみ機能し、有事に備えるための存在であったと言えよう。ドイツ連邦軍はその創設以来、男子皆兵の徴兵制を基本として「制服を着た市民」が自国の防衛にあたるための存在であり、その訓練も装備もそのために調えられていた。実際には東西冷戦は少なくとも欧州においては冷戦のまま軍事衝突無く終わったため、連邦軍が災害支援や訓練などを除けば大規模に派遣されることはなかった。連邦軍が海外で活動した例としては1960年代から時折世界各地に災害救援活動の一環として派遣されてきた事例が存在するが、これらの活動はあくまで武力行使をともなう可能性のない人道目的の輸送・救援活動であったために、ドイツ国内では海外派兵の範疇には入らず、全く問題とされない活動であった。そのため、欧州統合との関係でドイツ連邦軍の政策手段としての利用問題が議論の対象となったのは、1950年代初頭の欧州防衛共同体（EDC）交渉時の議論を除けば無かったのであった。

第 7 章　共通安全保障・防衛政策と EU 構成国の外交政策

　このためドイツにおける欧州統合政策は、政治分野での協力、すなわち構成国間の外交政策の協調と経済統合を目指す政策であった。時に安全保障政策への言及がなされ、構想が打ち出されることはあっても、冷戦が終わり欧州連合条約の交渉過程で欧州安全保障の問題が新しい欧州秩序を構想する中で議論されるまでは、欧州統合政策は経済統合と外交政策協調の強化とそのための制度発展を議論する政策であったと言えよう。

　冷戦の終焉と 1991 年の湾岸戦争の勃発、その後の旧ユーゴスラビアにおける内戦の激化など状況の変化によって、ドイツの外交・安全保障政策も変化を求められることとなった。大きな経済力と整備された軍事力を有するドイツがかつての歴史に拘束され、いつまでも連邦軍の使用を強く抑制し、時に NATO の活動の妨げにすらなることに対しては、同盟国から批判もなされるようになった。ドイツ国内でも連邦軍をいかに新しい国際環境と状況の変化に合わせて利用すべきか、そして憲法上利用可能かについては議論が続けられたが、主要政党間でコンセンサスを形成することはできず、最終的に連邦憲法裁判所の判断によって論争に決着がつけられることとなったのであった。1994 年 7 月 12 日の連邦憲法裁判所判決は、連邦議会の多数が賛成し政府の提案を承認すれば、NATO 領域外への連邦軍の派遣をあらゆる形で可能にするものであった[3]。

　連邦憲法裁判所の判決を受けて、最初は抑制的であったが、経験を積むとともにドイツは次第に多くの危機管理活動に連邦軍を派遣するようになっていった。それはまた旧ユーゴスラビアの解体と内戦の激化の過程において、状況がドイツの参加を要請していたこととも表裏一体であった。ボスニア・ヘルツェゴビナの IFOR、のちにその任務を引きついだ SFOR への参加などを経て、政権与党であった CDU/CSU、FDP のみならず野党の SPD、さらには緑の党の国会議員たちも連邦軍の派遣に賛成するようになっていった。

　この背景としては、ドイツは一貫して EU の共通外交政策の発展を支持

---

(3)　ドイツ連邦軍の NATO 域外派遣に関しては既に多くの研究が存在している。以下を参照のこと。(中村 2006)，(森井 2001)，(松浦 1998)

してきたものの、実際には具体的な行動手段を十分に有せず、具体的な政策実現のための合意形成も容易ではない CFSP のみでは、旧ユーゴスラビア地域の紛争に代表されるような具体的な危機状況に実効的に対応できないことが誰の目にも明らかになっていったためである。ドイツは冷戦後の世界が安定し、国連、全欧州安全保障協力機構（OSCE）など普遍的な機関が機能し重要な役割を果たすことを期待していたが、実際に紛争状況が生じた場合には実効的な対応ができないことが次第に共通認識となっていった。このため EU でも CFSP という外交の枠組みのみならず、具体的な行動手段を構築する必要性が強く認識されるようになっていったのであった。

## 2  安全保障環境の変容と ESDP の発展

1998 年 9 月の連邦議会選挙によって 16 年続いたコール（Helmut Kohl）政権が SPD と緑の党の連立によるシュレーダー（Gerhard Schröder）政権によってとって代わられた後も、ドイツの外交・安全保障政策の基調は変わらなかった。とりわけ政権交代時にコソボをめぐる緊張が高まり、1999 年 3 月からはセルビアに対する空爆にドイツ連邦軍も参加したこともあって、ドイツ連邦軍を政策手段として NATO など多角的な枠組みの中で利用することをめぐる政策の継続性はことさらに強く見られた。

コソボ問題が緊迫した 1999 年 1 月から 6 月はドイツは EU の理事会議長国を務めたが、シュレーダー政権はこの機会をとらえて EU の欧州安全保障防衛政策（ESDP）の具体化を進めた。フィッシャー（Joschka Fischer）外相はコソボをめぐって EU が軍事的な手段を有しないが故に、NATO、つまりは実質的に圧倒的なアメリカの軍事力と指揮命令系統に依存しなければ有効な行動をとることができなかったことに対する反省から、ESDP という新しい政策を打ち出し、そのための具体的手段の整備へ向けた動きを加速化させていったのであった。ドイツの提案を受けて 6 月のケルン欧州理事会から ESDP の構築へ向けた動きは加速化し、その後の具体的な EU の軍事的緊急展開能力の整備計画であるヘルシンキ・ヘッドライン

第 7 章　共通安全保障・防衛政策と EU 構成国の外交政策

ゴールの策定などへ繋がっていったのであった。

　しかし、このようにドイツがヨーロッパレベルでの新たな危機対応のための軍事的制度作りである ESDP の整備を望んだとしても、以前の EU であれば ESDP の構築には大きな困難が伴ったであろう。1999 年から ESDP の構築が進み始めた背景には、長年にわたって EU に安全保障上の役割を与えることに対して消極的であったイギリスが政策転換を行ったことがある。1998 年 12 月のサンマロにおける英仏首脳会談でイギリスは EU が国際的な危機に対応するための軍事力の整備することが必要であるとされ、それまでアメリカと NATO のみが軍事的には中核であるべきだとした長年の政策が転換されたのであった。これはもちろん、イギリスにとっても冷戦後の安全保障状況の変化によって、自国および同盟国の領域の防衛のみではなく、EU の周辺地域の安定化や危機の管理が安全保障上の重要な課題となっており、そのためには EU が状況によっては NATO に依存しないで独自行動する必要性があることを認識したためであった。

　1999 年 5 月に発効したアムステルダム条約には CFSP 上級代表の設置が規定されており、NATO 前事務総長のソラナ (Javier Solana) がケルン欧州理事会で任命された。このようにして冷戦後ほぼ 10 年を経て EU レベルの CFSP と ESDP の制度的整備はともに進展を始めたのであった。このような EU レベルの動きに対して、EU 構成国は ESDP の枠内で利用可能な手段の整備を求められることとなった。

## II　政策の発展と制度の整備

　ドイツ国内においては、EU レベルでの政策展開、とりわけ ESDP の構築に関する合意を履行するために、さまざまな議論が展開されてきた。とりわけ重要な意味を有したのは、EU レベルの政策に対応した新たな防衛政策の策定とそれに対応するための連邦軍の改革の問題であった。

Ⅱ　政策の発展と制度の整備

## 1　冷戦後の連邦軍改革の課題

　ドイツ統一時の合意によって統一されたドイツはその軍事力を大幅に削減していくことを義務づけられていた。しかしながら、この軍事力削減はいわば冷戦の遺産ともいえるものであり、冷戦時代の東西軍事力のバランスという発想を前提としたものであった。ドイツ統一時には統一後のドイツ連邦軍の兵力を37万人とすることが規定されていたが、冷戦後の安全保障環境から見れば、巨大な軍事力を有していることは大きな意味を有しておらず、むしろ自国領土から離れた地域への展開能力、高度な作戦能力、遠隔地での兵站維持・輸送能力など従来とは異なった能力が必要とされたのであった。

　シュレーダー政権発足後に、変容するドイツの安全保障環境に連邦軍を対応させる方策を検討するために設置されたヴァイツゼッカー（Richard von Weizsäcker）前連邦大統領を代表とする外交・安全保障問題の専門家と関係諸組織の代表などを委員とした安全保障と連邦軍改革に関する諮問委員会（通称「ヴァイツゼッカー委員会」）は、連邦政府に対して2000年5月に報告書を提出した。この委員会の設置は、旧ユーゴスラビア地域での危機の頻発とヨーロッパレベルでの安全保障議論の変容と展開を受けて、ドイツがどのような回答を出すべきかを検討するものであった。この報告書は冒頭の「ドイツはその歴史上初めて周囲をすべて同盟国と統合のパートナーに囲まれ、隣国による領土への脅威が存在しない状況にあり、ドイツの安全保障のこの新たな前提は一過性のものではなく予見できうる将来継続するものである」との認識に象徴される新しい安全保障環境の下での連邦軍のあり方の「抜本的な刷新」を提言するものであった（Weizsäcker Kommission 2000: pp.13-14）。この改革の目標としては、連邦軍が投入される可能性の最も高い任務の分野、つまり同盟国の防衛と国際的な義務を果たすための危機回避と危機管理に関する任務に対応する組織を作ることと、NATO、EU、国連、OSCEとの実効的な協力を可能にし、安全保障、防衛、軍備調達政策を可能な限りヨーロッパ化することなどがあげられていた。この報告書も、将来のドイツの政策展開を議論するに当たって、

第 7 章　共通安全保障・防衛政策と EU 構成国の外交政策

NATO、EU、国連、OSCE といったヨーロッパと同盟という多角的な枠組みへのコミットメントを最も重要な前提としていたのである。

　ヴァイツゼッカー委員会は連邦軍を 24 万人規模にまで削減するものの、10ヶ月の徴兵制は原則として維持することを提言していた。実際にはすべての対象者を徴兵した場合には数が多くなりすぎるので、年間 3 万人の兵役義務者を徴兵する選択的徴兵制を提言した（Weizsäcker Kommission 2000: p.15）。この報告書には少数意見として 19 名のうち 6 名の委員の意見が明記されており、そこでは徴兵制を廃止し、連邦軍を職業軍人のみの軍隊とすることが提言されていた。この少数意見は、約 25 万人の徴兵対象者の中で実際に徴兵されているものが約 12 万人であるのに、これを 3 万人にすれば憲法が保障する平等原則が担保され得ず著しい不公平が生じること、また実際の兵力としては兵役を廃止したとしても必要な規模が賄えることを指摘していた（Weizsäcker Kommission 2000: pp.147-149）。

　ヴァイツゼッカー委員会の議論をここで紹介したのは、その後約 10 年にわたるドイツの軍事的な国際貢献の議論においては、常に連邦軍のあり方が問題になり続けてきたからであり、ドイツ政治においては連邦軍が徴兵制という手段によって市民社会の一部となっていることの重要性が引き続き強調されてきたからである。そしてそれが故に、プロフェッショナルな軍隊によって危機管理をおこなう他の EU 諸国に比べれば、一層連邦軍の活動に対する社会の注目も高い状況が続いてきたためである。ドイツ連邦軍はその設立以来、第二次世界大戦以前に軍が時として民主的なコントロールや政治的な中立をないがしろにし侵略戦争の手段となったことから、民主的な市民社会の一員である「制服を着た市民」が議会の軍隊として民主的な統制の下にのみ、かつ同盟国をはじめとする多角的な枠組みの中においてのみ行動することを中核的な価値としてきたのであった。そのため、冷戦が終結し、安全保障環境が根本的に変わり周辺の EU 諸国が次々と徴兵制を廃止していったにもかかわらず、ドイツでは徴兵制が廃止されず、領域防衛の軍隊から危機管理の軍隊への転換が遅れたのであった。ヴァイツゼッカー委員会の多数意見と少数意見の対立はまさにドイツ社会

内の本質的な意見対立を鏡写しにしていたのである。

　シュレーダー政権は、ヴァイツゼッカー委員会の報告を受けて徴兵制を維持した形での連邦軍の改革を進めた。そして 2005 年のメルケル大連立政権も、さらに 2009 年に発足した CDU/CSU・FDP の第二次メルケル政権においても、徴兵制を前提とした連邦軍のあり方に変更は加えられていない。

　さらに問題なのは、EU においては急速に ESDP のさまざまな手段が整備されてきたが、ドイツにおいては連邦軍の ESDP の発展に対応した装備の充実が必ずしも十分にはなされてこなかったことである。これは EU の中でドイツに限定される問題ではないが、ユーロのための安定成長協定によって財政支出が強く制約されていることと、経済状況の悪化のために国内の失業保険支出や他の社会保障費の増大によって、相対的に防衛予算は圧迫されてきたためである。とりわけ紛争地域における装甲車や輸送機など従来は十分に手当てされてこなかった装備を新たに購入するための予算措置は決して十分にはなされず、連邦軍の活動のための基盤が ESDP の展開と相まって十分なされたとは言い難い状況であった。

## 2　防衛大綱と防衛白書

　これまで見てきたように、冷戦後のドイツの連邦軍の利用形態の変容は、国際安全保障環境の変容と ESDP の発展と強く関連するものであったが、必ずしも十分に国際的な要請に対応し切れたものでもなかった。そのためシュトゥルック（Peter Struck）国防相は ESDP の展開や 9.11 後の安全保障環境の変化など大きな国際環境の変化に対応すべく、1992 年以来となる新たな防衛大綱（Verteidigungspolitische Richtlinien: VPR）を 2003 年 5 月に発表した。

　この防衛大綱では、ドイツの安全保障環境が根本的に変容し、ドイツ領土に対する直接の脅威が現状においても予見できる将来においても存在しないという認識を前提として、国際的な危機や紛争の抑止を前提とした新たな安全保障政策を展開していくことが中心に据えられている。その目的

第 7 章　共通安全保障・防衛政策と EU 構成国の外交政策

のために、同盟国の領域を超えて、同盟国とともに紛争予防、危機管理に
あたることが連邦軍の中心任務となることが明示されているのである
(BMVg 2003: p.19)。このような認識は、既に 9.11 テロ後のアフガニス
タンへの連邦軍の派遣に関して防衛大綱の発表以前からシュトゥルック国防
相が「連邦共和国の安全保障はヒンドゥクシュにおいても守られる」と安
全保障観の転換を誰にもわかる形で象徴的に発言する中で明らかにされて
きたものであった。つまり、アフガニスタン北部のヒンドゥクシュ地方と
いうドイツの領土とも同盟国の領域とも直接に関係のない地域において
も、ドイツ連邦軍が ISAF の枠組みにおいて貢献し、ヒンドゥクシュ地方
の治安と安定が保たれることがドイツの安全保障を維持することに直結し
ているという認識である (Struck 2003)。アフガニスタンの秩序と安定の回
復がドイツの安全保障を確保することになるという考え方である。

　ドイツの安全保障を脅かすのは、もはや国家によるドイツの領土への脅
威ではなく、テロや大量破壊兵器の拡散、国際紛争など世界各地に散在す
るさまざまな不安定要因によるものであり、安全保障政策とその手段であ
る連邦軍の能力をそれらに対処するために再編していかなければならない
とする防衛大綱の認識は、防衛大綱が出された約半年後に発表された EU
の「安全保障戦略（ソラナペーパー）[4]」でも完全に共有されているもので
ある。

　この防衛大綱においても、ドイツの安全保障・防衛政策の中核に大西洋
同盟、すなわち米国との同盟関係が位置づけられること、ESDP の強化に
よる EU による協力がヨーロッパの独自の行動能力のために重要であるこ
と、国連と OSCE へ積極的に貢献していくことといった、多角的な枠組み
と同盟関係へのコミットメントが強く打ち出されている。ドイツの外交・
安全保障政策においては、ドイツが自国の利益だけのために単独で軍事行
動することは回避し、国連、NATO、EU などの枠組みの中で貢献するこ
とが冷戦時代からの原則となっていたが、新しい安全保障環境のもとで安

---

[4]　翻訳は以下を参照のこと。小林正英 (2005)「EU 安全保障戦略」『慶應法学』第 2
　　号，pp.237-257.

全保障政策の対象が変容しても、その行動の枠組みは変わらないことが明示されている（VPR 2003: pp.23-24）。

　ESDPやNATOのミッションにおける連邦軍の利用が頻繁になるにしたがって、1994年の連邦憲法裁判所判決で確立された議会による派遣承認原則を厳格に適用すると煩瑣な議会手続きが繰り返し必要となる事態が生じるようになっていたため、2005年5月には「外国における軍事力投入決定に関する議会の関与に関する法律」（議会関与法）が公布された[5]。この議会関与法によって、少数の兵員が危険度の低い偵察などのミッションに派遣される場合、自衛のための武器しか携行しない場合や人員交流によって同盟国の部隊に派遣される場合、個別の兵員が国連決議に基づくミッションに派遣される場合などは、簡略化された同意手続きによって連邦議会の承認とすることが可能となった。

　安全保障政策の展開に関しては、2005年11月にメルケル大連立政権が発足した後も変わっておらず、ユング（Franz Josef Jung）国防相の下で1994年から10年以上を経て発表された防衛白書においても、防衛大綱で示された安全保障観の変容とそれに対処するための連邦軍の改変へ向けた努力について議論されている。2006年の防衛白書は、その発表された時期と内容からして、冷戦後のドイツの外交・安全保障政策の多角的な冷戦後の危機管理との関係、とりわけNATOとESDPに対するドイツのコミットメントのあり方を最も包括的に扱ったものとなっている。この時点までにはNATOの即応部隊の整備やESDPのヘッドラインゴールによる能力整備も進み、また連邦軍のさまざまな海外派兵の実績も積み重なっており、それらの成果と問題点が明らかにされ、連邦軍の再編の進捗が論じされている点においてもこの防衛白書は重要なものとなっている。防衛白書では連邦軍は再編の結果2010年には25万2千5百名の軍事要員のうち、3万5千人がNATOの即応部隊などに派遣される特別編成部隊、7万人が平

---

[5] Gesetz über die parlamentarische Beteiligung bei der Entscheidung über den Einsatz bewaffneter Streitkräfte im Ausland（Parlamentsbeteiligungsgesetz）vom 18. März 2005（BGBl. I S. 775）

第7章　共通安全保障・防衛政策とEU構成国の外交政策

和維持をはじめとする比較的長期の海外派遣のための部隊に向けられるとされている（BMVg 2006: pp.101-104）。

　ドイツの外交・安全保障政策は、冷戦後まもなくキンケル外相（Klaus Kinkel）によって発表された「拡大安全保障」の概念などに示されているように、早期から軍事的な側面に安全保障を限定せずに、貧困、飢餓、環境破壊など社会経済的な要因に着目して紛争の根本的な原因を除去することにも力を注いできたが、さらに2004年5月には新たな行動計画「非軍事的紛争の防止、紛争解決、平和の確立」が発表された（Bundesregierung 2004）。防衛白書にも明示されているように、この行動計画はEUの「安全保障戦略」の考え方と完全に軌を一にするものであり（BMVg 2006: pp.101-104）、安全保障を従来のように軍事力の問題として狭くとらえず、紛争の要因となる政治、経済、環境、社会の安定など広範囲の問題解決を目指すものである。幅広い社会経済的な根本的な要因を外交、安全保障、開発援助、環境、教育など、あらゆる政府の政策手段を組み合わせておこなうことによって、紛争の要因を取り除いていくことを目指すものである。

　以上のようなドイツ政府の政策は、同じ時期のEUの政策展開と軌を一にしていることにも注目すべきであろう。欧州安全保障戦略を受けて2004年9月に研究グループがソラナCFSP上級代表に提出した「欧州人間の安全保障ドクトリン」（バルセロナ報告）[6]は、ドイツ政府の行動計画と同様に、軍事力や警察力など力の行使と法治主義や人権の尊重などの価値規範の浸透と社会経済的な安定の実現などより包括的な紛争地域の安定化を補完的に組み合わせて展開させることを提案しているのである。このように、2003年から2004年にかけて発表されたEUにおける政策文書の内容とドイツにおいて発表された政策の内容が極めて親和的であることは、相互の間に共通の認識が存在していることを示しているものである。

　前述した2006年のドイツの防衛白書においても以上のような安全保障

---

[6] „A Human Security Doctrine for Europe: The Barcelona Report of the Study Group on Europe's Security Capabilities" (http: //www. lse. ac. uk/Depts/global/Publications/HumanSecurityDoctrine.pdf).

観は継承・発展され、「相互連関した安全保障政策（Vernetzte Sicherheitspolitik）」という概念でまとめられている。防衛白書は「一義的に軍事的ではなく、多国間の協力によってのみ改善可能な社会、経済、環境、文化的諸条件が将来の安全保障政策の展開を決定する。そのため安全保障は一国のみでも、さらに軍事力によってのみでも達成され得ないものである。必要とされるのはむしろ、相互に連関した安全保障政策の構造と包括的で全国家的かつグローバルな安全保障認識の下に構想される包括的なアプローチである。」として、この概念を説明している。軍事力の展開と民政分野の協力の組み合わせという手段の多様性とそれぞれの国家による貢献と国連、EU、NATOなどの多角的な枠組みによるアクターの多様性を有機的に結合させ、新しい安全保障環境における貢献を目指しているのである（BMVg 2006: pp.25-26）。

### 3　国際平和活動センター（ZIF）

これまで紹介してきたドイツの安全保障政策の変容に対応しさらに開発援助などの要素も取り込んで経済、社会、環境など包括的なアプローチを目指すためには、実際の活動においても単に連邦軍の派遣だけではなく、文民部門とも有機的な協力が不可欠である。そのために外務省がイニシアティブをとって2002年6月に国際平和活動センター（Zentrum für Internationale Friedenseinsätze: ZIF, Center for International Peace Operations）が設置された。ZIFはとりわけ文民の国際的なミッションへの派遣の調整と訓練を行う機関であるが、ESDPのミッションが軍事的ミッションと文民派遣ミッションの両者を併せ持つことから、ESDPへのドイツの人的な貢献においても重要な役割を担っている。

ZIFは国連、OSCE、EUと全ての文民派遣ミッションのための要員の訓練とコーディネーションを行っており、要員を従来の省庁別の組織割で編成するのではなく、省庁横断的な調整機関として、任務の継続性と柔軟性を確保しながら、さまざまなミッションに派遣できる要員の確保と訓練を行うことを目指している。このような統合的なアプローチに基づくZIF

第 7 章　共通安全保障・防衛政策と EU 構成国の外交政策

は、2004 年の行動計画「非軍事的紛争の防止、紛争解決、平和の確立」を実施する過程においても重要な機関と位置づけられている（ZIF 2009: pp.5-6）。

## III　ESDP の展開とドイツ国内の議論

　前節ではドイツの安全保障政策の展開と EU の安全保障防衛政策分野における政策展開が、基本政策のレベルでは極めて密接に連関していることを見てきたが、本節ではより具体的な ESDP のオペレーションの展開とドイツの国内議論がどのように作用しているかを検討していくこととしよう。

### 1　要員派遣にみる ESDP の比重

　冷戦後の世界では国連の平和維持活動やその他の国際組織による危機管理などの活動による派遣が急激に増加した。これまで見てきたように、冷戦後の統一ドイツもこれらの活動に積極的に関わるようになり、連邦軍の派遣問題は大きな国内政治の論点となったが、1994 年の連邦憲法裁判所の判決以来、常に連邦軍は海外に派遣されている。また ESDP の発展にともなって警察官を中心とした連邦軍兵士以外の要員の派遣も増加している。

　さまざまな国際的な危機管理のオペレーションに参加している要員の数は常に変化しているが、ドイツにとって ESDP の活動がどのくらいの大きさを占めているかを、一つのデータから検討して見よう[7]。表 1 にあるように、2008 年 8 月現在のデータでは全ての国際的な活動の合計でドイツ人は軍人が 6964 名、警察官が 208 名、警察官を除く文民が 241 名派遣されている。これらのうち EU のミッションには連邦軍の軍人が 815 名、警官が

---

[7]　要員派遣に関するデータは全てドイツ国際平和活動センター作成の 2008 年 8 月現在のものである。http://www.zif-berlin.org/fileadmin/uploads/analyse/dokumente/veroeffentlichungen/Int_German_Personnell_in_Field_Missions_05_09.pdf

Ⅲ　ESDP の展開とドイツ国内の議論

表1：国際的オペレーションにおけるドイツ人要員数

| ミッションのタイプ | 軍人 | 警察官 | 文民 | 合計 |
|---|---|---|---|---|
| 国連平和維持活動 | 276 | 20 | 90 | 386 |
| ドイツ人比率 | 0.34 | 0.19 | 1.12 | 0.39 |
| 国連政治平和構築活動 | 1 | 0 | 24 | 25 |
| ドイツ人比率 | 0.31 | 0 | 2.51 | 1.92 |
| EU | 815 | 188 | 81 | 1084 |
| ドイツ人比率 | 22.03 | 9.06 | 9.16 | 16.28 |
| NATO | 5870 | 0 | 0 | 5870 |
| ドイツ人比率 | 8.05 | 0 | 0 | 8.04 |
| OSCE | 2 | 0 | 46 | 48 |
| ドイツ人比率 | 6.67 | 0 | 8.93 | 8.81 |
| 合計 | 6964 | 208 | 241 | 7413 |

出典：ZIF（http://www.zif-berlin.org/fileadmin/uploads/analyse/dokumente/veroeffentlichungen/Int_German_Personnell_in_Field_Missions_05_09.pdf）より作成

188 名、警察官を除く文民が 81 名派遣され、NATO の活動には軍人が 5870 名派遣されている。表の下段の数字は、ミッション全体に占めるドイツ人要員の比率であり、例えば EU のミッションには合計で 3700 名が派遣されているうちドイツ人の比率が 22.03% となっていることを示している。

EU への貢献は要員数としては NATO への派遣の 5870 名と比べると 815 名と小さいが、EU が派遣した要員の中でドイツ人の占める割合は全体の5分の1を超える大きさとなっていることがわかる。EU ミッションにおいては、警察官でもそれ以外の文民でもドイツ人の占める割合は約 9% となっている。この時点でドイツが多くの要員を派遣していた EU ミッションはソマリア沖の海賊行為に対処する EU NAVFOR への連邦軍兵士 690 名、ボスニア・ヘルツェゴビナの平和維持活動である EUFOR Althea への連邦軍兵士 120 名であった。警察官はコソボの法の支配ミッション EULEX への 101 名、アフガニスタンの EUPOL AFG への 37 名が大きな派遣先であった。

表1の数値を見ると、全ての活動の中でドイツにとって最も負担が重い

第7章　共通安全保障・防衛政策とEU構成国の外交政策

のはNATOへの貢献であることがはっきりとわかる。これはアフガニスタンのISAFへの派遣が中心となっており、連邦軍の派遣活動の中ではその要員数のみならず、軍事的なリスクの高さからしても困難な任務となっている。

## 2　ESDP活動と内政

　次にESDPの活動が国内政治において特にどのように扱われているかを検討していくこととしよう。外務省、国防省、ZIFなどによるさまざまな国際的ミッションへの連邦軍や文民の派遣の公式文書や統計においても、連邦議会における政治的な議論を見ても、ドイツにおいては常に国連、OSCE、NATO、EUなどへの要員の派遣は全て一つにまとめられており、ESDPだけを抜き出して議論することはほとんど無い[8]。つまり、ドイツの国内から見る限りにおいて、それがどの国際組織への貢献であるのかは、ほとんど違いがないということになっているのである。連邦軍を海外に派遣するに際しても、問題なのは海外派遣（Auslandseinsätze）であり、それぞれのミッションに対して、連邦議会の承認がとれるか否か、ということである。あるミッションが軍事的に見てリスクが高ければ、連邦議会をはじめとする国内の議論は慎重になるが、そのミッションがNATOによるものであるかEUによるものであるか、国連によるものであるかにはドイツでは実質的な違いは存在していないと言ってよい。

　このような議論の構造が存在する背景には、ドイツにおいては国連、NATO、EUなどの多角的な枠組みから具体的な要請があった場合の貢献は、ほぼ不可避になるという政治的なコンセンサスが存在していることを指摘できよう。ドイツにとっては国連安全保障理事会がその決議によって国際的な活動に正統性を付与することは極めて重要であるが、1999年のNATOによるコソボ空爆への参加が示しているように、必ずしも不可欠

---

[8]　もっとも、国連とEUは危機管理の活動分野では制度的な協力関係を構築していることもあり、両者の政策が連携していることも多い。（Schmidt 2007）を参照のこと。

## Ⅲ　ESDPの展開とドイツ国内の議論

ではない。

　より重要なことは、同盟国が多角的な枠組みにおいて計画し実施する政策には参加することが不可避であるとされていることである。このことをカイムは「多角主義のトラップ」にドイツが捕らわれていると興味深い表現をしている。「多角主義のトラップ」とは、第二次世界大戦後のドイツが、戦前の過ちを繰り返さないために多角的な国際組織への積極的な貢献を打ち出し、とりわけ冷戦終結後は軍事的な貢献にも乗り出したために、NATOなどで決定された活動には参加せざるを得ない、という状況を表している（Kaim 2007: pp.43-44）。つまり、自らが積極的に国際組織への貢献を強く打ち出したがゆえに、利害関係に応じて選択的に活動に参加するという選択肢を無くしてしまったということである。制度的に連邦議会は一つ一つの活動への連邦軍の派遣の可否を最終的に決定しているのであるが、実際には連邦議会のほとんどの議員たちはドイツの同盟への貢献という原則に捕らわれていて、否定的な投票をすることができないディスコースが形成されているというのである。

　大前提としてこのようなディスコースが存在していることに加えて、実際のESDPの派遣ミッションの準備の進め方もドイツの関わり方と大きく関係していることをシュミットは指摘している。2006年のコンゴ民主共和国における大統領・議会選挙を治安を維持しつつ民主的に実施するために派遣されたEUFOR DRコンゴ作戦の準備プロセスでは、フランスをはじめとして介入に積極的な諸国が議論をリードし、EUや国連の機関も積極的に行動したために、明確に参加への否定的な姿勢を示さなかったドイツ政府は次第に議論に巻き込まれ、作戦行動のために連邦軍のポツダム作戦指揮センターが使われることがEUレベルで合意された。これら全ての技術的な側面がEUレベルで合意された後に連邦議会で連邦軍派遣の是非が問われても、もはや連邦議会がこのような多角的な合意に反対の意思表示をすることはあり得ないという指摘である（Schmidt 2007: pp.54-56）[9]。

　2006年のコンゴの選挙実施支援活動はESDPの活動の中では大規模であり、現場に派遣される兵士にとってリスクが高いものであった。また派

第 7 章　共通安全保障・防衛政策と EU 構成国の外交政策

遣期間も明示的に限定されていたという特殊性もあるので、ドイツのESDP への参加が常にこの活動のように「多角主義のトラップ」で説明されるべきものではないかもしれない。またこれまでの他の ESDP のミッションの多くは NATO のミッションなどに比べれば危険性がより低いものが多く、実際に不測の事態が起きることもほとんど無く推移してきたため、派遣後に国内で問題化したことはなかった。さらに派遣される要員の数は少ないものの、ESDP では文民ミッションも数多く実施されているため、ドイツの新しい安全保障政策の展開と合致していることもあって、ESDP への派遣が政治問題化することは少なかったのであった。

## 3　アフガニスタン・ミッションからのインプリケーション

2009 年 12 月のリスボン条約の発効によって ESDP 分野は共通安全保障防衛政策（CSDP）と名称変更され、CFSP の必要不可欠な一部として政策の対象範囲が共同武装解除活動や紛争予防、テロとの戦いなどに拡充されている。これらはこれまでの ESDP ミッションの展開と実績を踏まえて、現実に対応する形で整備された条項であると言えよう。本章の冒頭でも言及したように、外務安全保障上級代表と欧州対外活動局が CSDP もその対象分野として新たに活動を開始することが象徴しているように、今後 CSDP の政策領域でも EU レベルの制度的な基盤がさらに整備され、運用の実績も積み重なっていくであろう。

ドイツ政治の CSDP へのコミットメントも本章の冒頭で触れたように、2009 年の CDU/CSU・FDP によるメルケル第二期政権成立後も変化は見られない。しかしながら、ドイツにおいてはとりわけ連邦軍の対外政策手段としての利用をめぐって、2009 年秋から政治的に大きな議論がおきている。

2009 年 9 月 4 日にドイツ連邦軍指揮官からの依頼を受けた NATO 戦闘

---

(9)　もっとも連邦議会によるコントロールの結果、連邦軍の派遣地域が比較的安全とされた首都キンシャサ周辺に限定されたことに示されているように、議会コントロールに全く意味がなかったわけではない。

機がタリバンに奪われたとされるタンクローリー2台をクンドゥス郊外で爆撃し、100名を超える多数の死傷者を出す事件が起きた。この空爆ではタリバン兵のみならず、子供を含む多くの民間人の犠牲がでたことから、ドイツ連邦軍が関わった中では第二次大戦後最も多くの犠牲者を出す事件となってしまった。この事件の問題は最終的には犠牲者の数ではなく、民間人の死傷者を出した事件の経緯と事実が当初ドイツ国防省内で隠蔽されたことにある。結果的に連邦軍のトップと国防次官の更迭、さらに第二次メルケル政権で労働相に就任していたユング前国防相が辞任することとなった。今日なお徴兵制を原則とすることによって「制服を着た市民」が構成し、「議会の軍隊」として連邦議会の政治的コントロールの下でシビリアンコントロールが貫徹されているはずの連邦軍と国防省において、多数の民間人の死傷者を出したという情報が迅速に公表されず、隠蔽されようとした事実はドイツ政治に大きな衝撃を与えたのであった。

　第二次メルケル政権で国防相となったグッテンベルク（Karl-Theodor zu Guttenberg）は、アフガニスタンの状況を「戦争に近似した状況」と表現し、ドイツ連邦軍が置かれている状況が、もはや復興支援や地域の安定化のためのミッションではなくなっているという現場に派遣されている兵士たちの認識に理解を示した[10]。第2節で紹介したようにユング前国防相は「相互連関した安全保障」概念を提示して、アフガニスタンにおいても同様に連邦軍、警察、開発、教育などを組み合わせた支援を打ち出していたが、2008年から09年にかけて連邦軍でも犠牲者の数が増加し、民間人にも多数の犠牲者を出すに至って、実態の状況がドイツの政策が求めるような望ましい方向に展開しておらず、事態が軍事的に極めて困難な状況に入っていることが認識されるようになったのであった。

　このようにアフガニスタンをめぐる状況とドイツ連邦軍の置かれた環境の変容についての認識は変化してきているが、連邦軍、警察、開発援助という包括的なアプローチに基づくこれまでの政策の基本線はなお変わっていない。アフガニスタンに関するロンドン国際会議の開催にあたってメル

---

[10] "Annäherung an den Krieg", *Süddeutsche Zeitung*, Nr. 254 / S.5, 4.11.2009.

第7章　共通安全保障・防衛政策とEU構成国の外交政策

ケル首相は、連邦軍の任務を現地軍の養成に重点を置く形で増派し、現地での軍の展開に関しても連邦議会の防衛委員会と外交委員会の同意の下でおこなうことを表明し、また現地警察官養成のための二国間協定に基づく警察要員の派遣を拡大すること、EUPOL の枠内におけるドイツ人警察官も増員すること、アフガニスタンの民生支援のための援助を大幅に拡大することなどを連邦議会に対して表明している[11]。

　アフガニスタンをめぐる議論の中心は ISAF の NATO ミッションへの派遣をめぐるものであるが、警察官養成のための EUPOL ミッションは ESDP ミッションであり、この活動に対するドイツの警察協力はアフガニスタンの安定化と復興を支援するものとして連邦軍の ISAF への貢献と一体となって位置づけられている。リスボン条約の発効後 CSDP の運用が新しい制度的な枠組みの下で EU としてどのように展開していくかは注目されるところであるが、アフガニスタンの事例を見てもわかるように、ドイツの外交政策という視点から見れば CSDP への貢献も NATO への貢献もロンドン会議や国連への貢献も一つの対象に対する異なった手段による政策展開という位置づけになっているのである。

## ◆ おわりに

　本章では、ESDP/CSDP の発展と展開について、ドイツ国内の政治的議論と政策展開に着目して議論してきた。1999 年に ESDP の構築が合意されてから 10 年を経て、これまでにさまざまなオペレーションが実施されてきた。EU の対外政策の展開を考えるとき、ESDP の経験は間違いなく、最も重要な柱となってきた。ESDP は CFSP の本質を質的に変容させ、EU の対外政策は「アップグレード」される結果となった。そして CFSP は、外交に重点を置いた宣言中心の対外政策から、積極的な危機管理を中

---

[11] Regierungserklärung zum Afghanistan-Konzept der Bundesregierung von Bundeskanzlerin Merkel, 28.01.2010 (http://www.bundesregierung.de/Content/DE/Regierungserklaerung/2010/2010-01-28-merkel-erklaerung-afghanistan.html)

心とした行動指向の一層高い外交政策に変容することとなったのである（Keukeleire 2010: 68）。ドイツもまたこの政策手段のために連邦軍や文民を派遣し、積極的な関与を続け、ESDP/CSDPの発展に大きな貢献をしてきた。また同時に国内でもEUレベルでの展開に対応すべく、安全保障政策のレベルから、連邦軍の装備に至るまで、さまざまなレベルで派遣のための環境整備がおこなわれてきたのである。

今後、CSDPはEUの対外政策の重要な柱となって経済・援助の手段と組み合わされて頻繁に用いられていくであろう。リスボン条約の発効によって、制度的にはEUの対外政策はこれまで以上に一体性を強化され、国際的なアクターとしてのEUの重要性が高まることが期待されているが、EUの対外政策、とりわけ安全保障に関わる問題に関しては引き続き構成国の役割が重要である。本章で見てきたように、ドイツの場合はミッションがNATOものであるのか、EUのものであるのかは国内政治的にはほとんど意味を有しない。そのため、アフガニスタンにおけるISAFミッションが極めて困難な状況に置かれているために、ドイツでは連邦軍の派遣をめぐって慎重な意見が強くなりつつある。

冷戦終焉後のドイツの安全保障政策は、EUのCSDPと軌を一にして変容・発展してきた。紛争の根本的な原因を取り除くために、さまざまな経済支援・開発援助から連邦軍の派遣にいたるまで、多様な政策手段を包括的に組み合わせる政策は、EUレベルでの政策展開を強くサポートするものであった。今後ともこの基本原則に変化はないであろうが、具体的なCSDPの派遣ミッションをめぐっては国内でもさまざまな議論がまきおこるであろう。それはリスボン条約によってもEUがいつ、どこで、どのような条件のもとでCSDPを発動するか、政治的にも戦略的にもなお曖昧な部分を残しているからである（Keukeleire 2010: 69）。そしてこの政治的、戦略的な空白を埋めるのがEU構成国の間の駆け引きであることには、リスボン条約の発効後も変わりはないのである。

第7章　共通安全保障・防衛政策と EU 構成国の外交政策

◆ 参考文献

**〈欧文文献〉**

Bindi, Federiga (ed.) (2010) *The Foreign Policy of the European Union: Assessing the Europe's Role in the World*, Brookings Institution Press, Washington D.C.

Bundesregierung (2004) *Die Aktionsplan* Diefuction span „*Zivile Krisenprävention, Konfliktlösung und Friedenskonsolidierung*" (http://www.auswaertiges-amt.de/diplo/de/Aussenpolitik/Themen/Krisenpraevention/Downloads/Aktionsplan-De.pdf)

Bundesministerium der Verteidigung (BMVg) (2003) *Verteidigungspolitische Richtlinien für den Geschäftsbereich des Bundesministers der Verteidigung* (http://www.bmvg.de/fileserving/PortalFiles/C1256F1200608B1B/W268AHEH510INFOEN/VPR.pdf)

_____ (2006) *Weißbuch: zur Sicherheitspolitik Deutschlands und zur Zukunft der Bundeswehr* (http://www.bmvg.de/fileserving/PortalFiles/C1256EF40036B05B/W26UYEPT431INFODE/WB_2006_dt_mB.pdf)

CDU, CSU und FDP (2009) „*Wachstum. Bildung. Zusammenhalt.*" — *Koalitionsvertrag*

Kaim, Markus (2007)„Deutsche Auslandseinsätze in der Multilateralismusfalle?" in: Mair, Stefan (Hrsg.) *Auslandseinsätze der Bundeswehr: Leitfragen, Entscheidungsspielräume und Lehren*, Stiftung Wissenschaft und Politik, Berlin, pp.43-49.

Keukeleire, Stephan (2010) "European Security and Defense Policy: From Taboo to a Spearhead of EU Foreign Policy?" in: Federiga Bindi (ed.) *The Foreign Policy of the European Union: Assessing the Europe's Role in the World*, Brookings Institution Press, Washington D.C., pp.51-72.

Matlary, Jane Haaland (2009)*European Union Security Dynamics: In the New National Interest*, Palgrave Macmillan, Hampshire.

Merlingen, Michael and Rasa Ostrauskaite (2006) *European Union Peacebuilding and Policing: Governance and the European Security and Defence Policy*, Routhledge, London.

Pradetto, August (Hrsg.) (2005)*Human Security und Auslandseinsätze der*

## 参考文献

Bundeswehr, LIT Verlag, Münster.

Schmidt, Peter (2007) „Nationale Entscheidungsspielräume in der Europäischen Union und den Vereinten Nationen" in: Stefan Mair (Hrsg.) *Auslandseinsätze der Bundeswehr: Leitfragen, Entscheidungsspielräume und Lehren*, Stiftung Wissenschaft und Politik, Berlin, pp.50-58.

Sedlmayr, Sebastian (2008) *Die aktive Außen- und Sicherheitspolitik der rot-grünen Bundesregierung 1998-2005*, VS Verlag, Wiesbaden.

Struck, Peter (2003) „Erklärung des deutschen Verteidigungsministers, Peter Struck, anlässlich der Pressekonferenz zur weiteren Bundeswehrreform am 21. Februar 2003 in Berlin", *Internationale Politik*, März 2003, pp.122-125.

Weizsäcker Kommission „Gemeinsame Sicherheit und Zukunft der Bundeswehr" (2000) *Gemeinsame Sicherheit und Zukunft der Bundeswehr*, Berlin/Bonn.

Zentrum für Internationale Friedenseinsätze (ZIF) (2009) *7 Jahre ZIF* (http://www.zif-berlin.org/fileadmin/uploads/analyse/dokumente/veroeffentlichungen/7_Jahre_ZIF_07_09.pdf)

〈和文文献〉

小林正英 (2005)「EU 安全保障戦略」『慶應法学』第 2 号, 237-257 頁.

中村登志哉 (2006)『ドイツの安全保障政策——平和主義と武力行使』一藝社.

松浦一夫 (1998)『ドイツ基本法と安全保障の再定義——連邦軍「NATO 域外派兵」をめぐる憲法政策』成文堂.

森井裕一 (2001)「欧州安全保障とドイツの"ヨーロッパ政策"」『Odysseus』、34-53 頁.

——(2005)「ドイツ外交における同盟と統合——シュレーダー政権を中心として」『国際政治』第 140 号, 1-18 頁.

鷲江義勝 (2009)『リスボン条約による欧州統合の新展開：EU の新基本条約』ミネルヴァ書房.

◆第8章
日本の移民統合政策
――福祉国家と労働市場の視角から

木 部 尚 志

　はじめに
Ⅰ　移民統合政策の2つのアプローチ
Ⅱ　日本型福祉レジームの転換
Ⅲ　統合政策と福祉レジーム
　むすびにかえて

◆はじめに

　EUは、過去10年あまり、たんなる入国管理の次元を越えて、移民の社会統合の次元にまで拡大する包括的な枠組みの確立を政策アジェンダとして設定してきた。1999年の欧州理事会のタムペレでの会合は、加盟国に合法的に住む非EU市民の公正な処遇を要請し、EU市民の権利と義務に比肩しうる権利と義務をかれらに与えることを目的とする「より積極的な統合政策」の必要性を謳った決議を採用した（European Council 1999）。さらにテッサロニキでの欧州理事会では、タムペレ決議を踏まえつつ、「合法的に定住する第三国国民を統合する包括的で多次元にわたる政策」が志向されるにいたった（European Council 2003：8; cf. Bauböck 2005）。「統合政策は、いかなる移民政策の戦略にとっても決定的な部分である」との、欧州委員会の「司法と内務」担当委員であるA．ヴィトリーノの言明（Vitorino 2005：viii）は、移民の社会統合にたいするEUの高い関心を反映するだけでなく、実際に予算面では2007年から2013年にかけて8億250万ユーロを配分する「統合基金」の設立や、実務的な政策知識の共有として2004年の『政策立案者と実務家のための統合ハンドブック』（European Commission 2004）

## はじめに

の出版に結実している (cf. Geddes 2008：ch. 7)。

　移民の統合政策の必要性が強調された背景的要因としては、1990年代にオランダ、ドイツ、フランスなどの国々において、移民が種々の社会経済的な不平等や社会問題と密接に関係している事態が認識され、公的議論のテーマにされたという事情が大きい。公的議論は、移民が集住する居住地区、集住の帰結である移民の子供が集中する特定の学校、移民2世の芳しくない教育成果、不十分な言語習得、文化や宗教の違い、労働市場への低い参加率、福祉への依存を問題視するものであった (Michalowski 2007：65)。今日流布する言葉でいえば、まさに移民の「社会的排除」(social exclusion) に着目し、受け入れ社会への移民の「包括」(inclusion) が焦眉の課題にほかならないとする認識が、従来の移民政策を見直し、積極的な統合政策を構想する起動因となった。こうした認識を背景に、EUは移民政策と統合政策を密接に結びつける政策方針を追求してきたのである。

　これにたいして日本は、移民の社会統合に向けての政策立案の点では、EUと比べて著しい遅れをみせている。そもそも日本は、移民を受け入れない政策を公式の立場としてきたのであり、そのため移民研究者は、移民労働力に依存しない日本を先進諸国のなかでの「変則」であるとみなしたほどであった (Hollifield 1992：15)。こうした公式の立場は、日系移民の「帰還者」や企業研修者のように「サイドドア」や、ビザなしの不法移民のように「バックドア」を経由する、事実上の移民労働力の存在にもかかわらず、一貫して堅持されてきた (Thränhardt 1999)。日本政府が移民を受け入れない政策を主張してきたため、公的な議論は主に入国管理に集中し、統合政策については十分に議論しないままであった。このように日本においては、移民をどのように社会の様々な部門に統合するかという問題にたいする政策関心がきわめて希薄であったといわざるをえない。

　ところが近年、日本政府とその政策立案者は、入国管理政策と統合政策の新たな枠組みの形成にむけて、慎重ではあるが明白な動きを見せている。これは、長らく移民を受け入れない政策を採用してきた、これまでの日本の移民政策とは、鋭い対照をなすものである。こうした動きは、少子

## 第 8 章　日本の移民統合政策

高齢化の進む日本の人口変動——とりわけ労働人口の減少——にたいする経済的および人口政策的な関心によって喚起されたものである。

　多くの移民を抱える地方自治体もまた、同様に移民の社会統合のための政策に高い関心を示している。それは、事実上の移民の存在ゆえに、公式の政策と現実とのあいだに乖離が存在してきたが、両者の溝を埋めてきたのが地方自治体であったからである。地方自治体こそが、移民に対して基本的な社会サーヴィスを提供する主たるアクターであった。しかしながら、供給される社会サーヴィスの幅と程度は、地方自治体によって大きな差がある。その結果として、地域によって異なる統合政策に代えて、「日本政府が指揮を執り、国の財源によって支えられる一貫性のあるナショナルな政策」が施行されるべきであるとの意識が高まるのも当然である（Tsuda and Cornelius 2004：465）。こうしてみると移民の社会統合への近年の動きは、移民を受け入れないという従来の公式見解から決別を意味する点で、しかも一貫した政策の基本的枠組みを提示しようと試みる点で注目に値する。

　本稿の目的は、日本の移民統合政策に向けての新たな前進を批判的に検討することにあるが、とくに移民の社会統合における福祉国家の役割に着目することにしたい。福祉国家に注目するのは、それが移民の社会統合にとって重要な役割を担うと考えられるからである。福祉国家の制度は、アメリカの政治哲学者ジョン・ロールズが「社会の基本構造」（the basic structure of society）と呼ぶところのものに相当する。基本構造は、「人びとの権利と義務を定義し、かれらの人生の展望、つまりかれらがなにになることを期待できるのか、かれらがどれだけうまくやることを望みうるかに影響を与える」のであり、それゆえ「その影響は深甚なものであり、人生の開始時から存在している」（Rawls 1971：7）。こうした見地からすれば、移民がもちうる人生の展望が受け入れ社会の基本構造に深く影響されることは明らかであり、しかも福祉国家の諸制度が、そうした基本構造の重要な支柱の一つであるがゆえに、「移民を包摂するためのひとつの力」（Freeman 2007：132）であることも容易に理解されうる。事実、福祉国家が

はじめに

移民の社会統合にとって重要な指標であるとの認識を出発点とする移民研究も、近年散見される（Bommes and Geddes 2000; Boeri, Hanson and McCormick 2002; Ireland 2004; Sainsbury 2006）[1]。

　このようにみるならば、日本の包括的な移民統合政策を福祉国家との関連において分析することは、きわめて適切なことであるように思われる。だが、移民統合政策を福祉国家の文脈に位置づけるにあたって注意すべき点が2つある。第1は、移民の社会権に関する法的な規定のみに注目するのは十分ではないという点である。われわれは、法的権利の形式的次元（de jure）とその保障の実質的次元（de facto）を区別する必要がある。法が規定する社会権の範囲が、かならずしも移民が実際に享受する社会権の範囲と同一ではないがゆえに、とりわけ後者の範囲に目を向けなければならない。

　第2は、社会権の実質的な側面を分析するためには、福祉国家が埋め込まれている、より大きな文脈を吟味しなければならないという点である。ここでは2種類の文脈を念頭に置く必要がある。ひとつの文脈は、日本の社会保障システムにおいて決定的に重要な役割を持ち、たんに補完的であるというだけでなく、時には「機能的等価物」の役割さえ果たしている、経済、産業、労働市場に関する諸政策を指す（Estévez-Abe 2008; 宮本 2008）。それゆえ本稿では、福祉国家に関連する幅広い政策や制度を指し示すために、「福祉レジーム」という用語を用いることとする。とりわけ本稿の分析では労働市場に注目することにしたい。いまひとつの文脈は、1990年代後半から進められてきた日本の福祉レジームの決定的な変容である。この変容は、労働市場での規制緩和が進展するなか、上述の「機能的等価物」が消滅するとともに福祉国家が削減されるという状況を意味する[2]。

　上で述べた2つの注意すべき点——すなわち「法／実態」の区分と二種

---

[1]　確かにナショナルな福祉国家は、主としてグローバル化の影響によってかつての社会統合の機能を減じているかもしれない（Bommes 2003）。しかしたとえそうであるとしても、福祉国家が移民の統合政策において決定的な役割を完全に失ったとはいえない。移民の安定した雇用が労働市場とともに福祉国家の制度にいまだ依存しているとの判断は、実証研究によって支持される（例えば Böcker and Thränhardt 2003 を参照）。

第 8 章　日本の移民統合政策

類の文脈——を念頭に置きながら本稿が明らかにしたいのは、移民の社会統合に向けた日本の取り組みが、福祉国家や労働市場といった「基本構造」の問題を十分に考慮しておらず、その結果として移民の社会権の保障およびかれらの社会統合にとって有効な制度構想に失敗しているという事態である[3]。この事態の分析のために、本稿は以下の構成をとる。第 1 節では、日本の新たな移民統合政策に向けての動向を文化重視アプローチと労働力重視アプローチの 2 種類に分けながら、それらの特質を明らかにする。第 2 節では、新自由主義的な政策方針が、労働市場の規制緩和を通じて福祉レジームの実質的な変容に帰着していることを示す。第 3 節では、変容した福祉レジームが移民の社会的権利の保障にたいして負の影響を及ぼすものであり、しかも 2 つの統合アプローチのいずれもこの問題に適切に対応できないことを明らかにし、適切な移民統合政策が不可避的に福祉国家の制度構想と連関せざるをえないことを論じる。

# I　移民統合政策の 2 つのアプローチ

　近年、日本の政策立案者は、移民政策、とりわけ統合政策に関して慎重な転換を図る試みをおこなっている。大まかにいえば、この動向には 2 つのアプローチがみられる。第 1 のアプローチは、外国人居住者の集中する地方自治体を基盤としており、文化に関わる問題を重視する傾向をもつ。これにたいして第 2 のアプローチは、経営者や財界の利害を基礎としたもので、労働力を重視するものである。本節では、それぞれのアプローチの

---

(2) 90 年代後半の全体的な福祉削減の趨勢にもかかわらず、介護保険プログラムや男女共同参画社会基本法など、普遍主義的な福祉の性質をもつ公共政策が実現したことを指摘しておくことは公平であろう。しかしながら新自由主義的な政策方針は、これらの政策が十分に展開されるのを妨げてきた（cf. 大沢 2007; 宮本 2008: ch. 5）。

(3) 本稿は、福祉供給のマクロレベルでの構造的な枠組みとしての福祉レジームに焦点を当てるがゆえに、福祉サーヴィスへの他の重要なアクセス手段——市民社会的な結社、エスニックグループの自治組織、個人的でトランスナショナルなネットワーク、家族など——は考察の対象に入れていない。

基本的な特徴について検討したい。

## 1　文化重視のアプローチ

　このアプローチを推し進める主要な政治的アクターのひとつは、総務省である。2005年に総務省が立ち上げた「多文化共生の推進に関する研究会」は、2007年に報告書を提出しており、この報告書において文化重視のアプローチのいくつかの特徴を明瞭に提示している（総務省 2007）。ここでは、①文化重視、②地方自治体中心、③国籍法との断絶という3つの特徴に焦点を当てることにしたい。

　第1の特徴は、このアプローチが文化に関わる問題に主眼を置く統合政策だという点にある。研究会の名称が示唆するように、このアプローチの中心的な理念は「多文化共生」であり、それは日本版の多文化主義として捉えることができる。報告書によれば、「多文化共生」とは、「国籍や民族などの異なる人々が、互いの文化的ちがいを認め合い、対等な関係を築こうとしながら、地方社会の構成員として共に生きていくこと」（総務省 2007：2）である。この定義にしたがうならば、移民の統合政策の主たる対象は、文化的な差異に関わる諸問題ということになる。事実、報告書が扱う具体的な課題の核心は、災害時への対応のガイドラインを除くならば、公的なサーヴィスおよび情報の提供において文化や言葉の障害を取り除き、文化間の相互理解を促進することにある。

　第2の特徴は、地方自治体が統合政策の主たる担い手となる点にある。「多文化共生の推進に関する研究会」の報告書は、地方レベルのアクターの働きや政策立案のイニシアティヴが、制度設計にあたって決定的な部分を占めることを強調している（総務省 2002：2）。こうした地方自治体の中心的な役割は、これまで移民への実質的な政策対応が中央レベルよりもむしろ地方レベルで展開されてきた事実を考慮するならば、十分に理解できるものである。くわえて、「多文化共生の推進に関する研究会」を立ち上げた総務省の中心部分の前身が、地方自治体関係の諸問題を扱ってきた自治省であることを想起するならば、地方レベルの重視の姿勢は非常に納得のい

## 第8章　日本の移民統合政策

くものである。

　第3の特質として、国籍法との連関の不在を指摘することができる。多文化主義の政治理論家 W. キムリッカによれば、移民、市民権、多文化主義の3つは、相互補完的な関係をもつ「三脚の椅子」として捉えるべきものである（Kymlicka 2003：202）。ところが、文化重視のアプローチは、市民権（＝国籍）取得の問題と切り離されている。このことは、市民権取得に関する文化的アプローチの3つの特質を示している。つまりこのアプローチは、①移民の帰化を促進する目的をもたないこと、②シティズンシップをローカルなものとして捉えるが、ナショナルなシティズンシップの価値と関連づけていないこと（つまり移民を地域住民としてみるが、将来の国民としてみていないこと）、③出生地主義（jus soli）や重国籍の導入には積極的な関心を示していないことを特徴とする。

　国籍法との断絶の説明として、2つの要因を指摘することが可能かもしれない。第1の要因は、文化的アプローチを推進するのが総務省であり、国籍法を管轄するのが法務省であるという官庁間のセクショナリズムないし分業の論理である。第2の要因は、最近まで国内最大の移民集団であった在日コリアンに関する法整備において、国籍取得の問題よりも民族的アイデンティティの保持や種々の権利の保障の問題が重要であったという歴史的経験ないし経路依存性である（cf. Kibe 2006）。第1の要因について付言するならば、移民を将来の国民として捉える発想が、そもそも日本の政策立案者には欠如していると考えるべきであろう。このことを示唆する例が、省庁を横断する会議体が2006年に提示した「『生活者としての外国人』に関する総合的対応策」である（外国人労働者関係省庁連絡会議 2006）。ここには種々の提言がみられるものの、国籍法への言及は皆無である。

　このように文化重視のアプローチは、移民問題を多文化的状況の課題として捉え、移民の地域社会への統合を強調し、移民を将来の国民ではなく地域住民として捉える点に特徴がある。つぎに、統合政策へのもうひとつのアプローチである労働力重視のアプローチを分析することにしたい。

## 2　労働力重視のアプローチ

　このアプローチは、少子高齢化による労働力の不足を緩和する目的から、労働力としての移民に重点を置く統合政策であり、自民党議員および経営者団体を主な担い手としている。厳密にいえばこのアプローチは、日本政府の公式的な立場ではないが、積極的な移民政策と大胆な統合政策の提言である点で、文化重視のアプローチとならぶ、いまひとつのアプローチとして考察するに値する。かかるアプローチの典型例となるのが、自民党前幹事長の中川秀直をリーダーとする、80名あまりの自民党議員のグループが起草し、2008年6月に当時の福田康夫総理大臣に提出された政策提言である（外国人人材交流推進議員連盟 2008）[4]。この提言の特徴は、①人材育成型移民政策、②省庁横断的な行政組織の確立、③国籍法との連関性といった3つの点に認められる。

　第1の特徴は、人的資本の観点から労働移民政策を立案している点にある。外国人人材交流推進議員連盟の提言は、今後50年に総人口の約10％にあたる1000万人の移民の受け入れを主張する点で、きわめて明確に労働移民重視の姿勢を示している。主たる対象となる移民は、非熟練労働者としての移民でもなく、また移民に関するこれまでの政策提言が主張してきたような（cf. 厚生労働省 2006）、すでに高度な技術を有する外国人労働者でもない。むしろこの提言は、「人材育成型移民政策」という考え方に基づいて、若い移民に焦点を当てている。つまり、若い移民を受け入れて、職業訓練と資格プログラムを通じて特定の技能を修得させることで、移民の安定した就労を目指すのである。外国人留学生についても、この観点から提言がなされている。提言によれば、2025年までに100万人の外国人留学生を受け入れて、ビザの保障や職業訓練のプログラムなどの種々の方策を通じて、日本の労働力として確保することになる。また提言では、3万人の看護師と介護者を国外から受け入れて、同様の職業訓練の機会を与えることが計画されている。

---

[4]　計画の背景にある独自の考えについては、坂中・浅川（2007）を、より慎重な提案については、日本経団連（2008）と日本経済調査協議会（2008）を参照。

第2の特徴は、省庁横断的枠組みの提唱にある。提言は、3年以内に移民受け入れの基本方針などを定めた「移民法」の制定だけでなく、移民関連の政策を統合する「移民庁」の設立も視野にいれている。これらの提案は、政策および組織の両面において日本を公式的に移民国家にすることを意図するものにほかならない。この特徴は、省庁の縦割構造を反映させ、しかも地方自治体のレベルに集中していた文化重視のアプローチとは対照的な点であるといえる。

　第3の特徴は、移民を将来の国民として捉える見方にある。若い移民は、職業訓練と資格プログラムによって技能をもつ労働者となるだけでなく、最終的には帰化して市民になることが期待されている。この特徴は、移民の帰国を前提とするローテーション制の発想とは対極にある考え方に基づいているだけでなく、統合政策と国籍取得の連関が不明であった文化重視のアプローチとの鋭い対照となっている。この点も、移民国家への志向を明瞭に示すものである。

　労働力重視のアプローチは、このように人材育成、移民庁創設、移民の帰化奨励を特徴する。この大胆な提言は、経営者団体や移民研究者からは歓迎されたものの、自民党政府からの好意的な反応を得られなかった。このアプローチが、移民を労働力として積極的に受け入れ、しかも雇用可能性を高めるための種々の訓練や教育プログラムを視野に入れる点で、画期的な政策提言であることは明らかであろう。のちに批判的に考察するように、重要な問題となるのは、変化した日本の福祉レジームという文脈において、このアプローチがはたして実際に移民の社会統合に貢献しうるかという点にある。

## II　日本型福祉レジームの転換

　本節では、日本の福祉レジームの転換を考察する。そのために、まず前述の「機能的等価物」の概念を用いて、日本の福祉レジームの基本的な特徴を明らかにし、それからレジームの重要な変化について検討することに

したい。

## 1 基本的な特徴

　日本の福祉レジームは、福祉国家研究者にとってきわめて謎に満ちたものである（cf. Esping-Andersen 1999：ch.5）。一方で日本は、社会保障費、課税、再分配の規模が小さいという意味において「小さな福祉国家」である。しかしまた他方では、ジニ係数で見たときの所得分配の観点からみると、日本は平等な社会である。職域ごとに分断された社会保障の枠組みが、こうした日本的福祉国家の複雑さに拍車をかけている。しかし、少なくとも1990年代中頃まで続いた日本型福祉レジームのこうした不思議な性質は、福祉供給の「機能的等価物」に目を向けると解消する（三浦 2003; Estévez-Abe 2008; 宮本 2008）。日本の福祉レジームの固有な点は、労働を媒介とした機能的等価物のあり方にある。別言するならば、日本における福祉は労働市場を通じて供給されるのである。

　福祉供給の機能的等価物を提供する公共政策を明らかにするために、ここでは3つの具体例に焦点を当てることにする。その具体例とは、①市場への行政的な介入、②公共事業、③雇用保護である（詳しくは Estévez-Abe (2008：ch.1) を参照）。

　①市場への行政的な介入は、「護送船団方式」として知られるように、インフォーマルな調整や「行政指導」を通じて、特定の産業分野を守ることを目的とする。その結果が、大企業の保護にとどまらず、その下請けとして中小企業を階層的に系列化して組み込む「組織された市場」（樋渡 1991）である。②日本の公共事業は、OECD 諸国の中では最も高いレベルを維持している点で際立っており（Estévez-Abe 2008：50）、それゆえに日本はしばしば「土建国家」と称されてきた。この政策ツールは、中央から地方への再分配のメカニズムの役割を果たすとともに、公共事業と引き換えに地方が自民党に与える支持を獲得することで、自民党の長期支配の基盤を固める作用ももっていた（山口 2005：113-114）。③日本の雇用保護規制は、他のOECD 諸国に比べて非常に厳しい（三浦 2003）。こうした厳しい規制は、

解雇を抑制する方向に作用することで、行政的な介入とともに、特定の産業分野の労働者の雇用を守ってきた（Estévez-Abe 2008：33）。

このように3つの機能的等価物をみるならば、日本の福祉レジームが2つのルートにおいて労働市場と連動してきたのがわかる。第1は、①の行政的介入と③の雇用保護が確保した正規雇用を経由して、職域ごとに分断された社会保険の枠組みにいたる福祉の間接的供給のルートである。第2は、②の公共事業がもたらす正規ならびに臨時の雇用を経由する代替的な福祉供給のルートである。かくして日本型福祉レジームの基本的な構造は、以下のようにまとめることができる。

◆ 日本型福祉レジームの基本構造
①公共政策⇒労働市場⇒福祉国家：労働を媒介とした間接的な供給
②公共政策⇒労働市場⇒福祉国家の機能的等価物：労働を媒介とした代替的な供給
③公共政策⇒福祉国家：普遍的、直接的、残余的な供給

上の基本構造が示唆するのは、労働市場を媒介とするルートが、社会保障関連の支出を非常に低く抑える効果をもつことである。さらなる示唆は、機能的等価物の政策が対象とするのが、労働者個人ではなく企業や生産者だという点にある。このことは、リストに載っていない政策ツール——すなわち積極的な労働市場政策、公共部門の雇用、国営企業など——との対照を考えると理解できる。後者の政策ツールは、いずれも個人を給付の対象にするものである（cf. Estévez-Abe 2008：ch.1）。

## 2　福祉レジームの転換

日本の福祉レジームは、90年代後半から大きな転換を遂げた。大きな転換とは、福祉国家の縮小と労働市場の規制緩和を意味する。転換を推し進めた諸要因のなかでも、政治的な要因が主たる原動力となったが、それは新自由主義的な政策方針である。90年代後半、新自由主義的な経済政策は

Ⅱ　日本型福祉レジームの転換

橋本政権下で浸透し始め、2001年4月に誕生した小泉政権では、首相が呪文のように唱えた「構造改革」の旗印のもと、圧倒的な世論の支持を背景にして、さらに勢いを増すこととなった。

　小泉改革のヴィジョンは、「小さな政府」の理念をラディカルに追及することにあり、福祉国家の削減に直結して、すでに低かった福祉供給のレベルをさらに低下する結果をもたらした。例えば生活保護制度は、窮乏家庭のなかのわずかの割合をカバーするに過ぎない（橘木・浦川 2006：124-125; 大沢 2007：151-152）。くわえて言えば、最低賃金は生活保護の水準よりも低いものでしかない（橘木 2006：78-86）。近年の研究は、日本における社会経済的な不平等の拡大を指摘している。OECD加盟国中の貧困率の統計によれば、日本はもっとも非平等主義的なグループに分類される。日本の貧困率は15.5％であり、これよりも高い比率を示すのは、アイルランド（15.4％）、トルコ（15.9％）、アメリカ（17.1％）、メキシコ（20.3％）だけである（OECD 2004：72-74）。

　前述した機能的等価物の政策ツールは、こうした転換のプロセスのなかで、かつての機能を果たさなくなっている。①行政的介入に関していえば、橋本政権は、規制緩和を推し進めて、保護的な行政介入を廃止した。例えば、運輸事業やその他の産業の競争を調整するための事業免許が廃止されただけでなく、金融商品市場や大型小売事業も規制緩和された（Vogel 2006：218; Estévez-Abe 2008：272-274）。日本の高度経済成長の鍵とみなされきた護送船団方式は、いまや経済的な停滞の要因とみなされることになった。②公共事業は、小泉政権下で著しく削減された。自治体による建設事業費の総計は、1992年から2005年にかけて47％低下し、2001年から2005年にかけて33％低下した（宮本2008のデータをもとに計算）。③雇用保護の規制は、非正規雇用の増大によって掘り崩されている。政府は、1999年と2004年に、人材派遣会社が非正規労働者を派遣できる仕事のカテゴリーを大幅に拡大した。この結果、非正規労働者の割合は33％に上昇している（宮本 2008：140）。このことは、終身雇用と企業福祉を享受できる労働者の数がますます限られつつあることを意味する。

第8章　日本の移民統合政策

　これらの変化が示唆するのは、福祉国家だけでなく労働市場も同様に変化しているということである。かつては福祉国家の等価物として機能していた公共政策が廃止されることで、福祉レジームは変化せざるをえない。変化した日本の福祉レジームの構造は、次のように表現することができる。

　◆ 変化した日本型福祉レジーム
　①新自由主義的な公共政策⇒規制緩和された労働市場⇒福祉国家：正規労働者の減少と福祉供給へのアクセスの縮小
　②新自由主義的な公共政策⇒規制緩和された労働市場⇒福祉国家の機能的等価物の削減
　③新自由主義的な公共政策⇒福祉国家の削減：普遍的、直接的、残余的な給付の削減

　上の図式が示唆するのは、労働市場に参与することが、もはや必ずしも福祉供給とその機能的等価物へのアクセスを保障するものではないということである[5]。次節では、福祉レジームの構造的な変化が、移民に対してどのような影響を与えるのかを考察することにしたい。

## III　統合政策と福祉レジーム

　本節では、変化した福祉レジームが移民の社会権の保障にたいして与えるネガティヴな影響を考察したのち、前述した統合政策の2つのアプローチが、福祉レジームへの移民の包摂を十分に保障するものではないことを論じる。より詳しくいえば、文化重視のアプローチは、福祉レジームとの関連性が弱いために、社会権に関わる重要な問題に十分に対処できない。

---

[5] ここで「規制緩和された労働市場」という言葉は、労働市場が非正規化された、柔軟な労働力に依存しているということだけでなく、かつては行政的な介入と公共事業によって保護されていた雇用を失ったという事態も含むものとして使用されている。

これにたいして労働力重視のアプローチは、福祉レジームと密接に関係するがゆえに、困難な課題に直面することになる。

　変化した福祉レジームが移民に与える影響は、どのようなものであろうか？概していえば、その影響はネガティヴなものである。第1のルートである職業別の社会保険の枠組みを介した福祉供給（労働市場⇒福祉国家）は、移民労働者にはうまく機能しない。そもそも移民労働者の多くは、社会保障のプログラムに組み込まれていない（手塚 2005：9, 10）。多くの移民労働者は、日系ブラジル人に関する詳細な研究が明瞭に示しているように、非正規労働者（期間付き、派遣、契約雇用など）として、劣悪な労働条件のもとで働いている（梶田・丹野・樋口 2005; 丹野 2007）。経済的に脆弱な部門では、使用者は労働力にかかるコストを節約するために、被使用者は給料を最大限に多くもらうために、ともに社会保障の保険料の負担を避ける傾向がある（丹野 2007：8-9, 86, 116）。移民が社会保険の掛金を払いたがらないことは、不安定な労働市場における競争力を移民に与えることになるが、競争力のこうした要因は、一度失業してしまえば、移民の生活の脆弱さの要因に転化してしまう。

　同様に、残る2つのルートも、移民にとって望ましいものではない。第2のルート（労働市場⇒福祉国家の機能的等価物）の場合、規制緩和された労働市場と削減された公共事業が、土建業に従事する移民労働者にネガティヴな影響を与えることは明らかである。第3のルート（普遍的で残余的な福祉国家）は、確かに移民にたいしても開かれている。しかし公的扶助の供給は、法的には準用（mutatis mutandis）の論理に基づいており、権利としての確たる保障ではない。したがって、大量の失業した移民が生活保護を申請した場合、例えば財政的に逼迫した自治体がどのように対処するかは、明らかではないであろう。

　このようにみるならば、変化した福祉レジームが、移民にとって福祉へのアクセスを困難にする方向に作用するものであることが理解される。では、上述の2つのアプローチは、この状況に適切に対応することができるであろうか？私見では、これらのアプローチは、それぞれ別の理由からこ

うした対応に失敗している。

## 1　文化重視のアプローチの抱える困難

　すでに考察したように、文化重視のアプローチは、移民が直面する諸問題が本質的に文化的なものであるとの前提に立つ。この前提に立つならば、移民が福祉レジームにどのように組み込まれるのかという問題意識は希薄とならざるをえない。実際、総務省の研究グループの報告書には、この種の問題に関する提案はみられない。この点は、国籍法との関連性の不在という点でも指摘したように、省庁のセクショナリズムの論理──つまり総務省ではなく厚生労働省が、社会保障制度や労働市場の社会経済的な問題を扱う担当省庁であるという事実──によって説明できるかもしれない。

　文化的アプローチのさらなる問題は、地方自治体に依存する点にある。確かに地域レベルこそは、移民の統合プロセスが生じるの第一の場であるが、しかしまた同時に、中央政府と地方政府の緊張関係が明確になり、入国管理政策と統合政策の連携の必要が緊急性を帯びる場でもある（Penninx 2005a：80; 2005b：84）。この種の連携の欠如は、まずもって地方自治体ごとの政策対応のバラツキとして表われている。たとえば、不安定な産業分野に従事する移民が、国民健康保険の枠組みに参加することが許されるかどうかは、自治体によって異なる（梶田・丹野・樋口 2005：254）。このことは、多文化共生のローカリズムの実践的な限界を指し示している。なぜならば、「ローカルなシティズンシップは、地理的に均等でなく、地域的な偶発性や偏差に左右される」（Tsuda 2006：275）からにほかならない。

　さらにいえば地方自治体は、移民を労働市場へと統合するのに、ハローワークを通じた職業紹介などの、非常に限られた資源しか有していない。2008年の世界的不景気は、資源の限定性がもたらす深刻な帰結を露わにするものであった。事実、自治体は、非正規労働者として働いていた大量の失業者の移民に雇用先を確保することの困難に直面している（東京新聞 2008）。このような社会経済的な問題にたいして文化重視のアプローチが

十分対応できないことは、移民研究者の以下の発言からも確認することができよう。

「多くの在日ブラジル人は、『日本は少子高齢化の対策として、1000万人の移民受け入れを必要としている』という言葉を耳にし、身分が保障されていると信じてきた。地域社会では『悩みの種』として迷惑がられても、せめて「労働者」としては頼りにされていると自負してきた。しかし、企業のご都合主義に振り回され、集団解雇にさらされている今、『労働力』としてさえも歓迎されていないことに、少なからぬ衝撃を受けている者は多い。1990年の入管法改正によって始まった、『日系人』を特別扱いする時代は、幕を下ろしたかに見える。移民の『衣食住』が保障され得ない中、きれいごとの『多文化共生』を叫ぶ声が空しく聞こえる。」(イシ 2009：143-145)

　右の発言は、マクロ構造的な社会経済問題に対応するには地方自治体には能力の限界があり、文化的アプローチが、地域重視の志向と相俟って、福祉レジームの構造的な問題に適切に対処することはできないことを如実に示唆するものである。さらにいえば、文化重視アプローチの限界は省庁のセクショナリズムの限界でもあり、そのため移民の統合政策が省庁横断的な包括的枠組みを必要としていることは明らかである。

## 2　福祉レジームとの本質的な連関

　一見して、労働力重視のアプローチは、移民への福祉供給に関して2つの点で効果的であるように見える。第1に、このアプローチは、職業資格や職業訓練のプログラムの機会を用意することによって、安定した雇用分野における移民の就労能力を高めることを目的としている。このことは、雇用に基づく福祉供給の経路を確実にする効果が見込まれるであろう。第2に、このアプローチの提言のひとつに、移民のための社会保障プログラムの確立がある（外国人人材交流推進議員連盟 2008：8; 日本経団連 2008：18）。

第 8 章　日本の移民統合政策

例えば、保険料の全額返還 (日本経団連 2007：10) や年金支給の最低必要年数の引き下げ (外国人人材交流推進議員連盟 2008：8) などの特別な措置が提案されている[6]。

　確かにこの種の措置は、ある一定の効果をもつであろう。しかしこのことは、事柄の半面でしかない。批判的に検討するならば、労働力重視のアプローチは、福祉レジームと構造的に深く結び付いているにもかかわらず、将来的な福祉レジームのヴィジョンの構想を欠いており、そのため制度的な可能性は非常に限定的なものである。このことは、不安定就労とミスマッチという 2 つのケースを考えると明らかになる。

　第 1 のケースである不安定就労 (precarious employment) は、労働力アプローチにとって深刻な問題となる。なるほど確かにこのアプローチは、移民政策にたいする「人的資源開発」の手法の重要性を強調しており、この手法は移民の特化した専門的技能を高めることで、労働市場での雇用可能性を向上させるものと理解されている。しかしながら、こうしたアプローチが、現在のところほとんどの移民労働者を吸収している労働市場の不安定就労部門にどのように対処するのかは明白ではない。

　一般的にいえば、以下の 2 つの条件のいずれかが満たされた場合に、不安定就労の「不安定」さの問題性が解決されるであろう。すなわち、①適切な水準での普遍的な福祉給付が保障されるか、あるいは②罰則をともなった労働法の厳格な適用が不安定部門にたいしてなされる場合である。明らかに、いずれの場合も福祉レジームの改革に必然的に結びつく。別の表現をするならば、労働市場を改革して、すべての者に「まっとうな仕事」(decent job) を確保するか、あるいは福祉レジームを変容させて、社会のすべての成員が「まっとうな生活」(decent life) を送ることを可能にするかのいずれかである。このことは、不安定就労の問題解決には福祉レジームの

---

[6]　既述の外国人労働者関係省庁連絡会議の報告書でも、社会保険の加入促進をするため事業所指導をおこうことや、保険料の二重負担や掛け捨ての問題を解消するために二国間の社会保障協定を締結することが提言されている (外国人労働者関係省庁連絡会議 2006：8)。

## III 統合政策と福祉レジーム

問題が密接にからんでいるだけでなく、福祉レジームを再編するという難しい問題が突き付けられていることを意味する。この難問に直面して、不安定な部門で働く外国人に再雇用のための職業訓練を受けさせればよいではないか、との議論が、労働力アプローチの立場から提示されるかもしれない。だがこの種の議論は、次に考察するミスマッチのケースで明らかになる難問に逢着することになる。

第2のケースであるミスマッチも、福祉国家の制度構想の課題を突き付ける点で、労働力アプローチにとって難問となりうる。景気および経済構造の変動ゆえに、職業訓練のプログラムを通じて得られる技能が、実際の労働市場における需要と合致しないというミスマッチの可能性は、つねに存在するであろう（例えば、ドイツのトルコ系移民の場合、労働集約型から知識集約型への産業構造の転換は、雇用状況の悪化をもたらすとともに、さらには労働市場を媒介にした社会保障システムへのアクセスを困難にするものであった（木部 2007））。したがって、特定の技能をもつ労働者は、異なる労働環境では技能をもたぬ労働者となる可能性を抱えざるをえない。ミスマッチに直面した移民労働者は、非熟練労働しか必要としない不安定部門で労働することになる可能性が高いが、これは労働力アプローチの当初の意図に反するものにほかならない。

労働力アプローチの支持者は、こうしたミスマッチを解決するためには訓練プログラムが必要不可欠である、と主張するであろう。しかしよく考えてみると、これは積極的な労働市場政策の提案である。この種の政策は、現在の日本の福祉レジームにとって一般的な政策ツールであるとはいえない。こうした状況においては、論理的かつ規範的な疑問が不可避的に頭をもたげることとなる。なぜ移民だけが再就職のプログラムを享受でき、同様の環境にある多くの日本人の非正規労働者はこれを享受できないのであろうか？

もし外国人労働者にのみ積極的労働市場政策を適用するならば、最悪の場合、福祉ショーヴィニズムが爆発するかもしれない。移民を排斥する福祉ショーヴィニズムのバックラッシュの可能性は、社会全体の経済的な不

## 第 8 章　日本の移民統合政策

安という文脈の中で、増大する移民を社会的なコストの増大の源であると捉える見方と関連する。内閣府の世論調査によると、非熟練移民労働者の受け入れを支持する場合ですら、多くの日本人は公的な財政による受け入れコストの負担にたいして、きわめて消極的である。かかるコストに租税を用いることに同意するのは、受け入れ支持派の7.3％に過ぎず、80.6％は反対であり、使用者、産業部門全体、移民労働者自身のいずれかが負担すべきであると考えている（内閣府 2004）。このような世論調査の結果は、バックラッシュの潜在的可能性を示唆するものである。

　こうした帰結を避けるため、積極的労働市場政策は日本人と移民労働者の両者に等しく適用することを支持する見解が提示されるかもしれない。その場合、福祉レジームをどのように再編するかという課題に取り組むことが必要不可欠となる。とするならば、労働力アプローチは、構造的にも、また規範的にも福祉レジームと密接に関係しているだけではなく、福祉レジームを再構築するという難しい挑戦に直面することにならざるをえない。しかしながら労働力アプローチは、これまでの議論から明らかなように、こうした課題にいまだ取り組んでいないがゆえに、その有効性に大きな疑問符が付くことは避けられない。

　ところで、上の見解にたいして根本的な反論があるかもしれない。すなわち、概して移民の流入は文化的多様性の増大を招き、その結果として再分配システムや福祉国家の基盤である社会的連帯や信頼の醸成を困難にする。それゆえ社会保障システムへの移民の統合は不可能であるか、もしくは不完全なものにとどまらざるをえない、と。この種の主張は、公的議論において散見されるものではあるが、経験的な裏付けを欠く場合が多い。また、社会的連帯がはたして福祉国家の前提条件であるのか、あるいは福祉国家がもたらす帰結であるのかについては、議論の分かれるところであろう。そもそもこの問題に関する実証研究の結論は、上の主張の妥当性を支持するものと支持しないものとに二分しており、白黒の決着をつけがたい状況にある（Banting and Kymlicka 2006; Miller 2008：378-380; Pevnick 2009：147-149; cf. Huysmans 2006：77-80）。

しかしながら、福祉レジームの制度構想という観点からみた場合、決定的に重要な点は、移民の増加による社会的連帯の衰退に起因する福祉国家の危機というシナリオには、制度的枠組みを暗黙のうちに外生的なものとして、つまり所与として理解する点で問題がある。このことを明確にしてくれるのが、歴史的制度論からの実証研究で知られるB. ロトシュタインの示唆に富む以下の指摘である。

「われわれは、政治諸制度を設計する場合、福祉政策にたいして市民が抱く規範的態度もかなりの部分において規定している。もし市民が現行の福祉プログラムが正義の原理に合致した形で制度設計されているとみなすならば、もしかれらがかかるプログラムの執行を公正なものと考えるならば、そしてもしかれらがすべての市民——あるいは少なくともかれらのほとんどが——生じたコストの正当な分担を支払っていると信じるならば、その場合には普遍的福祉政策の政治的支持は、きわめて高い蓋然性で存続するであろう。そうでない場合には、持続しないであろう。」(Rothstein 1998：222; cf. Pevnick 2009：148-149; Hibbert 2008：171-172)。

この洞察は、移民と福祉国家の原理的な両立不可能性を結論づけることの性急さを指摘するものである。さらにそれは、福祉国家の制度構想の重要性を鮮明に示唆しており、しかも公正さの制度的体現が持続可能性の条件になるという制度構想上の規範的かつ実践的課題を指し示している。いま一度この観点から、労働力重視のアプローチと文化重視のアプローチを振り返るならば、両者がいずれもこの課題に十分に応えるものでないことは、明らかである。

## ◆ むすびにかえて

本稿の主要な目的は、近年の日本において看取される、移民の統合政策

第 8 章　日本の移民統合政策

への 2 つのアプローチを、福祉国家ないし福祉レジームの観点から批判的に考察することにあった。この考察で明らかとなったのは、いずれのアプローチも、転換した福祉レジームの文脈のなかでは移民の社会的権利を十分に保障できないという点であった。文化重視の志向をもつアプローチは、福祉レジームへの移民の包摂という問題との連関がきわめて希薄である。これとは対照的に、労働力に基づくアプローチは、構造的にいって福祉レジームと密接な関係にあるにもかかわらず、将来の福祉レジームの明確なヴィジョンを提示していない[7]。

　福祉レジームの明確なヴィジョンを欠いた入国管理政策および統合政策の実効性に関して疑問をもたざるをえないことの理由として、移民政策と福祉レジームとの密接な相互連関を指摘することもできる。一方で福祉レジームは、社会サーヴィスや労働市場を通じて移民の社会的包摂に深く影響を与えるものであるから、福祉レジームのグランドデザインを構想することなしには、移民政策の将来的な形は考えることはできない。他方で福祉レジームの構想は、人口学的な問題との関連性やレジームが労働市場を媒介にして移民におよぼす影響ゆえに、移民の問題に触れざるをえないであろう[8]。

---

[7]　2009 年 9 月に誕生した民主党政権は、外国人地方参政権のイッシューを除くと、これまでのところ明確な移民政策や統合政策を打ち出してはいない。移民の政治参加を促す外国人参政権が統合政策の一部となりうることは、疑いを容れない。しかしながら、外国人地方参政権が包括的な統合政策への確実な第一歩になると期待することには、慎重でなければならないように思われる。その理由は、集団と利害関心に着目する政治的な論理に基づいている。外国人地方参政権を求めて運動してきた最大の移民集団は、在日コリアンの人びとであり、参政権実現の際には、かれらがこの権利を行使する最大の集団となることが予想される。しかしかれらの利害関心は、永住権と社会権を保障されている点において、この 2 つを保障されていない他の移民集団の利害関心と大きく異なっているであろう。だとするならば、権利保障の点で恵まれていない他の移民集団の利害関心に合致するような包括的な統合政策への道が、外国人参政権によってただちに開かれるとの結論には、慎重でなければならない。しかも、そうした統合政策にはナショナルな次元での基本的枠組みが不可欠であり、地方参政権がナショナルな政策に直接的な仕方で影響を及ぼすとは考えにくいという事情も、上の判断を補強する材料となるであろう。

もし日本が移民の統合政策に実質的に取り組むのであれば、近年のドイツがそうしたように、移民を受け入れないという公式の立場を変更することになるし、移民政策と福祉レジームを統合させた枠組みの構想を必要とする。明らかにこの課題は、日本の政策立案者に非常に大きな困難を突きつけ、まさに政治の本質がつねにそうであるように、種々の政策上のジレンマを克服するための創造的かつ戦略的なアプローチを要求する。さらにいえば、EU がその典型的な事例であるように、こうしたアプローチは、日本を取り巻く多国間関係という大きな文脈のなかに位置づけられることを通じて、より一層の現実味と有効性を獲得することになろう。

## ◆ 参考文献

〈欧文文献〉

Banting, K. and W. Kymlicka, eds. (2006) *Multiculturalism and the Welfare State*, Oxford University Press.

Bauböck, R. (2005) "Civic Citizenship: A New Concept for the New Europe," in Süssmuth and Weidenfeld (2005).

Boeri, T., G. Hanson, and B. McCormick, eds. (2002) *Immigration Policy and the Welfare State*, Oxford University Press.

Böcker, A. and D. Thränhardt (2003) "Erfolge und Misserfolge der Integration: Deutschland und die Niederlande im Vergleich," *Aus Politik und Zeitgeschichte*. Vol. 26, pp. 3-11.

Bommes, M. and A. Geddes, eds. (2000) *Immigration and Welfare*, Routledge.

Bommes, M. (2003) "The Shrinking Inclusive Capacity of the National Welfare State," in Grete Brochmann, ed. *The Multicultural Challenge*, Elsevier.

Esping-Andersen, G. (1999) *Social Foundations of Postindustrial Economies*, Oxford University Press (邦訳：G. エスピン＝アンデルセン『ポスト工業経済の社会的基礎』渡辺雅男・渡辺景子訳　桜井書店〔2000〕).

---

(8) インドネシア（2007年）およびフィリピン（2008年）と締結された経済連携協定（EPA）の枠組みを通じて、看護士・介護福祉士の受入れが始まっている。しかしながらこの政策をめぐる公的議論の次元に関するかぎり、移民政策と統合政策を包摂する政策ヴィジョンとの関連づけはきわめて希薄であるといえる。

第 8 章　日本の移民統合政策

Estévez-Abe, M.（2008）*Welfare and Capitalism in Postwar Japan*, Cambridge University Press.

European Commission（2004）*Handbook on Integration for Policy-Makers and Practitioners*, European Commission, Directorate-General for Justice, Freedom and Security.

European Council（1999）"Presidency Conclusions," the Tampere European Council, October 1999（http://europa.eu.int/council/off/conclu/oct99/oct99_en.htm）.

―――（2003）"Presidency Conclusions," the Thessaloniki European Council, June 2003（http://www.cousilium.europu.eu/uedocs/cms_data/docs/pressdata/en/ec/76279.pdf）.

Freeman, G.（2007）"Immigrant Incorporation in Western Democracies," in Alejandro Portes and Joshu De Wind, eds. *Rethinking Migration*, Berghahn Books.

Geddes, A.（2008）*Immigration and European Integration: Beyond Fortress Europe?* 2nd ed. Manchester University Press.

Hibbert, N.（2008）"Citizenship and the Welfare State: A Critique of David Miller's Theory of Nationality," *Canadian Journal of Political Science*, Vol. 41 (1), pp. 169-186.

Hollifield, J. F.（1992）*Immigrants, Markets, and States: The Political Economy of Postwar Europe*, Harvard University Press.

Huysmans, J.（2006）*The Politics of Insecurity: Fear, Migration and Asylum in the EU*, Routledge.

Ireland, P.（2004）*Becoming Europe: Immigration, Integration, and the Welfare State*, University of Pittsburgh Press.

Japan Economic Research Institute（JERI）（2008）"Recommendations on the Acceptance of Foreign Workers: A Proposal for a New Acceptance System."（http://www.nikkeicho.or.jp/report/kono_teigen_english.pdf）.

Kibe, T.（2006）"Differentiated Citizenship and Ethnocultural Groups: A Japanese Case," *Citizenship Studies*, Vol. 10 (4), pp. 413-430.

Kymlicka, W.（2003）"Immigration, Citizenship, Multiculturalism: Exploring the Links," *Political Quarterly*, Vol. 74, pp. 195-208.

Michalowski, I.（2007）*Integration als Staatsprogramm: Deutschland,*

*Frankreich und die Niederlande im Vergleich*, Lit Verlag.
Miller, D. (2008) "Immigrants, Nations, and Citizenship," *Journal of Political Philosophy*, Vol. 16 (4), pp. 371-390.
OECD (2004) *Trends in Income Distribution and Poverty in OECD Countries over the Second Half of the 1990s*, OECD.
Penninx, R. (2005a) "Elements for an EU-Framework for Integration Policies for Immigrants," in Süssmuth and Weidenfeld (2005).
―――― (2005b) "Identification of a Framework for Common Principles, Guidelines, and Objectives for Integration," in Süssmuth and Weidenfeld (2005).
Pevnick, R. (2009) "Social Trust and the Ethics of Immigration Policy," *Journal of Political Philosophy*, Vol. 17 (2), pp. 146-167.
Rawls, J. (1971) *A Theory of Justice*, Harvard University Press.
Rothstein, B. (1998) *Just Institutions Matter*, Cambridge University Press.
Sainsbury, D. (2006) "Immigrants' Social Rights in Comparative Perspective: Welfare Regimes, Forms in Immigration and Immigration Policy Regimes," *Journal of European Social Policy*, Vol. 16. No. 3, pp. 229-244.
Süssmuth, R. and W. Weidenfeld, eds. (2005) *Managing Integration: the European Union's Responsibilities towards Immigrants*, Bertelsmann Stiftung.
Thränhardt, D. (1999) "Closed Doors, Back doors, Side Doors: Japan's Nonimmigration Policy in Comparative Perspective," *Journal of Comparative Policy*, Vol. 1 (2), pp. 203-223.
Tsuda, T. (2006) "The Limits of Local Citizenship and Activism in Japan and Other Recent Countries of Immigration," in Takeyuki Tsuda, ed. *Local Citizenship in Recent Countries of Immigration*, Lexington Books.
Tsuda, T. and W. A. Cornelius (2004) "Japan: Government Policy, Immigrant Reality," in Wayne Cornelius *et al.*, eds. *Controlling Immigration*, Stanford University Press.
Vitorino, A. (2005) "The European Union's Role in Immigration and Integration Policy," in Süssmuth and Weidenfeld (2005).
Vogel, S. K. (2006) *Japan Remodeled*, Cornell University Press.

第 8 章　日本の移民統合政策

〈和文文献〉

イシ、アンジェロ（2009）「在日（日系）ブラジル人の現在の動向と意識」松谷英樹編『移民・難民・外国人労働者と多文化共生』有志舎．

大沢真理（2007）『現代日本の生活保障システム』岩波書店．

外国人研修生問題ネットワーク編（2006）『外国人研修生　時給 300 円の労働者』明石書店．

外国人人材交流推進議員連盟（2008）『人材開国！――日本型移民政策の提言』（http://www.kouenkai.org/ist/pdff/iminseisaku080612.pdf）．

外国人労働者関係省庁連絡会議（2006）「『生活者としての外国人』に関する総合的対応策」（http://www.cas.go.jp/jp/seisaku/gaikokujin/honbun2.pdf）．

梶田孝道・丹野清人・樋口直人（2005）『顔の見えない定住化――日系ブラジル人と国家・市場・移民ネットワーク』名古屋大学出版会．

木部尚志（2007）「ドイツにおける移民統合政策と多文化主義――再分配と承認の相克」、植田隆子・町野朔編『平和のグランドセオリー　序説』風行社．

厚生労働省（2006）「外国人労働者の受け入れを巡る考え方のとりまとめ」（外国人労働者に関するプロジェクトチーム）．

坂中英徳・浅川晃広（2007）『移民国家ニッポン――1000 万人の移民が日本を救う』日本加除出版．

総務省（2007）「多文化共生の推進に関する研究会報告書」（http://www.soumu.go.jp/menu_news/s-news/2007/pdf/070328_3_3bt1.pfd）．

橘木俊詔（2006）『格差社会』岩波書店．

橘木俊詔・浦川邦夫（2006）『日本の貧困研究』東京大学出版会．

丹野清人（2007）『越境する雇用システムと外国人労働者』東京大学出版会．

手塚和彰（2005）『外国人と法〔第 3 版〕』有斐閣．

東京新聞（2008）「落日の外国人就労」2008 年 12 月 3 日朝刊．

内閣府（2004）「外国人受け入れに関する世論調査」（http://www8.cao.go.jp/survery/h16/h16-foreignerworker/index.html）．

日本経団連（2007）「外国人材受入問題に関する第二次提言」（http://www.keidanren.or.jp/japanese/policy/2007/017.pdf）

――（2008）「人口減少に対応した経済社会のあり方」（http://www.keidanren.or.jp/japanese/policy/2008/073.pdf）．

日本経済調査協議会（2008）「外国人受入れ政策の課題と方向」（http://www.nikkeicho.or.jp/report/kono08016_all.pdf）．

# 参 考 文 献

樋渡展洋（1991）『戦後日本の市場と政治』東京大学出版会.
三浦まり（2003）「労働市場規制と福祉国家」埋橋孝文編『比較のなかの福祉国家』ミネルヴァ書房.
宮本太郎（2008）『福祉政治——日本の生活保障とデモクラシー』有斐閣.
山口二郎（2005）「日本の改革における『社会的』なものの意義——1990年代における左派の失敗を越えて」山口二郎・宮本太郎・坪郷實編『ポスト福祉国家とソーシャル・ガヴァナンス』ミネルヴァ書房.

## 第9章
## 地域制度とグローバル・ガバナンス
―― アジア太平洋の地域制度と国際制度

菊池　努

はじめに
Ⅰ　APEC と GATT/WTO ―― 貿易自由化・開発技術協力
Ⅱ　アジアの金融協力 ―― チェンマイ・イニシアティブ(CMI)と IMF
Ⅲ　核不拡散問題への地域的対応 ―― 米朝枠組み合意、KEDO(朝鮮半島エネルギー開発機構)、六者協議
むすび

## はじめに

地域制度が世界各地に生まれる中で、それらが国際制度の機能に及ぼす影響が今日の国際政治経済の焦点のひとつになっている[1]。本章は、貿易、金融、核の不拡散という3つの問題領域を取り上げ、アジア太平洋の地域制度と国際制度の相互関係・相互作用を検討する。本稿で取り上げる地域

---

＊本稿の北朝鮮の核問題に関する記述に関し、倉田秀也（防衛大学校教授）より貴重な助言を賜った。記して謝意を表したい。

(1) 制度間の対立や補完という問題については以下を参照。Vinod K. Aggarwal, *Institutional Designs for a Complex World*, Ithaca: Cornell University Press, 1998; Sabastin Oberthur and Thomas Gehring eds., *Institutional Interaction in Global Environmental Governance: Synergy and Coflict among International and EU Policies*, Cambridge: The MIT Press, 2006; Howard Loewen, Towards a Dynamic Model of the Interplay between International Institutions, *GIGA Working Paper No.17*, Institute of Global and Area Studies (GIGA), Germany, February 2007; Olav Schram Stokke, *The Interplay of International Regimes: Putting Effectiveness Theory to Work*, The Friedtjof Nansen Institute, 2001; Oran Young ed. *Institutional Interplay: Biosafety and Trade*, New York, United Nations Press, 2008.

はじめに

制度は、貿易に関して APEC（アジア太平洋経済協力会議）、金融での ASEAN＋3（日中韓）、核の不拡散に関する米朝枠組み合意と KEDO（朝鮮半島エネルギー開発機構）および六者協議である。この3つの問題領域には、GATT/WTO、IMF、NPT/IAEA、国連などの権威ある国際制度が存在している。

　共通した問題領域を取り扱う地域制度と国際制度の間にどのような相互関係・相互作用が生まれるのだろうか。それは当該分野での国際制度の機能にどのような影響を及ぼすのだろうか。別言すれば、地域制度と国際制度の相互作用・相互関係は、グローバルなガバナンスにどのような影響を及ぼすのだろうか。本章はこの問題を、アジア太平洋の地域制度を事例に取り上げて検討したい[2]。

　本章は地域制度と国際制度の関係を2つの側面から検討する。第一に、デマンド・サイドの要因として国際制度についての地域諸国の認識・姿勢である。国家が国際制度の機能と役割に不満を持ち、また国際制度の機能に限界を感じたとき、これを補う（あるいは代替する）方策として地域制度の形成を模索するかもしれない。第二は、サプライ・サイドの要因である。地域諸国の政策選好、国家の対応能力、主要な諸大国間の（力）関係などである。仮に国際制度のあり方について地域共通の懸念や不満が存在し、地域制度による補完や代替を模索したとしても、関係諸国それぞれの固有の利害や対応能力、主要な国家の間の意思や政策選好などが接近しないと地域制度は形成されないし、仮に形成されてもその制度的な形態も、また地域制度と国際制度の相互関係も異なるであろう。

　本章の議論は以下である。第一に、国際制度に対する不信、懸念、限界などの認識を契機にアジア太平洋の地域制度が形成されたが、地域制度の設計にあたっては、地域諸国の多様な政策選好の多様性や関係国間の力関

---

(2) 制度と制度の相互関係の解明は近年の主要なテーマである。例えば、近年、環境問題を取り扱う制度が多数形成されているが、そこでは制度の重複をどのように処理するかが新たな課題になっている。G. Kristin Rosendal, " Impacts of Overlapping International Regimes: The Case of Bidiversity," *Global Governance*, No. 7, 2001, pp. 95-117.

第9章　地域制度とグローバル・ガバナンス

係への懸念などが影響したために、地域固有の強いルールや規範を生み出す地域的な合意を生み出すには至らず、国際制度の提供する規範やルールが地域諸国を結びつける唯一の共通の基盤を提供した。この結果、地域制度を国際制度の中に埋め込み、両者の間のルールの調和と共通性・相互補完性を維持することに制度の設計の重点が置かれた。

　第二に、地域制度は国際制度の規範やルールの履行を補完する役割を果してきた。普遍性と無差別性を特徴とする国際制度は、地域固有の特殊な要因に対応しにくいが、地域制度はそれらに対応する制度的な柔軟性を有している。地域制度は、当該地域固有の問題に対応する仕組みを設計することで、国際制度の体現するルールや規範を地域レベルで履行するための制度的枠組みを提供した。地域制度は国際制度を地域レベルで補完する機能を担い、グローバルなガバナンスに貢献しうる。

　第三に、金融の場合には、国際制度と対立・競合する地域制度の構築を目指す動きがアジアで顕在化するが、サーベイランス・メカニズムの構築など、地域制度設計の骨格は国際制度のそれ（「世界標準」）を踏襲していた。しかし、そうした要件を満たす条件（各国の国内制度や政策選好の共通性や主要国の意見の一致）をアジアは欠いており、結局、国際制度が提供する政策手段（IMFのサーベイランス機能）との連携を前提にした制度設計にならざるを得なかった。国際制度からの地域の自立や自助を望みつつも、国際制度と連携せざるをえなかった。

　第四に、アジア太平洋諸国の対応能力の拡充（国内制度の充実）や主要諸国間の政策選好が収斂すれば、この地域固有の特徴を持った地域制度が形成され、それが国際制度との間で対立・競合する可能性は今後残っている。しかし、政策選好の格差や主要諸国間の競合状況は予見しうる将来変わる可能性は低く、この地域の地域制度は国際制度の中に埋め込まれ、国際制度と連携した形で制度設計がなされる可能性が高い。

　第五に、アジア太平洋諸国の経済力の上昇とともにこの地域の制度が有する国際的な影響力は強まっており、それが国際制度の変容を促す方向で作用することになろう。地域制度はグローバルなガバナンスのあり方を変

I APEC と GATT/WTO

容させる可能性がある。

　本稿の構成は以下である。第2章で貿易を取り上げ、APEC と GATT/WTO との制度的な関係を論じる。APEC が GATT/WTO という国際制度の中に組み込まれ、国際制度からルールや規範を移入するだけでなく、両者の間で貿易の自由化を巡って連動関係が生まれていることが指摘される。次いで第3章において ASEAN＋3 が金融の分野で進めてきたチェンマイ・イニシアティブ（CMI）と IMF との関係を論じる。アジアの金融協力が IMF の「桎梏」を離れた、「地域的な自立」の手段となる可能性を秘めながらも、現実には IMF という国際制度の中に組み込まれ、IMF を補完する役割を CMI が担っていることが指摘されよう。また、CMI が「自立」するための条件を検討する。第4章は、核の不拡散の分野を取り上げる。北朝鮮の核兵器開発計画を巡り、1990年代の初めに米朝枠組み合意が結ばれ、それに基づいて KEDO が設立された。また2003年10月の「第二次核危機」の勃発以降、六者協議を通じて外交的な解決が図られている。それらの制度と国際制度（NPT/IAEA、国連）との関係を論じる。2章から4章の分析を踏まえて、結びで本稿の主張をまとめる。

# I　APEC と GATT/WTO
──貿易自由化・開発技術協力

　APEC は筆者が「グローバル・リージョナリズム」と呼ぶ、欧州や北米などに生まれた地域経済制度とは異なる特徴を備えている[3]。ガット・ウルグアイ・ラウンド（UR）交渉の停滞に伴う国際自由貿易体制の将来への不安を背景に生まれた APEC は、その後 GATT（及び WTO）と密接な制度関係を発展させることになる[4]。その特徴は、グローバルな制度を維持

---

(3)　菊池努「APEC:グローバル・リージョナリズムの可能性」『外交フォーラム』第245号（2008年11月）、pp.34-37.

(4)　APEC については以下を参照。菊池努『APEC：アジア太平洋新秩序の模索』（日本国際問題研究所、1995年）。また、APEC と GATT/WTO との制度関係については、田巻宏将、『GATT/WTO との制度間連携による APEC の形成・変容』（青山学院大学国際政治経済学研究科博士論文、2007年7月）から数多くの示唆をえた。

第9章　地域制度とグローバル・ガバナンス

強化すること、また国際制度のルールや規範に整合的な行動をとることを組織運営の基本原則としていることにある。APECの活動内容や運営のルールは、GATT/WTOというグローバルな制度の維持発展、GATT/WTOのルールとの整合性、GATT/WTOとの分業（人材育成や制度改革などのキャパシティ・ビルディングの分野）や相互の連携（貿易自由化でのAPECとWTOの連動）など、GATT/WTOという国際制度と深く結びついていた。

　APECのこうした制度的特徴が形成された背景には加盟諸国間の政策選好の多様性がある。1989年にAPECの第1回閣僚会合が開催されたとき、メンバーの期待は多様であり、第2回会合の開催すら危ぶまれるほどであった。経済援助の新たな枠組みを期待した国もあれば、アジア経済の開放（自由化の推進）をこの組織を通じて実現しようとする国もあった。また東南アジア諸国の間には、ASEANの存在感が弱まることへの懸念もあった。

　関係諸国の間の政策選好の相違の中で、加盟諸国の間に共同行動の余地が生まれたのは国際制度（GATT）に関連する領域である。GATTが体現する自由貿易原理やGATT・UR早期妥結という目標が多様な政策選好を持つメンバーを結びつける唯一の共通点になった。アジア太平洋の諸国がGATTの自由貿易体制の下で経済成長を達成したという共通の認識がそうした姿勢を支えていた。実際APECは、GATT・URの早期妥結のためにアジア太平洋諸国の声を糾合する活動（関係閣僚会議の開催など）や、自由貿易の規範やルールについての理解をアジア太平洋諸国に促すためのセミナーの開催等を活動の中心に置いていた。

　そうした活動を通じて、APECの活動はGATT強化という目的に合致し、GATTの規範やルールに整合的であるべきとの考え方がメンバーの間で共有されることになる。APECにおけるGATTの規範化である。APECの「開かれた地域主義（Open Regionalism）」の原則は、そうしたAPECとGATTとの制度的な関係を象徴する言葉であった。

　こうして形成された制度間関係は、その後のAPECにおいて、メンバー

間のバーゲニングの過程に強く作用することになる。各メンバーは自らの希望する議題や政策を APEC の場で提案する際に、GATT/WTO 強化に資することや、GATT/WTO の規範とルールに整合的であることを根拠に自己の立場を合理化・正当化してゆくことになる。

　1993 年のシアトルでの首脳会合以降、貿易投資の自由化が APEC の主要なテーマになるが、注目すべきは APEC の自由化と WTO でのそれとの関係である。一般に、地域主義と GATT/WTO との関係は、地域主義が GATT の無差別原則を侵食し、国際的な自由貿易体制の発展を損なうか否かという観点から議論されてきたが、ここで着目したいのは、APEC 自由化と GATT/WTO 自由化プロセスが密接に連動していたことである。

　この背景には第一に、GATT/WTO レベルでの自由化なしには APEC の掲げる自由化目標が達成できないという共通の認識があった。グローバルな自由化と地域の自由化を同時並行的に推進するという点で APEC は、地域主義内部での自己完結型の自由化を基本とする他の地域の経済地域主義とは異なる特徴を備えている。

　第二は、APEC の独自の自由化方式にある。APEC は貿易投資の自由化を目標に掲げながらも、GATT のような相互主義に基づく自由化方式を否定し、自主的自発的自由化を主要な方式としてきた。こうした方式が採用されたのは、アジア諸国の通商障壁がまだ高く、自主的措置でも自由化の余地が十分ありうること、そして、80 年代以降のこの地域の自主的自由化の結果、APEC 諸国が大きな貿易上の利益を享受していたとの認識による[5]。

　しかし同時に、こうした方式では国内の反対の強い分野での自由化を実現するのは困難であることも認識されていた。そうした困難な分野の自由化は WTO での交渉を通じて実現するとの事実上の了解が APEC 関係国の間にはあった。この意味でアジア太平洋の貿易投資の自由化は、自主的

---

(5) Rolf Langhammer, "Regional Integration APEC Style: Lessons from Regional Integration EU Style," *ASEAN Economic Bulletin*, vol. 16, Iss 1, 1999, p.4.

第 9 章　地域制度とグローバル・ガバナンス

自発的措置を基本とする APEC 自由化と相互主義による GATT/WTO レベルでの自由化を結びつけて実現することとされた。

　第三は、APEC 自由化と「開かれた地域主義」の原則の関係である。この APEC の基本原則の解釈に関して APEC 内部には意見の対立があった。一方で APEC 自由化を最恵国待遇ベースで第三国にも均霑すべしとするアジア諸国などの立場があり、他方で、無条件最恵国待遇ベースで第三国に APEC 自由化の恩典を提供することに反対し、第三国に相互主義を要求するべきであるとの米国などの立場があった[6]。

　APEC は自由化を進める際に、「開かれた地域主義」の解釈を巡る加盟諸国の対立を乗り越えなければならなかった。そして、原理的な対立を解消する唯一の方式が、APEC 自由化を WTO レベルでの合意へと導くことであった。APEC 合意をベースに WTO 合意を導くことができれば、APEC レベルでの自由化の恩典を最恵国待遇ベースで第三国へ提供するというアジア諸国の立場と、第三国（特に欧州諸国）の「ただ乗り」を警戒して相互主義を唱える米国などの立場との間の調和が可能であったからである。

　APEC と WTO とのこうした関係が現れた最初の事例が ITA（情報通信合意）である。ITA は、今度拡大が期待される通信情報機器に組み込む半導体などの部品の関税・非関税障壁を 2000 年までに全廃しようとするもので、1996 年のスービックでの APEC 首脳会議で合意が得られ、その直後にシンガポール開催された第 1 回 WTO 閣僚会議でこれを WTO 合意とすることで意見がまとまり、その後欧州諸国も参加する法的拘束力のある WTO 合意へと結実した[7]。ここでは、自主性に基づく APEC 合意を相互主義と EU も含む法的拘束力のある WTO 合意に発展させることで、「開かれた地域主義」をめぐる APEC 内部の対立を解消できたのである[8]。ITA は、欧州諸国も参加する、相互主義に基づく WTO での法的拘束力の

---

[6]　菊池努・前掲書『APEC:アジア太平洋新秩序の模索』参照。

[7]　この合意には 15 の APEC メンバーが署名した。ITA は 1997 年 4 月に法的拘束力をもつ WTO 合意として発効する。

ある国際的な合意を促したがゆえに自主性自発性を基本とするAPECの自由化のモデル足りえたのである[9]。

　第二の試みは、EVSL（早期自主的個別自由化）である。自主的自由化の進展の遅れに対する不満と、他方で短期間に実現したITAの成功に促されて、APECはその後、個別分野（物品）を取りあげてAPEC合意を目指す、EVSLに取り組む。1997年のバンクーバーでのAPEC会合で15分野（品目）を最終的にEVSLの対象とすることで合意（このうち9分野を優先分野とする）、1998年中の合意を目指した。

　APECでのこの15品目の取り扱いにおいてもWTOとの関係が重要であった。まず、15品目中、環境関連品やサービス、化学製品に関しては、APECレベルで「クリティカル・マス（日米などの主要な貿易国が合意に参加する）」を形成し、これを基盤にWTO交渉で自由化を達成する構想が描かれた[10]。EVSLは、単にAPECレベルでの自由化の問題ではなく、それをWTOレベルでの合意に導くかが課題であった[11]。

　ITAの場合はAPEC合意をWTO交渉と結びつけグローバルな合意が形成されたが、EVSLは逆にAPEC自由化とWTOの自由化が密接に関連していたがゆえに失敗に終わる。アメリカなどの諸国は、9品目を一括パッケージで取り扱うよう要求し、特に日本に対してパッケージに同意するよう強く迫った。他方日本（および多くのアジア諸国）は、APECの自主的自由化原則を主張して、個別的選択的な自由化方式を支持した（EVSLの優先9品目中、水産品、林産品を除く品目に同意する）。最終的に対立は解消されず、EVSLは流産する。APECメンバーは同時に、9品目をWTO

---

(8)　なお、ITAはAPEC合意に先立って、四極通商協議において日米欧加の間でWTO合意とすることで基本的な合意ができていた。この意味では、APECは先進諸国の合意（四極通商協議）に途上国を組み込んでゆく役割を果した。
(9)　アメリカ政府はAPECの達成した最大の業績としてITAを賞賛した。
(10)　つまり、ここではAPECの自由化を達成することそれ自体が目標ではなく、APECでの多数派形成を背景にWTO合意を勝ち取ることが重要であった。
(11)　田巻宏将「GATT/WTOの"nested regime"としてのAPEC」『青山国際政経大学院紀要』第13号（2002年）85-104ページ。

第9章　地域制度とグローバル・ガバナンス

の優先交渉項目とすることに合意する。

　この問題での通説は、「保護主義的な日本を始めとするアジア諸国が反対してEVSLが潰れた」ということだが[12]、EVSLが不調に終わった背景もまた、WTO自由化との関係を見ることなしには理解出来ない。まず、仮にAPECが日本などのアジア諸国が反対する2品目（水産品および林産品）を除いた7品目（あるいはすべてのAPEC関係国が賛成していた4ないし5品目）で合意すれば、それ自体として貿易促進効果を持つはずである[13]。なぜそうした選択がなされず、パッケージ・ディール方式（一括合意方式）を米国は求めたのか。また、限定的であれそうしたAPEC合意をもとに、APEC諸国で一体となってWTO交渉に臨めたはずである。なぜそうした方式が採用されなかったのか。

　ここでも米国などの関心は、APEC自由化それ自体よりも、それをWTO交渉にどのように繋げてゆくかにあった。「パッケージ・ディール」や「クリティカル・マス」といった主張が米国によってなされたのは、APECの動きとWTOのそれが密接に連関していることの反映である。林産品や水産品をAPEC合意から除いた場合、WTOでそれらの品目の自由化を、APEC合意を梃子に推進する基盤が大きく損なわれる可能性があった。特に日本のような経済大国が合意から脱落することは、WTO交渉での当該品目の交渉に著しいマイナスになると考えられたのである。

　従って、米国などの立場からすれば、例外品目を抱えたままのAPEC合意よりも、9品目を一括してWTO交渉で取り上げることにAPEC諸国の合意を得ることのほうが、WTO交渉での米国の立場を損なう可能性は低いと考えられたのである。つまり、限定的な品目でのAPEC合意を得るよりも、日本のような林産品や水産品の自由化反対国がこれらの産品をWTO自由化交渉の対象とすることに合意したという事実の方が、WTO

---

[12] さしあたり以下を参照。John Ravenhill, *APEC and Construction of Pacific Rim Regionalism*, Cambridge: Cambridge University Press, 2001, p.103.

[13] Ippei Yamazawa, "APEC after ten years: How much has been achieved in liberalization and facilitation, paper presented to APEC Study Centre Consortium: 1999 Conference, May 31-June 2 1999, Auckland, New Zealand.

交渉を念頭に置いたアメリカにとって望ましかった。「EVSL は決して失敗ではなかった」との米国の評価の背景には、APEC 合意それ自体よりもそれを梃子に WTO 交渉を有利に進めることを重視するアメリカ政府の判断があった[14]。

　経済技術協力は APEC と GATT/WTO を結びつけるもうひとつの分野である。APEC は「経済技術協力（ECOTEC）」を活動の主要な柱とする点で、他の地域主義にない特徴を備えている。実際 APEC は近年、「経済技術協力」の分野での活動を強化している。この背景には、発展途上国の問題が従来以上に深刻な問題となっており、WTO ドーハ・ラウンドを推進する上で人材育成など多様な分野での途上国の「能力強化（Capacity-Building）」に貢献することが大きな課題になっているという事情がある。WTO は開発アジェンダの推進を唱えることができるが、その実施を担保する資金も技術も十分ではない。WTO はそうした活動を他の機関や組織に依存せざるを得ない。その際、APEC のような地域制度が、開発アジェンダへの取り組みに貢献することができる。

# II　アジアの金融協力
## ──チェンマイ・イニシアティブ(CMI) と IMF

　1997-8 年のアジア通貨危機はアジア諸国の間に三つの動きを促す。ひとつは自力更生策としての外貨準備の積み上げ。アジア諸国は今日、適正と考えられ水準をはるかに超える外貨準備を保有して危機に備えている。第二は、国際制度、特に IMF の改革を求める動き。IMF が欧米の主導下にあり、アジア諸国に割り振られた IMF のクオータ（出資割当額）や投票権がその経済規模に比べ低いことへの不満がアジア諸国の間にはあったが、アジア通貨危機への対応の過程で国際制度における力関係が如実に示された。また、アジア諸国が IMF の処方箋に苦しめられたとの共通の記憶から、IMF をはじめとする国際制度の改革がアジア諸国によって追求さ

---

[14] John Wolf, US Ambassador to APEC, Speech to the Asia Society," APEC 1998 Concrete Steps to Advance Cooperation," New York, December 3 1998.

## 第9章 地域制度とグローバル・ガバナンス

れることになる[15]。第三は、地域的な協力、自助の仕組みづくりの強化である。アジア諸国が豊富な外貨を保有していること、タイなどへの支援策を決める過程でアジア諸国が緊密に協力したという経験がこの動きを支えた[16]。

地域レベルでの取り組みのひとつが、「チェンマイ・イニシアティブ（CMI）」に基づく金融協力である[17]。CMIの目的はASEAN＋3諸国の国際収支や短期資金の流動性の困難に直面した国への支援である。2000年の第2回ASEAN＋3財務相会議において、日本の提案に基づき、対外的な資金繰りが苦しくなった場合に外貨を相互に融通しあう通貨スワップ協定を結び、これをネットワーク化する構想である。具体的には、ASEAN5カ国が締結しているスワップ協定をASEAN10カ国に拡大し、さらに日中韓が加わる方式である。2001年5月の第3回財務相会議でスワップ協定のガイドラインに合意し、その後このガイドラインに従って数多くの二国間のスワップ協定が締結された[18]。

---

[15] アジア諸国の不満に対して、例えばG7の側でも「金融安定化フォーラム」やG20を新たに設置してアジアをはじめとする新興諸国の意向に配慮したが、依然としてアジア諸国には不満が残った。Injoo Sohn, "Asian Financial Cooperation: the Problem of Legitimacy in Global Governance," *Global Governance*, Vol.11, No.4, November 2005, pp.487-504.

[16] ヒゴットはこれを「地域全体で支援しようという過程（process of regional supportiveness）」であり、通貨危機を契機に東アジアに生まれた新たな動きであるという。Richard Higgtt, "The Political Economy of Globalization in East Asia," Kris Olds et.al. eds., *Globalization and the Asia-Pacific*, London and New York: Routledge, 1999, p.103.

[17] チェンマイ・イニシアティブの経緯については以下を参照。William W. Grimes, *Currency and Contest in East Asia: The Great Power Politics of Financial Regionalism*, Ithaca: Cornell University Press, 2009; Jennifer Amyx, "What Motivates Regional Financial Cooperation in East Asia Today?, *Asia Pacific Issues 76*, Honolulu: East-West Center, 2005; Philip Y. Lipscy, "Japan's Asian Monetary Fund Proposal," Stanford Journal of East Asian Affairs, Vol.3, No.1, Spring 2000; 財務省「アジア域内における金融協力関連」http://www/mof.go.jp/jouhou/kokkin/chiangmai.htm

[18] 現在8カ国間（日中韓＋インドネシア、マレーシア、フィリピン、シンガポール、タイ）で12本の二国間協定が結ばれており、総額は640億ドル。

Ⅱ　アジアの金融協力

　ASEAN＋3諸国の間では近年、「CMIの多角化（CMIM）」のスローガンのもとに、CMI発動の機動性、効率性を高めるための試みが進行中である。その要点は、複数の二国間の合意であるCMIを一本の地域協定にまとめ、資金を共同でプールし、単一の意思決定のもとでこの資金を困難に直面している国に供与する方式である。域内経済のモニタリングを強化するために独立した地域監視機関（サーベイランス・ユニット）を設立することにも合意した[19]。すでに総額を1200億ドルとすること、このうち日中韓が8割を拠出すること、各国の分担額などが決まった[20]。

　CMIの制度設計にあたってはIMFという国際制度との関係が争点になった[21]。1997年夏にタイが通貨危機に直面した際に日本が政府した「アジア通貨基金」の構想がIMFとは独立した地域の共通通貨基金の設立だったこと、IMFのコンディショナリティ（融資条件）への警戒心がアジア諸国に依然として根強いこと、アジア諸国が日中を筆頭に巨額の外貨準備を保有していることなどを考慮すると、アジアの金融協力の仕組みがIMFと競合・対立する制度設計になる可能性があった[22]。

---

[19]　CMI多角化の協定はASEAN＋3の間で2009年12月に締結された。2010年3月24日に発効予定。財務省及び日本銀行の2009年12月28日付け報道資料。

[20]　東アジア諸国の外貨準備高は総額で3,5兆ドルを超えているので、その一部を提供することで基金に必要な資金は捻出できる。「多角化」の経緯については、前掲 William Grimes, *Currency and Contest in East Asia* 参照。

[21]　なおアジア経済が危機に直面している最終の1997年11月のマニラ・フレームワーク合意では、（1）IMFの機能を補完するアジア地域経済の動向の監視メカニズムを強化、2、金融危機に対処するためのIMFの機能強化策の検討、3、IMFの資源を補完する形での協調的な金融措置の検討、4、IMFを中心にした新たな短期融資の枠組みを構築など、IMFの機能強化、IMFを補完し、IMFと整合的な地域金融措置の検討など、IMFを中心にした既存の制度を強化することで金融危機の対処する能力を高めることに合意した。アジア蔵相・中央銀行総裁代理会合「金融・通貨の安定に向けたアジア地域協力のための新フレームワーク」、1997年11月18－18日、マニラ

[22]　CMIMの動きは「アジア版IMF」を構築することでIMFへの過度の依存を避けようとする「均衡戦略」であるとの見方については、例えば以下を参照。Injoo Sohn," East Asia's Counterweight Strategy: Asia's Financial Cooperation and Evolving International Monetary Order," *G24 Discussion Paper Series*, No.44, March 2007.

第9章　地域制度とグローバル・ガバナンス

　CMIのスワップ協定は「共通の形式」をとることが合意されたが、タイやマレーシアなどの東南アジア諸国は、IMFの支援とは無関係にアジア独自の資金支援枠組みの構築を求めた。最終的に日中などの資金の貸し手側の意向が反映され、IMFの支援と連動する形で二国間スワップを発動することが合意された。つまり、二国間スワップ協定で約束された支援資金の90％がIMFのコンディショナリティを前提に提供されることになった[23]。この結果CMIのもとでの通貨融通協定は、グローバルなIMFという制度をアジアにおいて補完する制度として位置付けられることになる[24]。

　CMIM（CMIの「多角化」）の動きはアジアが独自の資金で加盟国に資金を提供する仕組みつくりを目指すものであり、IMFリンクを定期的に見直すとの合意とあわせるならば、アジアがIMFとは別個の文字通りの「アジア通貨基金」を設立する試みであるともいえよう[25]。

　ここで注目したいのは、CMIMの制度設計にあたっては、IMFと同様の要件を満たすことがASEAN＋3の間で合意されたことである。CMIMはアジア独自の通貨基金を設立しようという構想であるが、それを作動させる要件は、IMFのそれと同様の「世界標準」である。この要件をCMIMが満たすには、アジアの地域制度を特徴付けてきた「非公式性」「非法制化」を乗り越え、細部に渡って厳格な法的仕組みを構築しなければならない。金融のような厳格なルールの履行を必要とする分野では「ASEAN方式」は、厳格な法制化を求める金融という分野には馴染まないのである。

────────

[23]　日本のみならず、中国、韓国もIMFとの連携を強く主張してASEAN諸国と対立した。菊池、前掲『『東アジア』地域主義の可能性：ASEAN＋3の経緯と展望』参照。Richard Stubbs, "ASEAN Plus Three: Emerging East Asian Regionalism," *Asian Survey*, vol.42, no.3, May/June 2002, pp.440-455.

[24]　Jennifer Amyx, "What motivates Regional Financial Cooperation in East Asia Today?," *Asia Pacific Issues*, No. 76, Honolulu: East-West Center, February 2005, pp.1-8. なお、2005年5月の財務相会議の際にこの比率が20％に引き上げられた。

[25]　世界にはアラブ通貨基金のような地域基金は存在する。従って、「アジア通貨基金」の設立そのものが異例なわけではない。Arab Monetary Fund, http://www.amf.arg.ae/、志村紀子「アラブ地域の金融協力フレームワーク」『国際金融トピックス』No.85, 2004年10月29日、（財）国際通貨研究所。

従って、この制度を作動させるには数多くの問題が残されている。第一に、この制度を作動させるには、IMFを設立した際のように、メンバーの間の権利と義務、ローンの条件（金額、満期、金利など）、貸し出しのルールと手続き、意思決定方式、基金の管理方法、コンディショナリティなどの問題に取り組まなければならない[26]。IMFには理事会があり、ここが最終的な決定を下しているが、CMIMの場合にはこれが未定である。IMF同様にそれぞれの国が拠出額に応じた投票権を有する方式を採用すること、また決定は単純過半数や全会一致ではなく過半数をはるかに超えた数の同意が必要であることに関しては関係諸国の間に合意があるようだが、議決に必要な具体的な数や各国の投票権、投票に付すべき事項の規定などは今後の協議に委ねられている[27]。

　第二に、この制度は、あらかじめひとつの基金にプールするのではなく、各国の中央銀行や財務省が一定の資金を共通の基金用に留保する方式をとる。資金は各国の中央銀行ないし財務省の口座に維持される。ASEAN＋3財務省会議で合意された「自己管理による外貨準備プール方式（self-managed reserve pooling arrangement: SRPA」方式である[28]。

　第三に、CMIのマルチ化のもとで共通の基金を作るということは、CMIの当初の形態である二国間のスワップ協定のための資金をこの基金が提供

---

[26] CMIの当初の形式ははっきりしている。形式としては原則として外貨準備（米ドル）と相手国の通貨との短期的な交換、満期は90日（更新により最長2年まで）、発動条件は基本的にはIMF融資と連動（ただし、上限枠の10％－後に20％に拡大—まではIMF融資なしで発動可能、金利は市場金利＋適切なプレミアム、また原則として相手国政府による保障を設定する。（ただし、このことは当該国がIMFとの間で合意に達しなければCMIの資金が供与されないということではない。IMFが当該国とIMFとの間で誠実な話し合いが行われていること明示すれば資金の供与は可能である）。

[27] William Grimes, "East Asian financial regionalism in support of the global financial architecture? The political economy of regional nesting," *Journal of East Asian Studies*, vol.6, no.3, Sept-Dec, 2006, pp.353-380.

[28] これらの資金は共通の意思決定手続きに従って管理されるので、実質的には共通の基金が設立、管理運営されているということになるが、地域全体に危機が拡大した場合にこうした資金が自動的に提供されるのか判然としない。

## 第9章 地域制度とグローバル・ガバナンス

すると考えられるが、これも判然としない。二国間スワップの今後はそれを締結している関係諸国の判断に委ねられている。従って、共通の基金が設立された後には、ある二国間スワップは廃棄されるが、別のスワップ協定は維持されるか、場合によってはその規模を拡大することもありうる。おそらく資金の貸し手も借り手もより多くの政策選択肢を持とうとするであろう。多様な政策手段をもつことによって、危機の際に共通基金の発動について関係諸国間で意思決定ができない場合には、二国間のスワップで代替できよう。従って、当面は二国間スワップが維持される可能性が高い。

第四は、地域的なサーベイランスのメカニズムの構築である。マクロ経済、金融監督、貿易体制、資本市場などの分野での制度を調査し情報交換を行い、また危機を引き起こす可能性のある問題点などについて意見交換を行い、更にはその改善方法を協議するまでの一連のプロセスがサーベイランス・メカニズムである。地域通貨基金を作動させるにはこのメカニズムの整備が不可欠である。この問題は、1997-98年のアジア通貨危機の際にIMFが課したコンディショナリティがアジア経済の実態を軽視した不当に厳格なものであったという不満に起因する。アジアが独自のサーベイランスの仕組みを持てば、より適切に対応できるはずであると考えられている[29]。

確かに、経済構造や経済情勢は地域によって違いがあり、サーベイランスを行う際にはそうした地域の特性を理解する必要がある。IMFのようなグローバルな制度よりも当該地域に根ざした地域のメカニズムの方が適切に対応できるかもしれない。また、グローバルな制度では、地域の特性よりは世界共通の要因に着目して処方箋を描きがちであり、地域固有の問題点を過小評価する可能性もある。さらに、地域の枠組みならば域内や二国間のモノやカネの動きに焦点をあてた分析や域内の政策担当者や専門家の意見をもとに、グローバルな制度とは異なる見解や処方箋を提示できる。これを通じてグローバルな制度のサーベイランスのチェック機能も担え

---

[29] 福居信幸「東アジアにおける地域サーベイランス・メカニズムの現状と将来像」『国際経済論考』(国際通貨研究所、2002年3月15日)、p.1

Ⅱ　アジアの金融協力

る。しかもアジア金融危機の経験から、一度危機が起こると貿易や金融のネットワークを通じて短時間のうちに危機が地域全体に伝播する傾向がある[30]。域内的なサーベイランスの仕組み作りには合理的な理由が確かにある[31]。

　サーベイランスの問題は、IMFとのリンクなどCMIMの制度設計と密接に関連している。アジアの諸国が通貨危機に直面したときに、迅速に資金を提供する地域的な仕組みが必要であるというのが、CMI発足のそもそもの動機である。しかし、資金を貸し付けるには、借り手のモラル・ハザードやデフォルトの可能性も考慮しなければならない。資金の貸し手は、資金が確実に返済される確信を持てなければ資金の貸し出しを渋る。借り手の経済運営や各種の経済指標を分析する中立的な機関の存在が不可欠である。また、資金の供与にあたって何らかの融資条件（コンディショナリティ）をつけるとすればその内容を決めなければならないが、それを地域で行おうとすればIMFの理事会のような組織が必要になるし、また理事会での決定の基盤となる独自の調査分析機関の存在も不可欠である。

　しかし、ASEAN＋3においては、単一の協定のもとでの管理や共同した意思決定、サーベイランスの必要性などには合意したものの、その後の進展は期待通りには進んでいない。2009年5月のバリ島での財務大臣会合で各国のマクロ経済や財政運営を監視し、必要に応じて助言する独立監視機関を設置することが合意されたが、監視機関の発足の時期や事務局の設置などは継続協議となった。サーベイランスに関しても専門家の意見交換に留まっている。

　IMFから独立した地域通貨基金構想を受け、IMFの支援策に不満と不信を持ち、アジアの「自立的な」金融支援の仕組みづくりを目指したCMIの多角化への動きにもかかわらず、引き続きIMFとのリンクを維持して

---

(30)　福居前掲論文、2-3頁。
(31)　アジア通貨危機後、IMFもサーベランス・メカニズムの見直しを進め、判断の前提となる経済データの標準化やサーベイランスの結果の透明性を高める措置を導入してきた。

## 第9章　地域制度とグローバル・ガバナンス

いる主たる理由は、二つの問題が解消されないことにある。ひとつは貸し手（日中など）と借り手（タイなどの ASEAN 諸国）の問題である。CMIM の IMF とのリンクについては定期的に見直しが行われることになっている。ただし、貸し手の側、特に日本は IMF とのリンクを弱める前提として、ASEAN＋3 が地域的なサーベイランスと加盟諸国の資金の必要性を分析する地域的な制度の強化、資金供与の条件として課すべき政策調整策などを適切に確認できるような地域の制度的基盤を整えることが重要であると強調している[32]。中国も現状では IMF とのリンクを縮少することに消極的であるといわれる[33]。しかし、現状では ASEAN 諸国間のサーベイランスは、内政不干渉原則を前提にした非公式な対話のプロセスとピア・プレッシャーに依拠する「ASEAN 方式」によるものであり、ASEAN 諸国の多くは IMF のような国内政策に深く入り込んだ分析や政策勧告つくりを主導する地域制度の形成を受け入れるのは当面困難であろう[34]。

　もうひとつの問題は金融分野での先進国と途上国、特に日本と中国の姿勢の違いである。日中両国は整備されたサーベイランス・メカニズムが必要であること、また IMF リンクの比率を下げるにはこのメカニズムの整備が不可欠であるという一般論では一致している。しかし、中国はそうした仕組み作りが日本主導で進むことを警戒し、日本の提案する厳格なサー

---

[32] C.Randall Henning, "The Future of the Chiang Mai Initiative: An Asian Monetary Fund?, "*Policy Brief*, No.PB09.5, Washington: Peterson Institute for International Economics, February 2009, p.3.

[33] アジア金融協力に対する中国の認識の変化については以下を参照。Injoo Sohn, "Learning to Cooperate: China's Multilateral Approach to Asian Financial Cooperation," *The China Quarterly*, No.194, June 2008, pp.309-326.

[34] Titil Anas and Raymond Atje, Economic Surveillance and Policy Dialogue in East Asia: Making the ASEAN Surveillance Process Work, A Report prepared for ASEAN Secretariat, Jakarta; Center for Strategic and International Studies, 2005. ASEAN スワップにもサーベイランスの規定があるが、IMF のそれに比べると極めて初歩的なものに留まっている。また、ASEAN サーベイランスは IMF を補完するものと位置づけられている。Worapot Marrupipatpong, "The ASEAN Serveilance Process and the East Asian Monetary Fund," *ASEAN Economic Bulletin*, April 2002.

Ⅱ　アジアの金融協力

ベイランス・メカニズムをCMIMの中に作ることに消極的であるといわれる[35]。他方で日本は厳格なメカニズムを希望しつつも、単独でそうした仕組み作りを主導するよりは漸進的な改善策を支持している。かくして日中両国がIMFのサーベイランス・メカニズムとコンディショナリティに依拠する政策が両国の合意点になる。

　アジアがIMFのような情報収集と分析の組織を有し、IMF理事会のような外部の政治的思惑や圧力から相対的に自由な制度を構築できるのであれば、そうした組織に判断と条件をゆだねることは可能かもしれないが、アジアにはまだそうした条件は整っていない。現状ではCMIは「マルチ化」された後にも、意思決定の手続きやサーベーランス・メカニズムが整備されるまで、IMFとのリンクを維持する可能性が高い。そして予見しうる将来、アジアがそうしたメカニズムを発展させる可能性は低い。IMFから独立し、アジアに自立した地域通貨基金を構築しようという構想は、予見しうる将来、引き続きIMFという制度に依拠し、それを補完する役割にとどまるであろう。

　こうした予測は、アジアの国家関係の実態に照らして妥当な推測であろう。資金提供となれば、当然受入国の国内経済政策などに厳しい意見を表明する必要もある。場合によっては提供を拒否するという判断が必要なときもあろう。つまり、資金を供与する条件を受入国と協議するというのは政治的に機微な問題を引き起こしかねず、そうした作業を「第三者」のIMFのような組織に「外注」することで困難を回避できる[36]。

　CMIMがIMFと競合する制度に発展する可能性として考えられるのは、日本やIMF（その背後にいるアメリカ）のアジアにおける影響力を低下

---

[35] Yung Chul Park and Yunjong Wang," The Chiang Mai Initiative and Beyond," *The World Economy*, vol. 28, iss. 1, 2005, p.98.
[36] EUの事例を見ると、EUは高度なサベーランスの能力を有するが、ラトヴィアやハンガリーの金融危機に対応する際にIMFと緊密に協力し、IMFのコンディショナリティを受け入れた。コンディショナリティを課すということそのものが優れて政治的な意味を持っており、そうした作業は国際制度に委ねた方が政治的な意味合いを払拭できる。

*249*

第9章　地域制度とグローバル・ガバナンス

させるために、充実したサーベイランスの仕組みを作る前に中国がCMIMとIMFとのリンクの切断を提案する場合であろうが、その可能性は必ずしも高くはない。中国は現在、G20を舞台にIMFの制度改革を迫っている[37]。そうした状況の中で、公然とIMFと対立する策を推進するとは考えにくい。また、資金の確実な返済を確保する上でも、またコンディショナリティを巡る政治的な軋轢を回避する上でも、中国にとってIMFとのリンクは重要であろう。

　CMIの「マルチ化」は、地域共通の資金を集団で管理運営するには越えなければならないハードルが数多く存在する。実際、CMIはこれまで一度も発動されたことはなく、近年の世界的な経済危機に際しては、韓国やシンガポールはアメリカとの間で300億ドルにおよぶ二国間スワップを締結し、また日中との既存のスワップの総額を拡大して対応した[38]。また、アジア諸国の多くが適切と思われる額をはるかに超えた外貨準備を保有して危機に対応しようとしている[39]。

## III　核不拡散問題への地域的対応──米朝枠組み合意、KEDO（朝鮮半島エネルギー開発機構）、六者協議

　本章では、1993-4年の第一次核危機の際の米朝枠組み合意とこの合意に基づいて設立されたKEDO、そして第二次危機に対応するための六者協議を取り上げ、核問題の解決を導く上でNPT/IAEAや国連安保理などの国際制度とアジアの地域制度の間にどのような具体的な制度関係が築かれたかを検討する[40]。北朝鮮の核開発問題には、朝鮮半島固有の要因が影響しており、その解決には拡散を促している地域的な要因への対応が不可欠である。しかし同時に、北朝鮮の核開発は国際的な不拡散体制の信頼にかか

---

(37) 中国のIMF改革案については以下を参照。Yu Yongdine," IMF Reform: A Chinese View," Edwin M. Truman ed., *Reforming the IMF for the 21st Century*, Washington: Peterson Institute for International Economics, 2006, pp.519-525.
(38) 韓国銀行（中央銀行）は、必要な場合にはアメリカとのスワップを他のスワップ協定に先行して発動することを公式に表明した。
(39) 2008年10月に締結された米韓スワップ協定は2010年2月に終了。

わる問題である。二つの核危機においては、朝鮮半島固有の要因に対処するための地域固有の制度形成がなされるとともに、それを国際制度と整合的なものにする努力がなされた[41]。

## 1　第一次核危機と制度間関係

1990年代の初めの北朝鮮によるIAEAの査察拒否、NPT脱退宣言を受けて、アメリカ政府は北朝鮮の核開発疑惑を解決するために米朝二国間交渉に乗り出すことになる。北朝鮮の核疑惑は、第一義的には北朝鮮とIAEAとの協議で打開すべき問題であったが、北朝鮮がこれを拒否し、さらにNPTからの脱退を通告したために、IAEAでは処理しえず、しかもIAEAから報告を受けて適切な行動をとるべき国連安保理も事実上機能しなかったため、代わってアメリカ政府が北朝鮮との直接交渉に乗り出すことになった[42]。

米朝交渉でのアメリカの第一の課題は、北朝鮮を国際不拡散体制（NPT）に復帰させ、その原子力開発関連活動を国際機関（IAEA）の監視下に置くことであった。当初、アメリカ政府は協議の対象を核問題に限定し、米朝関係などを協議する意思はなかった。これに対し北朝鮮は、核問題をアメリカからの安全の保証（核の脅威の除去）など米朝関係全般の問題と結び付けて議論するよう求めた。北朝鮮はNPT脱退通告を通じてアメリカ政府を米朝間の全般的な取り決めに誘導しようとしたのである[43]。　米朝間の

---

[40]　筆者は制度の連携という観点から北朝鮮の核問題への取り組みと北東アジアの多国間安保システムのあり方をすでに論じている。Tsutomu Kikuchi,"Institutional Linkages and Security Governance: Security Multilateralism in the Korean Peninsula,"Martina Timmerman ed., *Institutionalizing Northeast Asia*, New York, The United Nations University Press, 2008, pp.204-224

[41]　北朝鮮の核問題に対処するための制度設計の経緯については以下を参照。菊池努「北朝鮮の核危機と制度設計：地域制度と制度の連携」『青山国際政経論集』（青山学院大学国際政治経済学部）75号、2008年5月、pp.1-119。

[42]　この問題は本来IAEAを通じて国連安保理で議論するのが通常のルートである。しかし、中国などが制裁の議論を嫌って安保理での審議に消極的であったことから、アメリカ政府が直接交渉に乗り出した。逆説的だが、この結果、危機を打開するための米朝協議では、朝鮮半島というローカルな要因への対応が可能になった。

## 第9章　地域制度とグローバル・ガバナンス

思惑は異なってはいたが、北朝鮮が核問題のみを切り離して協議することを拒否する限り、アメリカ政府もより広い安全保障問題や「代償」の問題に踏み込まざるを得なくなる[44]。

　第一次核危機は、1994年10月の米朝枠組み合意の締結で一旦改善に向かう。この米朝合意とそれに伴って設立されたKEDOは、それぞれ北朝鮮の核問題を解決するための地域制度であるが、国際制度との関係で興味深い事例を提供してくれる。

　第一に、NPTという国際的な不拡散制度との関係である。北朝鮮の核開発は、地域の安全保障問題であると同時に、国際的な不拡散体制の信頼性に関わる問題であった。アメリカ政府にとっては、北朝鮮の核開発が国際的な不拡散体制をさらに動揺させるのを防ぐことが急務であった。アメリカ政府にとって喫緊の課題は、寧辺の核施設の稼動を止め、北朝鮮がプルトニウムの生産をこれ以上進めない手立てを講じ、それらの施設を国際的な監視下におくことであった。そして、そのための北朝鮮との合意を国際不拡散体制という制度と整合的なものにすることであった。しかし、北朝鮮がNPTに直ちに完全復帰することを拒否し（IAEAの査察も拒否）たために、米朝交渉においては、二国間合意と国際制度の整合性をいかにとるかに米当局者は腐心することになる。

　その際に鍵になったのが、「保障措置の継続性（continuity of safeguards）」という概念である。IAEAは北朝鮮がIAEAを脱退した後にも北朝鮮とIAEAとの間で締結された保障措置協定は有効であるとして、保障措置の全面的な実施を求めた。これに対し北朝鮮はこの概念を提示して、IAEAによる限定的な監視活動をうけいれ、それをもってNPT上の北朝鮮の「特殊な地位」を認めさせようとした[45]。米朝枠組み合意は、北朝鮮がNPT上の「特殊な地位」を主張したために、直ちに北のNPTへの完全復帰と

---

[43] 倉田秀也「単極構造と北朝鮮：『不拡散』と『対拡散』の地域的交錯」『国際安全保障』第31巻第1―2号（2003年9月）、p、54.

[44] Curtis H. Martin, "Rewarding North Korea: The Theoretical Perspectives on the 1994 Agreed Framework," *Journal of Peace Research*, vol. 39, no.1, 2002, pp.51-68.

## Ⅲ　核不拡散問題への地域意的対応

IAEAによる保障措置の履行という目的は実現できなかったが、「保障措置の継続」という概念のもとに北朝鮮の核施設（寧辺の原子力施設）へのIAEAの監視を可能にした[46]。米朝枠組み合意は、不完全で変則的ではあったが、北朝鮮の不拡散体制からの完全な離脱を防ぎ、北朝鮮の核施設への国際的な監視を可能にし、不拡散体制をかろうじて維持したのである。これにより、北朝鮮の核開発に伴う国際不拡散体制の動揺を最小限に抑えることができたのである[47]。

第二は、国連（安保理）との関係である。本来、北朝鮮の核危機への対応に第一義的責任を負っているのは国連安保理である。しかし安保理は、中国などの消極論が作用して制裁の議論には踏み込めず、北朝鮮がNPTからの脱退を再検討すること、そしてIAEA保障措置の履行を求める決議を採択するという、穏やかな対応に留まった。

国連安保理は、問題解決に直接的な役割は演じなかったが、アメリカ政府が北朝鮮との二国間の直接協議に乗り出す根拠を提供した。安保理決議は、「すべての加盟国に対して、北朝鮮が決議に積極的に対応するよう手立

---

(45) アメリカ政府にとって喫緊の課題は北朝鮮の核活動に対するIAEAの査察監視機能を維持することであった。このため、米朝二国間協議（1993年7月）では、アメリカは北朝鮮の原子炉の転換（黒鉛炉型から軽水炉型への転換）を支援することを約束し、これを受けて北朝鮮はIAEAによる「保障措置の継続」を認めることに同意した。この後北朝鮮とIAEAとの間で合意が結ばれるが（94年2月）、IAEAによる査察と監視活動は極めて限定的な分野に限定された。特に北朝鮮は、NPT義務の履行を確認するうえで重要な燃料棒のへの査察を拒否し続けた。北朝鮮は、「暫定的にIAEAの加盟国であることを中断した『特殊な地位』にあるがゆえに特別査察を拒否できる」と主張した。Richard Kokoski, *Technology and the Proliferation of Nuclear Weapons*, New York: Oxford University Press, 1995, p.227.

(46) *Inventory of International Nonproliferation Organizations and Regimes 2000 Edition*, Center for Nonproliferation Study, MontereyInstititute of International Studies, 2000, pp.97-98.

(47) しかしこのことは逆に、IAEAによる北朝鮮（ヨンビョン）の核施設の監視活動の継続が米朝枠組み合意の履行に大きく依存していることを示していた。米朝関係が緊張し、枠組み合意が動揺すれば、IAEAの北朝鮮核施設へのアクセスは制約されることになる。

第9章　地域制度とグローバル・ガバナンス

てを講ずること」を求めていた[48]。これは、アメリカ政府に対して、北朝鮮との交渉の再開を求め、それを支援するものであったいえる[49]。　安保理はまた、国際的な正統性を持って制裁を課すことができる安保理の権限による抑制力を提供した。北朝鮮の核問題は、米朝交渉から最近の六者協議まで、安保理の枠の外で行われてきたが、そうした交渉の背後には、必要な場合には国連安保理で制裁措置を講じるという、北朝鮮に対する潜在的な抑制力が常にあった。この強制力の行使の可能性を残すことで、それが北朝鮮の行動への抑制力として働くことが期待された[50]。

　第三は、上の指摘と関連するが、国際制度を支える地域制度という側面である。米朝枠組み合意とKEDOは、国際的な不拡散制度を支える地域制度という側面を有している。核不拡散問題は、多くの場合は国際制度（NPT/IAEA）と個別国家との間で処理される。非核兵器国の場合、NPTに加盟し、IAEAとの間で保障措置協定を締結し、核関連活動に対してIAEAによる査察と監視が行われる。多くの場合、これを通じて不拡散の問題に対応可能である。

　北朝鮮の場合はこうした措置を履行することが困難であった。ひとつは北朝鮮が核施設の稼動停止と凍結の「見返り」を要求してきたことである。北朝鮮が寧辺の核施設の稼動停止にともなう電力不足の見返りに重油と軽水炉型原子炉の提供を求めたとき、NPT/IAEAという国際制度の中でこの問題を処理することは困難になった。国際制度のルールを守ることは当然であり、NPT/IAEAには、核施設の稼動停止や査察の見返りに「代償」を提供する制度的規定がないからである[51]。　北朝鮮の要求に応えつつ合

---

[48]　UN Security Council Resolution 825 adopted on May 11 1993.

[49]　Rock Tang, "The North Korean Nuclear Proliferation Crisis," Melanio C. Greenberg, John Barton and Margaret McGuiness eds., *Words over War: Mediation and Arbitration to Prevent Deadly Conflict*, Lanham: Rowman and Littelefield, 2000, p.333.

[50]　ただし、後に明らかになるように、2006年10月の北朝鮮の核実験のあとの国連安保理の制裁は極めて温和なものであった。この結果、安保理による制裁の可能性という抑制力は低下せざるをえなくなった。

## III 核不拡散問題への地域意的対応

意を得るには、別途そのための制度が必要である。

もうひとつは、北朝鮮が核問題の解決の見返りに米朝間の全般的な関係改善を求めてきたことである。NPT/IAEAなどの国際不拡散制度は、原子力という特定の分野に関する権限を有しているだけであり、国家関係一般を扱うことは権限の外である。核問題がIAEAの管轄外の問題に関連したとき、IAEAの役割は限定的なものにならざるを得ない。

かくして北朝鮮の核関連活動を停止させるための米朝交渉においては、「代償」や米朝二国間関係の改善といった、地域固有の問題に取り組む必要があった。つまり、ローカルな問題に対応しつつ、同時に国際不拡散体制に整合的でかつその維持強化に資する地域の制度をどのように構築するかがアメリカ政府にとって課題となる[52]。

1994年の「米朝枠組み合意」は、この課題に応えようとしたものである。まず、上に述べたように、寧辺の核関連施設の稼動を停止し、「保障措置の継続性」という概念のもとで、IAEAによる監視の継続を可能にした[53]。そしてアメリカ政府はこのために、「消極的安全保証（NSA：Negative Security Assurance）」を北朝鮮に与え、北朝鮮に対する核による攻撃や核による脅威を与えないことを約束する[54]。

米朝枠組み合意は、北朝鮮に対して重油（軽水炉が稼動するまでの間、毎年50万トンの重油をアメリカ政府がKEDOを通じて提供）と2基の軽水炉型

---

[51] 「代償」の提供については、「悪い行動に褒美を与えるものである」という批判がある。

[52] 米朝交渉の詳細は以下を参照。Joel Wit, Daniel Poneman and Robert Gallucci, *Going Critical; The First North Korean Nuclear Crisis*, Washington: The Brookings Institution, 2004;Leon Sigal, *Disarming Strangers :Nuclear Diplomacy with North Korea*, Princeton :Princeton University Press, 1998.

[53] IAEAの役割は、凍結した核施設の監視という限定的なものではあったが。

[54] NSAに関しては以下を参照。対象国の不拡散への動きを促し、不拡散体制を強化するという点では、個別の国家ごとに異なる事情を勘案したNSA＋αが必要であるということであろう。経済金融協力やエネルギー支援、外交関係の確立といった追加的措置が必要になっている。Joseph F. Pilat," Reassessing Security Assurance in a Unipolar World," *The Washington Quarterly*, Vol.28, No.2 (Spring 2005),pp.159-170.

第9章　地域制度とグローバル・ガバナンス

原子炉の提供を約束し、この合意に基づいて日韓両国などが参加してKEDOが設立された[55]。米朝枠組み合意とKEDOという二つの（地域）制度を通じてアメリカ政府は、一方で北朝鮮という国家の特殊な事情を勘案しつつローカルな制度を構築し、ローカルな制度を通じて北朝鮮との合意（核施設の稼動停止・IAEA査察と重油と軽水炉の提供という取引）を達成し、他方で北朝鮮をNPTという国際制度の枠内のとどめておくことを可能にした。また、限定的ではあったが、北朝鮮の核施設に対するIAEAの監視活動を可能にし、北朝鮮の核兵器開発計画に一定の制限を課すことに成功した。

米朝枠組み合意はまた、経済制裁の緩和や大使級関係の樹立にいたる一連の措置を順次とることなど、米朝関係全般にわたるロードマップを用意し、北朝鮮の合意履行を促す内容を伴っていた。これを通じて、不完全な形ながらも北朝鮮NPTの枠組みに留め、最終的にはNPTの完全復帰とIAEAの保障措置協定の完全な履行を北朝鮮に促そうとした[56]。KEDOは、NPTから脱退を宣言し、NPT上の地位（権利と義務）の不明確な北朝鮮を、米朝二国間の合意を経由して、暫定的にNPT体制の中に組み込んでおくという意義を有していた。米朝枠組み合意やKEDOは、北朝鮮の核開発という固有の危機への地域的な対応であったが、それを通じてグローバルな不拡散体制の維持にも寄与した。

第四は、重複型の制度関係と不拡散規範の強化という側面である。米朝枠組み合意には、1992年の「南北非核化共同宣言」の履行が盛られていた。米朝合意で北朝鮮の軽水炉型原子力炉の提供を約束する一方で、ウラン濃縮や再処理施設の保有を禁止する条項を含むこの宣言を復活させ、北朝鮮の原子力開発に追加的制約を課すものであった[57]。

---

[55] KEDOについては以下を参照。Scott Snyder," The Korean Peninsula Energy Development Organization: Implications for Northeast Asian Regional Security Cooperation," *North Pacific Paper* 3, Vancouver: University of British Columbia, 2000.

[56] 倉田秀也「北朝鮮の米朝『枠組み合意』離脱と『非核化』」、黒澤満編『大量破壊兵器の軍縮論』（信山社、2004年7月）128ページ。

Ⅲ　核不拡散問題への地域意的対応

　第五は、米朝枠組み合意と国連安保理という2つの制度を通じてのIAEAの役割強化という側面である。1994年の米朝枠組み合意の中で、北朝鮮はまず寧辺の黒鉛炉型原子炉およびその関連施設を、究極的には解体することを前提にして、当面凍結することを約束するが、この凍結を監視する役割がIAEAに求められた。この実施に際してはふたつの措置が取られた。ひとつは国連安保理、もうひとつはIAEA理事会である。前者に関しては、国連安保理の議長がIAEAに対して、米朝合意に盛り込まれた凍結の監視活動をIAEAが行うよう要請するという形式をとった(58)。後者に関しては、IAEA理事会は、凍結活動の監視も保障措置活動の一環であるとの観点からこの実施を受け入れた(59)。

　IAEAは、米朝枠組み合意という二国間の制度を契機に北への監視と査察に乗り出しつつ、国連安保理という制度を利用することによって、保障措置の履行をさらに促そうとしたといえよう。実際、安保理議長の声明は、IAEAに対して米朝合意に盛られた凍結の監視と査察を履行するように求める一方で、北朝鮮とIAEAとの保障措置協定が法的な拘束力を有していることや、凍結という北朝鮮の「自主的措置」（保障措置協定のもとでは北朝鮮は原子力施設の凍結を求められていない。保障措置協定のもとでは北朝鮮による核施設の凍結は「自主的措置」である）に対する監視と査察も保障措置の一環であること、また、保障措置協定の実施に必要な措置をIAEAが講じることを確認した(60)。

---

(57)　ただし、この制度間関係には脆弱性があった。北へのIAEAの監視活動は、北朝鮮とIAEAとの保障措置協定に根拠を置くものではなく、あくまで米朝二国間の合意に基づいた暫定的なものであったために、米朝合意が破れると、IAEAによる北朝鮮の核施設への監視も停止するという制度的限界があった。

(58)　IAEA Mandate in DPRK Related to the 1994 USA-DPRK Agreed Framework, AIEA&North Korea: The Verification Challenge. <http://www.iaea.org/NewsCenter/Focus/IaeaDprk/dprk94.shtml>

(59)　*Ibid*. IAEAが国連安保理の要請という形で凍結の監視と査察に乗り出した理由は、保障措置の実施を巡る北朝鮮との対立があった。IAEAにとっては北朝鮮との保障措置協定に基づく全面的な保障措置活動の再開が課題であったが、凍結の監視と査察はあくまでその根拠を米朝合意においていた。IAEAは「安保理の要請」という形でこれをより安定した基盤の上に実施しようとしたということであろう。

257

第 9 章　地域制度とグローバル・ガバナンス

## 2　六者協議、NPT／IAEA、国連

　2002 年 10 月に始まる第 2 次核危機に対応するために関係諸国は翌 2003 年 8 月に六者協議を開始する。2005 年 9 月に最初の六者協議の合意が得られた[61]。この合意は、北朝鮮の核問題を解決するには多様な課題に同時並行的に取り組まなければならないことを示している。それらの多様な課題の多くはこの地域固有のものであり、従って、そうした課題に取り組むために形成される制度は、この地域固有の特徴を有することになる。

　米朝枠組み合意や KEDO を作る際に、関係諸国の政府が国際制度と規範やルールの整合性を確保すべく意を砕いたように、六者協議においても、国際制度との制度的調整という課題があった。ひとつは国連という制度との関係、もうひとつは NPT/IAEA との関係である。北朝鮮の核問題を打開するには経済協力や休戦協定の平和協定への転換、外交関係の調整など多様な課題に取り組まなければならないが、その核心は核を巡る問題であり、それは地域の問題であると同時に、グローバルな問題でもある。

　まず国連（安保理）との関係である。北朝鮮の核問題は「世界の平和と安全」に関る問題であり、国連安保理が関与すべき問題である。しかし安保理はこれまで、この問題を六者協議で第一義的に対応するよう求めてきた[62]。北朝鮮の核問題は実質的に、六者協議にアウトソースされている状況である[63]。

　もうひとつは、NPT/IAEA と六者協議の調整という課題である。六者協議の 2005 年 9 月の共同声明は、「（北朝鮮は）、すべての核兵器および既存の核計画を放棄すること、ならびに、核兵器不拡散条約および IAEA 保障措置に早期に復帰することを約束した」と記している。この合意の履行に関する具体的なプロセスに言及したのが 2007 年 2 月の第五回会合の第三次会合の合意である[64]。ここでは次のように記されている。「（北朝鮮は）寧辺周辺の核施設（再処理施設を含む）について、それらを最終的に放棄す

---

(60)　*Ibid*.

(61)　Joint Statement of the 4th Round of the Six Party Talks, Beijing, September 19 2005.

## III 核不拡散問題への地域意的対応

ることを目的として活動の停止及び封印を行うとともに、IAEAと北朝鮮民主主義人民共和国との間の合意に従い、すべての必要な監視及び検証を行うために、IAEA要員の復帰を求める。」さらに同年10月の第六回会合第二次会合では、北朝鮮が放棄することで合意を見た既存の核施設を無力化することが決まる。そして、無力化の作業は、アメリカが主導する形で実施することで合意を見た。

六者協議とIAEAとの間の課題は、北朝鮮の核施設の凍結と封印およびその検証、「無力化」作業の実施とその確認という問題であった[65]。2002年10月に第2次核危機が起こると、北朝鮮は凍結の解除を宣言し、IAEAによる寧辺の核施設の封印を破棄し、監視カメラを無力化し、IAEAの査

---

(62) ここにはふたつの含意がある。ひとつは、六者協議が不調に終わった場合には、北朝鮮の核問題を国連安保理に移し、ここで制裁などを議論する余地が残っているということ。もうひとつは、これとは逆に、六者協議という制度の存在が、北朝鮮の核問題を安保理に持ち込むのを阻害しているという側面である。六者協議には国連安保理での協議を回避し、核問題を地域レベルで打開するという力学が働いている。六者協議が続いている限り、安保理がこの問題を直接扱う余地が小さくなっている。逆説的だが、六者協議は、核問題を国連安保理の場で議論し、北朝鮮への外交圧力を高める道を北朝鮮が回避する手段にもなっている。六者協議が「継続」している限り国連安保理での制裁の議論は困難であろうし、この間、北朝鮮の核開発が進行するというディレンマがある。倉田秀也「六者協議の成立過程と米中関係」、高木誠一郎編『米中関係——冷戦後の構造と展開』(日本国際問題研究所、2007年)、69-92ページ参照。

(63) このひとつの理由は、中国の存在であろう。中国は北朝鮮、イラン双方に対して制裁などの強制措置を講じることに消極的であるが、北朝鮮の場合にその傾向が顕著である。もうひとつはアメリカの関与の違いである。北朝鮮の場合は、アメリカは当初より当事国であったが、イランの場合は当初はイランとの交渉に参加しなかった。このためアメリカは安保理を通じて対応が中心であり、安保理での対イラン制裁に当初より積極的であった。

(64) Joint Statement of the Third Session of the 5th Round of the Six Party Talks ("Initial Actions for the Implementation of the Joint Statement"), Beijing, February 13 2007.

(65) David Albright, "Verified Dismantlement of the DPRK's Nuclear Weapon Program," Prepared paper for the testimony before the Subcommittee on Asia and the Pacific, International Committee, the US House of Representatives, July 14 2005. p.2

第9章　地域制度とグローバル・ガバナンス

察官を国外に放逐し、凍結されていた原子炉の再稼動に踏み切る。1994年から2002年まで米朝枠組み合意は、限定的とはいえIAEAが北朝鮮の核活動を監視することができたが、2002年末をもって一切の監視・査察が不可能になる。

こうした状況に変化が生まれるのは2007年になってからである。既に指摘したように、第5回六者協議第3次会合の結果、2005年9月の六者協議共同声明を履行する初期段階の措置が合意される。ここでは、「朝鮮民主主義人民共和国は、寧辺の核施設（再処理施設を含む）について、それらを最終的に放棄することを目的として活動の中止及び封印を行うとともに、IAEAと朝鮮民主主義人民共和国との間の合意に従いすべての必要な監視及び検証を行うために、IAEA要員の復帰を求める」ことが合意された。ここで再びIAEAが北朝鮮の核活動の一部を監視・検証する可能性が生まれた。

さらに、2007年10月3日に合意された、第6回六者協議第二次会合の「共同声明の実施のための第二次段階の措置」においては、「2007年12月31日までに寧辺の5メガワット実験炉、寧辺の再処理工場（放射科学研究所）および寧辺の核燃料棒製造施設の無能力化は完了される」こととされた[66]。

凍結の監視と査察に関しては、IAEAの側はこれを保障措置協定の一環という理解であったが、北朝鮮は保障措置協定に関しては「特別の地位」を主張しており、保障措置協定の一環としての監視と査察というIAEAの見解を北朝鮮は拒否していた。IAEAによる監視と憲章活動はあくまで、六者協議の合意に基づき、「北朝鮮の要請によって」締結された、北朝鮮との暫定的な措置に基づくものであった[67]。 実際、北朝鮮はIAEAの活動は核施設の稼動停止を検証しモニターすることに限定しており、核施設の「査察と検証」は一切認めようとはしなかった。したがって、保障措置協定

---

[66]　第6回六者協議合意文書、2007年10月3日。

[67]　GOV/2007/36, Report of the Director General "Monitoring and Verification in the Democratic Peoples' Republic of Korea, 3 July 2007.

のもとでの全面的な査察活動を通じてプルトニウムの生産量などを確認する作業は困難であった[68]。

　他方、北朝鮮の核施設の「無力化」作業は、監視や検証とは異なる措置がとられた。2004年ごろまでに核施設の「無力化」という概念がアメリカ政府内で広く使われるようになったといわれるが[69]、六者協議の合意に、「アメリカ合衆国は、無力化の活動を主導し……」と記されているように、国務省、エネルギー省などのアメリカ政府関係者の関係者によるチームが「無力化」の作業にあたってきた。そして、無力化の過程でのIAEAの直接的な役割はなかった[70]。無力化作業に関しては、IAEAの役割はアメリカ政府派遣の専門家チームを中心に行われる作業を観察し、それを記録に留めることに限定された[71]。これは「無力化」をどのように定義し、履行するかが米朝間の交渉議題であることを反映している。無力化作業は、技術的な問題であると同時に政治的な問題である。

## ◆ むすび

　本稿では、貿易、金融、核不拡散という3つの領域を取り上げて、アジ

---

[68] "Verifies closure of North Korean reactor," *International Herald Tribune*, July 16 2007.

[69] David Albright and Paul Brannan, *Disabling DPRK Nuclear Facilities*, Washington: United States Institute of Peace, October 23 2007, p.5

[70] 米国務省のキム朝鮮部長はIAEAの果たすべき役割について言及している。Remarks on the visit to North Korea by a Team of Experts for the Disablement of Nuclear Facilities at North Korea's Yongbyon Complex, Sung Kim, Director of the Office of Korean Affairs, US Department of State, November 1 2007, Beijing China.

[71] Introductory Statement to the Board of Governors by IAEA Director General Dr. Mohamed Elbaradei, March 3 2008, IAEA. 北朝鮮はIAEAに代わって、アメリカ単独での「無力化」作業を希望したが、他の諸国からの反対にあった結果、六者協議の合意は「アメリカ政府が（無力化作業を）主導する」との文言になったという。"Greater disablement needed for N.K. facilities," *The Korea Times*, October 29 2007. ただ、実際には無力化作業はアメリカ政府のチームによって行われた。

## 第9章　地域制度とグローバル・ガバナンス

ア太平洋の地域制度と国際制度との関係を検討した。以下で、本論文の冒頭で指摘した論点と問題意識についてまとめたい。

第一に、国際制度のあり方に対するアジア諸国の懸念、不信、限界など認識が、地域制度形成の動きの背景にあった。APEC においては GATT 体制の動揺、ASEAN＋3 においては IMF に対する不信、米朝枠組み合意、KEDO、六者協議においては、IAEA や国連安保理などの国際制度が十分に対応できなかったことが地域的な取り組みと地域制度の形成を促した。

第二に、APEC および米朝枠組み合意、KEDO、六者協議においては、国際制度に対する懸念や限界の認識はあったものの、国際制度の維持強化を図ることが重要であるという点では関係諸国の意見の一致があり、そうした国際制度を強化するための地域的な対応として地域制度の形成が試みられた。APEC においては、GATT の維持強化が参加諸国の共同行動を促す唯一の共通認識であり、それが APEC という制度の規範になった。北朝鮮の核問題への対応においては、地域制度を通じて NPT/IAEA という国際制度の中に北朝鮮を組み入れ、北朝鮮の核開発を国際制度のルールの下に管理する試みがなされた。

これに対し CMI の経緯は複雑である。CMI の背景には、IMF の現状へのアジア諸国の不満があり、IMF と切り離したアジア固有の地域的な自助の仕組みを構築しようとする動機がある。確かに CMIM の制度設計の経緯をみると、そうした方向に制度が変容する可能性はある。しかし、これまでの動きは、CMI は IMF を補完する地域制度として位置づけられており、予見しうる将来これが変化する可能性は極めて低い。これには ASEAN 諸国の対応能力の問題に加え、日中などの資金の貸し手側の政策選好と利害が影響したといえよう。

第三に、アジア太平洋の地域制度の制度設計に当たっては、国際制度の体現するルールや規範が、多様な政策選好を有する諸国間の共通の引照基準を提供したことである。国際制度のあり方に不満や懸念はあったものの、地域制度を構築する際には国際制度が関係国を結びつける数少ない引照基準であった。CMI の多角化のような地域固有の制度形成を目指した

ものでも、制度形成の条件はIMFなどの「世界標準」に合致したものであった。また、関係諸国の意向が一致しない領域に関しては（例えばCMI）、貸し手と借り手の力関係、主要な貸し手（日中）の政策選好と利害が作用した。

　第四に、地域制度は国際制度を機能させる上で有用な役割を果しうるということである。国際制度の規範やルールを履行させるには、考慮すべき要因・対処すべき課題が飛躍的に増大している。そしてその多くは当該地域固有の問題であり、国際制度が直接扱うのが困難な問題領域である。国際制度においては関係諸国の利害が対立し、一致した対応がとりにくいという事情に加え、グローバルな制度は普遍性と無差別性を特徴とするために、地域固有の要因を考慮した地域固有の解決策を生み出しにくい。また、国際制度は特定の分野に関する権限を有しているだけであり、それを越えた領域の問題に取り組む権限がない。国際制度は、地域固有の要因に対応するだけの権限も制度的柔軟性を有しないのが普通である。したがって、グローバルな規範やルールの遵守を促すには、グローバルな制度を補完する、地域固有の問題に対応できる、地域独自の制度が国際制度の機能強化にも資するのである。

　第五に、アジア太平洋諸国の経済力の上昇とともにこの地域の制度が有する国際的な影響力は高まっており、それが国際制度の変容を促すであろう。地域制度はグローバルなガバナンスのあり方を変容させる可能性がある。CMIとIMFの関係がこれを示唆する。

　最後に、本稿で取り上げた地域制度は、国際制度を維持強化する方向で作動してきたことである。APECにおいてはGATTの自由貿易規範を強化することが制度運営の基本に置かれた。米朝枠組み合意やKEDO、六者協議は、地域固有の拡散要因に対応することで、国際制度の弱点を補完した[72]。CMIは、国際制度と矛盾、対立する要因を内包しているが、今日ま

---

[72] 国際ルールを遵守しない国に対して「代償を支払った」という点では、国際制度を弱体化させる可能性があったが、これまでのところ同種の行動をとる国は出ていない。

第 9 章　地域制度とグローバル・ガバナンス

でのところ国際制度を補完する役割を果してきた。予見しうる将来この関係が変化する可能性はきわめて低い。

◆ 参考文献

〈和文文献〉

菊池努（1995）『APEC：アジア太平洋新秩序の模索』日本国際問題研究所.
――（2008）「北朝鮮の核危機と制度設計：地域制度と制度の連携」『青山国際政経論集』75 号，1-119 頁.
――（2008）「APEC:グローバル・リージョナリズムの可能性」『外交フォーラム』第 245 号，34-37 頁.
倉田秀也（2003）「単極構造と北朝鮮：『不拡散』と『対拡散』の地域的交錯」『国際安全保障』第 31 巻第 1‐2 号，57-74 頁.
――（2004）「北朝鮮の米朝『枠組み合意』離脱と『非核化』概念」黒澤満編『大量破壊兵器の軍縮論』信山社.
――「六者協議の成立過程と米中関係」高木誠一郎編『米中関係――冷戦後の構造と展開』（日本国際問題研究所，2007 年），69-92 頁.
志村紀子（2004）「アラブ地域の金融協力フレームワーク」『国際金融トピックス』（財）国際通貨研究所，No.85.
田巻宏将（2002）「GATT/WTO の"nested regime"としての APEC」『青山国際政経大学院紀要』第 13 号，85-104 頁.
――（2007）『GATT/WTO との制度間連携による APEC の形成・変容』青山学院大学国際政治経済学研究科博士論文（2007 年 7 月）.
福居信幸（2002）「東アジアにおける地域サーベイランス・メカニズムの現状と将来像」『国際経済金融論考』（財）国際通貨研究所.

〈欧文文献〉

Aggarwal, Vinod K. (1998), *Institutional Designs for a Complex World*, Cornell University Press.
Albright, David (2005) "Verified Dismantlement of the DPRK's Nuclear Weapon Program," Prepared paper for the testimony before the Subcommittee on Asia and the Pacific, International Committee, the US House of Representatives, July 14 2005.

Albright, David and Brannan, Paul (2007), *Disabling DPRK Nuclear Facilities*, United States Institute of Peace.

Amyx, Jennifer (2005) "What Motivates Regional Financial Cooperation in East AsiaToday?" *Asia Pacific Issues 76*, East-West Center.

Anas, Titil and Atje, Raymond (2005) "Economic Surveillance and Policy Dialogue in East Asia: Making the ASEAN Surveillance Process Work," A Report prepared for ASEAN Secretariat, Jakarta; Center for Strategic and International Studies.

Grimes, William W. (2006) "East Asian Financial Regionalism in Support of the Global Financial Architecture? The Political Economy of Regional Nesting," *Journal of East Asian Studies*, Sept-Dec.

―――― (2009) *Currency and Contest in East Asia: The Great Power Politics of Financial Regionalism*, Cornell University Press.

Higgott, Richard (1999) "The Political Economy of Globalization in East Asia," in Kris Olds *et al.*, eds. *Globalization and the Asia-Pacific*, Routledge.

*Inventory of International Nonproliferation Organizations and Regimes 2000 Edition*, Center for Nonproliferation Study, MontereyInstititute of International Studies, 2000.

Ippei Yamazawa (1999) "APEC After Ten Years: How Much Has Been Achieved in Liberalization and Facilitation," paper presented to APEC Study Centre Consortium: 1999 Conference, May 31-June 2 1999, Auckland, New Zealand.

Kokoski, Richard (1995) *Technology and the Proliferation of Nuclear Weapons*, Oxford University Press.

Langhammer, Rolf (1999)"Regional Integration APEC Style: Lessons from Regional Integration EU Style," *ASEAN Economic Bulletin*, Vol. 16, Iss 1.

Lipscy, Phillip Y. (2000) "Japan's Asian Monetary Fund Proposal", *Stanford Journal of East Asian Affairs*, Vol.3, No.1.

Loewen, Howard (2007) "Towards a Dynamic Model of the Interplay between International Institutions," *GIGA Working Paper* No.17.

Manupipatpong, Worapot (2002) "The ASEAN Serveillance Process and the East Asian Monetary Fund," *ASEAN Economic Bulletin*, Vol. 19, Iss 1.

Martin, Curtis H. (2002) "Rewarding North Korea: Theoretical Perspectives on the 1994 Agreed Framework," *Journal of Peace Research*, Vol. 39, No.1.

Oberthür, Sabastian and Gehring, Thomas, eds. (2006) *Institutional Interaction in Global Environmental Governance: Synergy and fonflict among International and EU Policies*, The MIT Press.

Park, Yung Chul and Wang, Yunjong (2005) "The Chiang Mai Initiative and Beyond," *The World Economy*, Vol. 28, iss. 1.

Pilat, Joseph F. (2005) "Reassessing Security Assurance in a Unipolar World," *The Washington Quarterly*, Vol.28, No.2.

Ravenhill, John (2001) *APEC and the Construction of Pacific Rim Regionalism*, Cambridge University Press.

Rosendal, G.Kristin (2001) "Impacts of Overlapping International Regimes: The Case of Bidiversity," *Global Governance*, Vol.7, No.1.

Schram Stokke, Olav (2001) *The Interplay of International Regimes: Putting Effectiveness Theory to Work*, The Friedtjof Nansen Institute.

Sigal, Leon (1998) *Disarming Strangers :Nuclear Diplomacy with North Korea*, Princeton UniversityPress.

Snyder, Scott (2000) "The Korean Peninsula Energy Development Organization: Implications for Northeast Asian Regional Security Cooperation," *North Pacific Paper* 3, University of British Columbia.

Sohn, Injoo (2005) "Asian Financial Cooperation: The Problem of Legitimacy in Global Financial Governance, " *Global Governance*, Vol.11, No.4.

―――― (2007) " East Asia's Counterweight Strategy: Asian Financial Cooperation and Evolving International Monetary Order," *G24 Discussion Paper Series*, No.44.

―――― (2008) "Learning to Cooperate: China's Multilateral Approach to Asian Financial Cooperation," *The China Quarterly*, No.194.

Stubbs, Richard (2002) "ASEAN Plus Three: Emerging East Asian Regionalism," *Asian Survey*, Vol.42, No.3.

Tang, Rock (2000) "The North Korean Nuclear Proliferation Crisis," in Melanie C. Greenberg, John Barton and Margaret McGuiness, eds. *Words over War: Mediation and Arbitration to Prevent Deadly Conflict*, Rowman and Littelefield.

Tsutomu Kikuchi (2008) "Institutional Linkages and Security Governance:

Security Multilateralism in the Korean Peninsula," in Martina Timmerman ed. *Institutionalizing Northeast Asia*, The United Nations University Press.

Wit, Joel, Poneman, Daniel and Gallucci, Robert (2004) *Going Critical; The First North Korean Nuclear Crisis,* The Brookings Institution.

Yongding, Yu (2006) "IMF Reform: A Chinese View," in Edwin M. Truman, ed. *Reforming the IMF for the 21$^{st}$Century*, Peterson Institute for International Economics.

Young, Oran, ed. (2008) *Institutional Interplay: Biosafety and Trade*, United Nations University Press.

〈編者〉

森井 裕一（もりい・ゆういち）
　　　東京大学大学院総合文化研究科准教授

総合叢書
10

地域統合とグローバル秩序
──ヨーロッパと日本・アジア──

2010（平成22）年9月30日　第1版第1刷発行

編　者　森　井　裕　一
発行者　今　井　　　貴
発行所　株式会社　信山社

〒113-0033 東京都文京区本郷6-2-9-102
Tel 03-3818-1019　Fax 03-3818-0344
info@shinzansha.co.jp

笠間才木支店編集部　〒309-1611 茨城県笠間市笠間515-3
Tel0296-71-9081　Fax0296-71-9082
出版契約№ 2010-5460-0-01010　Printed in Japan

©編著者，2010　印刷・製本／亜細亜印刷・渋谷文泉閣
ISBN978-4-7972-5460-0 C 3332 ¥6800 E 分類329.200-a001
5460-01011：p288 012-060-005〈禁無断複写〉

柳原正治 編著

国際法先例資料集1・2　　日本立法資料全集

# 不戦条約〈上〉・〈下〉

今日の武力不行使原則や平和主義の原型となった「不戦条約」の批准をめぐる政府部内での検討作業と交渉の経過を電信等の一次資料により克明に解明した資料集。国内政治と国際政治の現実過程を詳やかに描気、国際法先例資料集のモデル的労作となる貴重な書籍。徹底した資料考証に基づく重要論点解説と資料解題・アクセス方法を付す。
◇第1部 解説◇第2部 基本資料編（不戦条約成立の背景；条約署名に向けての検討作業；条約署名；条約批准に向けての検討作業）◇第3部 参考資料編（政府関係者の私信・日記等；反対運動関連の書類；意見書・論文等）

信山社

978-4-7972-5545-4 定価：本体6,800円（税別）　2008年9月15日刊行

# ヨーロッパ人権裁判所の判例
## Essential Cases of the European Court of Human Rights

〈編集〉戸波江二・北村泰三・建石真公子・小畑 郁・江島晶子

ボーダーレスな実効的人権保障の理論と実体
― ヨーロッパ人権裁判所の全貌を一冊に!! ―

解説判例80件に加え、概説・資料も充実
══ 来たるべき国際人権法学の最先端 ══

**信山社**

## 核軍縮不拡散の法と政治〈黒澤満先生退職記念〉浅田正彦・戸崎洋史 編

ISBN 9784797291766 ¥12,000(税別)  〈I部〉NPT体制の動揺と国際法〔浅田正彦〕安全保障と軍備管理〔納家政嗣〕核軍縮・不拡散問題における国際機関の役割と課題〔黒澤満〕日本の軍縮・不拡散政策〔天野之弥〕戦略核軍縮の現状と課題〔倉田秀也〕核軍備管理における「レーガン再評価」の考察〔吉田文彦〕米国核政策の展開〔梅本哲也〕中国と核軍縮〔小川伸一〕欧州における核軍縮、不拡散〔佐渡紀子〕米国核軍縮・不拡散交渉と核兵器国問題〔広瀬訓〕核軍縮の「道」と検証〔一政祐行〕核軍縮と広島・長崎〔水本和実〕核兵器拡散防止のアプローチ〔戸崎洋史〕核拡散問題と検証措置〔菊地昌廣〕平和利用の推進とその抑制の両立〔秋山信将〕中国向け輸出管理〔村上政俊〕核不拡散の新しい「フロンティア」〔青木節子〕中東の核拡散政策〔石川卓〕六者会談と北朝鮮の原子力〔平和利用の権利〕〔倉田秀也〕中東の核問題と核不拡散体制〔磯部晃子〕非拡散措置〔片葉紘〕北東アジア非核兵器地帯の設立を求めるNGOの挑戦〔梅林宏道〕核テロリズム〔宮坂直史〕核セキュリティと核不拡散体制〔宮本直樹〕

## ●新感覚の入門書 ブリッジブックシリーズ● ブリッジブック 日本の外交 井上寿一 著

日本外交の辿って来た道筋を平明に説く入門書 定価:本体¥2,000(税別) ISBN: 4-7972-2318-9

## 講座国際人権法1 国際人権法と憲法
## 講座国際人権法2 国際人権規範の形成と展開

芹田健太郎・棟居快行・薬師寺公夫・坂元茂樹 編

## ドイツ憲法集[第6版] 高田敏・初宿正典 編訳

●近代以降のドイツから現在までのドイツの憲法典を通観する基礎的史料新装最新版

## ドイツの憲法判例III ドイツ憲法判例研究会 編 栗城壽夫・戸波江二・嶋崎健太郎 編集代表

●基本用語集・関連文献一覧を新たに付した。1996～2005年の重要判例を網羅した、公法研究に必備の判例研究書の最新版。●「II」からの資料もアップデートして再録。

## フランスの憲法判例 フランス憲法判例研究会 編 辻村みよ子 編集代表

●日本初のフランス憲法判例集、フランス第五共和制憲法で創設されたフランス憲法院の重要判例を選抜し、その意義や論点を解説。●フランス憲法院(1958～2001年)の重要判例67件を、体系的に整理・配列して理論的に解説。

信山社

森井裕一 著
東京大学大学院総合文化研究科

# 現代ドイツの外交と政治

第一線の研究者が、現代のドイツの姿を分かり易く解説。

戦後ドイツの外交と政治と最新の状況、その未来を知りたい方に最適の書。

本体¥2,000(税別) 四六判 約250頁

◆目 次◆

第一章 安定と分権――政治システムの特徴
一 「安定」建設的不信任／二 「民主主義」国家機関（連邦首相, 連邦議会, 連邦参議院, 連邦大統領, 連邦憲法裁判所）／三 「分権」／四 ヨーロッパの中のドイツ

第二章 アデナウアー政権と政治システムの確立
一 アデナウアー政権／二 エアハルト政権と大連立政権

第三章 社会民主党政権――東方政策と社会変容
一 ブラント政権／二 シュミット政権

第四章 コール政権とドイツ統一
一 コール政権と「転換」／二 東西ドイツ共存からドイツ統一への転換

第五章 統一後の苦悩とヨーロッパ化の進展
一 東西ドイツの統一／二 苦悩する統一ドイツ

第六章 シュレーダー政権とドイツ政治の変容
一 第一期シュレーダー政権／二 第二期シュレーダー政権

第七章 メルケル大連立政権とドイツ政治の課題
一 大連立政権の特徴／二 政策課題への挑戦／三 ドイツ政治の展望

文献案内／関連年表

―― 現代選書 ――
分野や世代の枠にとらわれない、共通の知識の土壌を提供

信山社

## 国際関係の中の拡大ＥＵ　森井裕一 編

定価：本体￥2,840(税別) ISBN：4-7972-3337-0

第一線の執筆陣

新たに１０カ国が加盟し、憲法条約を締結した拡大ＥＵの現状と課題を政治・法律・経済などの面から検討し、ＥＵ構成国からの視点でヨーロッパ統合の諸面を取り扱う。拡大ＥＵはグローバル化にどのように対応し、国際関係の中でどのようなインパクトを持つようになるのか。

**第１部　変容する欧州をみる視界**
1. 拡大ＥＵの概要—歴史と制度（森井裕一）
2. ＥＵ法制度の形成と東方拡大（中村民雄）
3. 拡大ＥＵの経済的挑戦（廣田 功）
4. 経済統合の政治的インパクト（鈴木一人）
5. 拡大ＥＵと欧州安全保障防衛政策（植田隆子）
6. ＥＵの民主的ガバナンス（戸澤英典）

**第２部　拡大ＥＵと国家**
7. ドイツ連邦共和国とＥＵ（森井裕一）
8. フランスのヨーロッパ政策（上原良子）
9. イギリスとＥＵ（木畑洋一）
10. 拡大ＥＵと中・東欧、ワイダー・ヨーロッパ（羽場久濔子）
11. ポーランドとＥＵ（小森田秋夫）
12. ＥＵと北欧諸国（大島美穂）

## Cooperation Experiences in Europe and Asia　張 勲・森井裕一 編

定価：本体￥3,000(税別) ISBN：4-7972-3330-3

ヨーロッパの重層的な地域統合・協力の諸枠組みは、ＥＵを中心として政治的安定と経済的繁栄に大きく寄与してきた。これに対して、アジアにおいては、なおさまざまな要因から国際協力の制度化はヨーロッパに比べると遥かに低い水準にある。本書は日本・韓国・香港の国際政治研究者が、両地域における国際統合と地域協力をめぐる諸条件を、歴史的展開を中心として多様な視点から明らかにすることをめざした共同研究の成果である。

## ＥＵ拡大のフロンティア—トルコとの対話　八谷まち子 編　閔寧・森井裕一 著

ISBN 9784797254501　￥2,900(税別)　国際関係・国内政治・歴史の視点から拡大ＥＵの最先端の現状と課題を考察

序　章　拡大するＥＵのフロンティアとしてのトルコ／八谷まち子
第１章　加盟候補国への決定過程—国際レベルでみたトルコ／八谷まち子
第２章　加盟交渉のダイナミズム—アクター、争点、支持／八谷まち子
第３章　ドイツにおける外国人問題とトルコ／森井裕一
第４章　ドイツとＥＵの拡大—トルコ加盟問題を中心に／森井裕一
第５章　加盟交渉過程のトルコ政治への影響／閔寧
第６章　加盟交渉過程の対日関係・世論への反映／閔寧

---

**信山社**